Thomas Kohnstamm
Die absolut ehrlichen und völlig schamlosen
Bekenntnisse eines professionellen Reiseführer-Autors

Zu diesem Buch

Surfen auf Sumatra, Skifahren in den Anden, auf jedem Kontinent mit mindestens einer Frau schlafen ... die To-Do-Liste des unternehmungslustigen Thomas Kohnstamm steht. Bis er das Angebot erhält, einen Brasilien-Reiseführer für den Kultverlag der Branche zu schreiben. Mit einem Mal scheint ihm die Backpacker-Welt zu Füßen zu liegen – und das gegen Bezahlung! Er kündigt seinen Wall-Street-Bürojob und bricht auf in das Urlaubsparadies schlechthin: Brasilien. Doch die verheißungsvolle Recherchereise – kilometerlange Sandstrände und mehr oder minder unerschlossene Bergdörfer inklusive – gerät zur moralischen, finanziellen und gesundheitlichen Zerreißprobe. Am Ende kommt er nicht mehr umhin, mit hemdsärmeligen Drogendeals seine Reisekasse aufzubessern, Sex mit Kellnerinnen als »guten Service« zu preisen und »persönliche Geheimtipps« vom Schreibtisch aus einzuholen.

Thomas Kohnstamm, geboren 1975, arbeitet als Autor und Journalist. Er hat Reiseführer für Brasilien und Kambodscha geschrieben und zahlreiche Magazinbeiträge, unter anderem für »Forbes« und »Travel + Leisure«, verfasst. Wenn er nicht gerade auf Reisen ist, lebt er in Seattle, Washington. Weiteres zum Autor: www.thomaskohnstamm.com

Thomas Kohnstamm

Die absolut ehrlichen und völlig schamlosen Bekenntnisse eines professionellen Reiseführer-Autors

Aus dem Englischen
von Gaby Wurster

Piper München Zürich

Mehr über unsere Autoren und Bücher:
www.piper.de

Para meu amor, Tábata Silva

Ungekürzte Taschenbuchausgabe
1. Auflage April 2011
2. Auflage Juni 2012
© 2008 Thomas Kohnstamm
Titel der australischen Originalausgabe:
»Do Travel Writers Go to Hell«, Pier 9 / Murdoch Books, Sydney 2008
© der deutschsprachigen Ausgabe:
2009 Piper Verlag GmbH, München,
nach einem Entwurf von Brigit Kohlhaas, München
erschienen im Verlagsprogramm Malik
Umschlaggestaltung: semper smile, München
Umschlagfoto: Silke Wedler / transit Archiv (oben);
Thomas Kohnstamm (unten)
Satz: Buch-Werkstatt GmbH, Bad Aibling
Gesetzt aus der Scala
Papier: Munken Print von Arctic Paper Munkedals AB, Schweden
Druck und Bindung: CPI – Clausen & Bosse, Leck
Printed in Germany   ISBN 978-3-492-26378-8

Inhalt

Vorbemerkung des Autors 7

Vor dem Aufbruch 9

Lieber einen Spatz in der Hand
als eine Taube auf dem Dach 13

Turbulenzen 33

Auf Umwegen 55

Planmäßig 84

Ein Tag im Leben 124

Der Gringo Trail 143

Auf dem absteigenden Ast 167

Wegwerf-Reiseautoren 194

Hetze 217

Der Traumjob 241

Bezahlter Urlaub 273

Einstiegsdroge 285

Nachwort Lampenfieber 301

Danksagung 303

Ich hatte zu viel Unbegreifliches gesehen,
als dass ich meinen Seelenfrieden hätte haben können.
Ich wusste zu viel und wusste nicht genug.

Louis-Ferdinand Céline, *Reise ans Ende der Nacht*

Klingt irre? Ist es nicht.
Das Ziel heiligt die Mittel. So läuft es nun mal.

ICE-T, *New Jack Hustler*

Das Leben ist nicht nur vulgär,
sondern auch unbegreiflich.

Roberto Bolaño, »Enrique Martín«, *Telefongespräche*

Vorbemerkung des Autors

Gut oder schlecht – es ist, wie es ist; dieses Buch basiert auf wirklichen Erfahrungen. Um mein Lebenschaos in einen stringenten Erzählstrang zu bringen, musste ich einige Vorkommnisse überspringen und neu gliedern, musste die Zeit raffen und manches in einen anderen Kontext stellen. Die meisten Namen und die persönlichen Merkmale einzelner Personen habe ich zum Schutz ihrer Privatsphäre geändert. Dialoge und Mails sind großteils nacherzählt, aber alle basieren auf tatsächlichen Gesprächen und realer Korrespondenz.

Vor dem Aufbruch

Ich heiße Thomas. Solange ich denken kann, gehört das Reisen zu meinem Leben.

Jahrelang habe ich versucht, mich dagegen zu wehren und die Macht zu brechen, die es über mich hat. Ich habe zahlreiche Anläufe unternommen, in ein bürgerliches Leben zurückzufinden – Job, Haus, Sparkonto – und Zeit, Gefühle, Geld in Dinge zu investieren, die Beständigkeit versprachen. Aber immer bin ich der Verlockung der Straße erlegen. Ich habe nie ein Auto oder einen Fernseher besessen und auch nie ein nennenswertes Möbelstück erworben.

An einem gewissen Punkt habe ich eingesehen, dass ich gegenüber meiner Reisesucht machtlos war, und getan, was unter diesen Umständen das Beste war: ihr nachgeben, mich ihr verschrieben.

Dieses Buch erzählt von meiner Wandlung. Es ist die Chronik der Ereignisse, die aus einem spießigen Workaholic mit unterdrückter Reiselust einen bezahlten Fulltime-Reiseschreiberling gemacht haben – mit all dem Guten, Schlechten und Unwirklichen, das dazugehört. Ich rede nicht von einem Traumjob – ich schildere ungeschminkt, was es heißt, professioneller Reiseführer-Autor zu sein und Anfang des 21. Jahrhunderts davon leben zu müssen. Es ist die wahre Geschichte meiner Erlebnisse und der Art und Weise, wie diese schließlich in die Hand des Lesers gelangten.

Ich will hier gleich zu Beginn klarstellen, dass ich nicht ausgebrannt bin und mich jetzt an irgendwem rächen will, der mir keine Aufträge mehr gibt. Als Reiseautor war ich ziemlich erfolgreich und habe mit Verlegern und Lektoren bestens zusammengearbeitet. Ich habe Führer über Länder und Regionen, Städte- und Sprachführer verfasst, habe Internettexte und Reiseessays geschrieben, in Zeitungen und Zeitschriften veröffentlicht. Ich habe Vorträge gehalten, PR-Arbeit und Interviews gemacht. In den vergangenen Jahren habe ich mehr erlebt, als in irgendeinem anderen Beruf vorstellbar gewesen wäre. Ich habe mich wochenlang gratis auf Jachten und in Hotelzimmern getummelt, ich wurde zum Essen eingeladen, durfte Barrechnungen in astronomische Höhen treiben, ich bekam Skipässe, Paraglidingkurse und Tauchurlaube spendiert. Mit den Tourismusministern von Argentinien, Chile und Brasilien habe ich Scotch getrunken und Lachs-Carpaccio gegessen, und ich habe mit jeder Menge attraktiver, exotischer Frauen geschlafen. Und während all dieser Zeit habe ich auch tolle Freunde gefunden; von einigen wird noch die Rede sein.

Dennoch, dieses Buch ist keine nüchterne Beschreibung meines Jobs oder meines Lebens, und höchstwahrscheinlich tue ich meiner Karriere damit keinen Gefallen. Geschichten über Sex, Drogen, Gaunereien, Intrigen, Schlägereien, Besäufnisse, Auseinandersetzungen mit der Polizei und nihilistische Egozentrik im Allgemeinen kommen in den Chefetagen meistens nicht so gut an. Ich bin vielleicht weiter gegangen als die meisten meiner Kollegen, aber ich weiß, dass viele andere die gleichen Probleme hatten und die gleichen Strapazen durchmachen mussten wie ich. Doch den Alltag der Malocher im Bergwerk der Reiseinformationen hat bislang noch keiner von ihnen beschrieben. Niemand hat bis heute über die verwegenen Außenseiter gesprochen, die ganze Jahre in heruntergekommenen Absteigen verbringen, sich von Bar zu Bar, von Restaurant zu Restaurant und von einer Disco zur anderen schleppen und über alles Bescheid wissen sollen, was in ihrer Umgebung so los ist. Zudem habe ich die Erfahrung gemacht, dass die Lektoren, mit denen wir am engsten zusammenarbeiten, von unserer Arbeit am wenigsten wissen. Vielleicht auch gar nichts davon wissen wollen.

Dieses Buch ist nicht als Enthüllungsbericht gedacht, es soll die Leser auch nicht davon abhalten, Reiseführer zu kaufen. Ich habe fast immer einen dabei und finde darin auch immer den einen oder anderen Tipp, der sein Geld und das Gewicht in meinem Gepäck wert ist. Ich möchte den Reiseführer-Betrieb lediglich entmystifizieren und aufzeigen, dass es nicht nur der Tourismusindustrie schadet, wenn Tausende von Reisenden Wort für Wort, Tipp für Tipp einem Reiseführer folgen, sondern dass ein solches Verhalten etwa in Entwicklungsländern auch ernsthaften Schaden anrichten kann. Wenn die Leute erfahren, was für ein Blödsinn oft in Reiseführern verzapft wird, betrachten sie diese Tipps vielleicht eher als Anhalts- und Ausgangspunkte, um sich selbst weitere Informationen zu beschaffen und nicht als die einzig richtige Methode, eine Stadt oder ein Land kennenzulernen.

Wie jeder andere Beruf hat auch die Reiseschreiberei ihre Schattenseiten. Hinzu kommt, dass wir in einer touristischen Umgebung, in der die Leute Spaß haben sollen, harte Arbeit leisten müssen, und das ist ausgesprochen verwirrend. Ich würde sagen, der Unterschied zwischen reisen und darüber schreiben ist wie Sex haben und in der Pornoindustrie arbeiten. Es kann zwar Spaß machen, aber man muss seinen eigenen Interessen doch immer irgendwie zuwiderhandeln, und dabei geht das Privatleben irgendwann flöten.

Reiseautoren sind immer in Bewegung. Unsere Sozialkontakte sind flüchtig und vorübergehend, unsere Freundschaften umso mehr. Zu Hause: Das ist dort, wo man gerade sein Nachtlager aufschlägt. Die Arbeit ist schillernd und erbärmlich zugleich, aufregend, aber auch ein übler Trott. Je länger man den Job macht, desto schwieriger wird es, wieder ein normales Leben zu führen. Und eines Tages wacht man dann auf und erkennt, dass man auf der Straße lebt. Dass man nirgendwohin zurückkehren kann. Das war mein Leben, und in diesem Buch will ich erzählen, wie alles angefangen hat.

Ich frage mich: Müssen Reiseautoren für ihre Taten in der Hölle schmoren? Kann man die unmöglichen Projekte, die unmöglichen Termine, die wir gesetzt bekommen, und die trostlosen Lebensbedingungen ehrlichen Gewissens überhaupt ertragen? Fallen wir ewiger Verdammnis anheim, indem wir uns gegenüber einer vertrauensvollen Leserschaft korrupt und egoistisch verhalten?

Auf den folgenden Seiten werden sich vielleicht einige Antworten auf diese Fragen finden. Urteilen Sie selbst.

Lieber einen Spatz in der Hand
als eine Taube auf dem Dach

Roebling.
Roe-bliiing.
Rrrroe-bling.

Allein im Konferenzraum im 57. Stock murmele ich immer wieder dieses Mantra vor mich hin. In regloser Halblotus-Stellung sitze ich auf dem Glastisch und sehe die Tragseile der Brooklyn Bridge vor dem Nachthimmel schimmern. Im Büro riecht es scharf nach Desinfektionsmittel. Ich trinke einen Schluck Rum und spreche wieder mein Mantra.

John Roebling hatte eine Berufung. Leider ist er, als die Brücke endlich politisch durchgesetzt war und die Bauarbeiten aufgenommen wurden, plötzlich tot umgefallen. Sein Sohn Washington übernahm die Leitung des Projekts, kam aber beim Auftauchen mit einem der Senkkästen für die Pfeilerfundamente fast ums Leben. Vater wie Sohn war ein Dasein voller Engagement, Entschlossenheit und Fleiß beschieden.

Gut hat es beiden nicht getan.

Ich ziehe meine ausgetretenen Lederschuhe aus. Die

Spitzen haben graue Flecken vom Streusalz auf den matschigen Gehwegen. Durch die verschwitzte Socke hindurch massiere ich meinen linken Fuß. Hunderte von Lichtern bewegen sich auf der Brücke hin und her.

Gestern hat ein stiernackiger, pockennarbiger Banker hier im selben Raum angemerkt, dass die Caisson-Krankheit tatsächlich beim Bau der Brooklyn Brigde entdeckt wurde. Unzählige Arbeiter schufteten in bis zu dreißig Metern Tiefe im East River am Fundament der Brücke, und zwar im Hohlraum der beiden viereinhalb Meter hohen Holzkästen, genannt Caissons, die mit Druckluft gefüllt und mit den Männern darin abgesenkt wurden. Nach dem Auftauchen hatten viele Arbeiter rätselhafte Beschwerden – Gelenkschmerzen, Übelkeit, Verwirrungszustände, Lähmungen. Einige fanden einen qualvollen Tod.

Erst acht Jahre nach Baubeginn konnte ein französischer Mediziner den Grund für diese Erkrankung nachweisen. Entgegen der landläufigen Annahme ist in der Atemluft weniger Sauerstoff enthalten als Stickstoff (78 Prozent), was dem menschlichen Körper unter Normalbedingungen nicht schadet. Atmet man in der Tiefe Pressluft ein, wird durch den erhöhten Wasserdruck mehr Stickstoff im Blut angereichert, der beim Auftauchen nicht in Lösung bleibt, sondern sich ausdehnt und Blasen bildet. Bei einem langsamen Aufstieg kann das Gas vom Körper nach und nach wieder abgegeben werden. Taucht man zu schnell auf, schäumen die Stickstoffblasen im Blut auf wie die Millionen winziger Bläschen, die frei werden, wenn man eine Dose *Guinness* aufmacht. Die Blasen setzen sich an den Gelenken fest oder blockieren gar die Blutversorgung des Gehirns. Ein zu schnelles Aufsteigen kann tödlich sein.

Ich ziehe ein zusammengefaltetes Blatt Papier aus der Hosentasche und streiche es glatt:

Thomas,

willst Du für unseren neuen Brasilien-Führer schreiben? Wenn Du Dir vorstellen kannst, kurzfristig für ein paar Wochen Deinen Job hinzuschmeißen und nach Brasilien aufzubrechen, lass es mich schnellstens wissen, dann kann ich Dir ein Angebot machen.

XXX
Cheflektorin für Südamerika und die Antarktis bei *Lonely Planet.*

Hätte ich gerade erst die Schule hinter mir gehabt, wäre das ein Traumangebot gewesen. Es ist immer noch verlockend, aber eher so wie eine flüchtige Bettgeschichte. Mein Leben ist mittlerweile auf andere Weise erfüllt. Ich habe eine feste Arbeitsstelle, ein gutes Einkommen, eine hübsche Freundin und eine Wohnung in Manhattan. Ich habe alles, was man sich wünschen kann. Außerdem haben der 11. September, die Anschläge von Bali und Madrid, SARS, Irakkrieg und die Wirtschaftskrise die Reiseführer-Branche nicht gerade beflügelt. Ich will jedoch ehrlich sein: Ich stehe total auf flüchtige Bettgeschichten.

Für die meisten Menschen ist der 24. November kein besonderes Datum. Alle paar Jahre fällt natürlich Thanksgiving auf diesen Tag, aber das ist mir völlig schnuppe. In Seattle, wo seltenst etwas Außergewöhnliches geschieht und die Leute eher krampfhaft eine Fassade beschaulicher Gelassenheit aufrechterhalten, hat dieser Tag eine andere Bedeutung.

Am 24. November 1971 ging ein Mann mittleren Alters mit schütterem Haar in Portland, Oregon, an Bord einer Maschine nach Seattle. Er reiste unter dem Namen Dan

Cooper, trug einen schwarzen Anzug und einen schwarzen Mantel, eine schmale Krawatte mit einer perlenverzierten Krawattennadel und eine schwarze Sonnenbrille. Cooper entführte die Maschine mithilfe einer Aktenmappe voller Drähte und hellroter Röhren. Die Geiseln wurden am Sea-Tac Airport in Seattle gegen vier Fallschirme und 200 000 Dollar freigelassen (zum Vergleich: Damals kostete in den USA ein neues Haus im Schnitt 28 000 Dollar).

»D. B.« Cooper, wie ihn die Presse fälschlich nannte, verlangte, nach Mexiko ausgeflogen zu werden. Irgendwo im Süden des Staates Washington sprang er mit dem Fallschirm ab und verschwand spurlos. Vielleicht kam er bei dem Sprung ums Leben, vielleicht kam er auch mit dem Geld davon. Das weiß keiner. Aber es heißt, D. B. sei von seinem Leben so angeödet gewesen, dass er alles auf eine Karte gesetzt hatte. Ob er es nun geschafft hat oder nicht – der Punkt ist, dass dieser kleine, kahlköpfige Mann keinen weiteren Tag mehr in Tallahassee Benzin zapfen oder in Denver Versicherungsgutachten erstellen musste. Keinen weiteren Tag hat er damit verschwendet, sich zu fragen: »Was wäre, wenn?«

Ich ernenne Cooper zum Schutzpatron aller Desillusionierten. Vor allem derer, die wie ich am 24. November in Seattle geboren wurden.

Im Konferenzraum klingelt das Telefon. In allen Büros der Welt haben Telefone dieses piepsige Stakkato. Es ruft mich jäh in die Wirklichkeit zurück – dass nämlich noch einige Stunden Arbeit vor mir liegen. Das Display am Telefon zeigt 21.42 Uhr.

Ich stecke die Halbliterflasche Rum in meinen Hosenbund und antworte mit einem vorsichtigen »Hallo«.

»Thomas? Was zum Teufel machst du im Konferenzzimmer? Das hab ich mir schon gedacht! Wir müssen reden«, bellt meine Chefin. »Ich komme in fünfzehn Minuten in dein Kabuff. Und ich rate dir, dort zu sein und die *WorldCom*-Tabelle für mich fertig zu haben.«

Ich gehe auf Zehenspitzen in meine Bürokabine zurück, wobei ich es sorgfältig vermeide, in den Korridoren irgendjemanden zu treffen. Ich greife mir an den Kopf, meine Hemdsärmel sind aufgekrempelt, mir läuft der kalte Schweiß herunter. Nach einem letzten Schluck metallisch-süßem *Red Bull* werfe ich eine Handvoll Kaugummi ein und blicke über die Trennwände zwischen den einzelnen Schreibtischen, um zu sehen, ob ich der Einzige bin, der noch arbeitet. Das Büro scheint leer zu sein, nur irgendwo ganz hinten höre ich leise eine Tastatur klappern.

Willkommen an der Wall Street! Seit ich hier arbeite, brauche ich mir nie mehr irgendwelche Ausreden auszudenken. Ich muss nie mehr vor ungläubigen Augen mein orientierungsloses Dasein nach dem Studium rechtfertigen und nicht mehr auf die immergleichen Fragen antworten: »Was machst du nächstes Jahr?« »Willst du denn mit deinem Leben nichts Gescheites anfangen?« Nicht zu vergessen: »Willst du dir nicht mal einen richtigen Job suchen?« Ich bin nicht mehr nur Thomas, der Schluffi, der Penner mit dem Rucksack oder der ewige Student. Sondern ich bin bei *XXX & XXX LLP*, und ich komme voran.

Ich verdiene mehr Geld, als vermutlich angemessen ist, indem ich Dokumente in eine chronologische Ordnung bringe (in der Bürosprache: Ablage). Zu meinem Kompetenzbereich gehört auch, Zahlen in *Excel*-Tabellen zu tippen sowie den Kopierer und das Faxgerät zu bedienen. Zwischendurch google ich alte Freunde von der Highschool, spiele Onlinequiz gegen meinen Kollegen, den Klugscheißer Jerry, und vertrödle überhaupt mein Leben. Jerry meint, er sei besser im Quiz als ich. In Wirklichkeit ist er nur schneller mit dem Mausklick.

Ja, ich weiß, ich hab's wirklich gut. In Afrika gibt es Leute, die verhungern. Und hier in New York gibt es jede Menge andere, die liebend gern den ganzen Tag in einer Bürokabine sitzen würden, statt an der Friteuse zu stehen, Müllwagen zu fahren, Schwänze zu lutschen oder was sie eben sonst für ihren Lebensunterhalt so tun. Aber ich bin nun mal ein typisches Abfallprodukt der Wohlstandsgesellschaft, verwöhnt und undankbar. Einer von vielen Akademikern, die sich den Bären haben aufbinden lassen, Leben und Beruf wären Vehikel der geistigen Erfüllung. Dabei bin ich nur die aufgemotzte Version eines Fließbandarbeiters, der morgens und abends die Kontrolluhr sticht, und die größere Lohntüte kann in keiner Weise die emotionale Leere ausgleichen, die solcherart heruntergeschraubte Erwartungen hinterlassen.

Aber sehen wir der Sache ins Gesicht: Rebellion ist passé. Schon in der Generation meiner Eltern hat sich gezeigt, dass davon mit der Zeit wenig mehr übrig bleibt als ein *Saab* und eine jährliche Spende für den Lokalsender. Die ehemaligen Vorbilder sind vereinnahmt worden – José Martí ist ein Alkocop, Che Guevara ein T-Shirt, Cherokees sind Jeeps und Apaches Kampfhubschrauber.

Der amerikanische Traum ist nur noch etwas für Einwanderer. Ich wühle hinten in meiner Schreibtischschublade und sehe nach, ob irgendwo noch eine Pille gegen Angstzustände herumliegt. Nein. Höchstens *Tipp-Ex* – aber so verzweifelt bin ich dann doch nicht. Noch nicht.

Ständig gehen mir die Worte eines Soziologen durch den Kopf, den ich im Studium gelesen habe. Ich glaube, es war Weber oder Durkheim. Jedenfalls meinte er, es liege in der Natur des modernen Geistes, seinen Erfahrungsschatz vergrößern zu wollen, wobei er jede Spezialisierung vermeide, die diesem Bestreben zuwiderlaufe. Viele Leute würden zu diesem Lebensansatz »Krise«, »Unreife« oder »Realitätsverlust« sagen, man kann ihn aber auch den Neuen Amerikanischen Traum nennen. Zum Teufel mit dem drögen Streben nach finanzieller Sicherheit – die Erfüllung liegt im Neuen, im Aufregenden, im Abenteuer und in der Unabhängigkeit!

Nach dem Schema einer unserer gruppendynamischen Teamübungen am Arbeitsplatz stelle ich Lebensziele auf und schreibe sie sorgfältig auf neongelbe *Post-its:*

- In den Anden Ski fahren und auf Sumatra surfen.
- Auf dem Dach eines Busses durch die Ausläufer des Himalaja fahren.
- Mich am Amazonas mit Ayahuasca in die Stratosphäre beamen.
- Nach einem Rumbesäufnis nackt im kubanischen Hinterland aufwachen.
- In einer staubigen Grenzstadt eine Schlägerei in einer Bar gewinnen (oder verlieren).
- Mit (mindestens) einer Frau von jedem Kontinent schlafen.

Die Zettel klebe ich auf den Rahmen meines Monitors. Alle in gleichem Abstand zueinander. Nicht gerade die Karriereziele eines John Roebling, aber mir genügen sie.

Mein Telefon klingelt.

»Ja?«

»Sie hat dich gefunden, was? Ich habe gehört, wie du zu deinem Schreibtisch zurückgeschlichen bist«, sagt Anna.

Sie hat zwar erst vor zwei Jahren ihren Abschluss am Dartmouth College gemacht, gibt sich aber schon wie ein echter Profi: verlässt das Büro immer als Letzte, hat Freude an ihren Aufgaben und bittet regelmäßig um zusätzliche Arbeit. Ihre unverwüstliche gute Laune und ihre überschwängliche Freundlichkeit haben bei unseren eher zynischen und missmutigen Kollegen einigen Argwohn geweckt. Anna und ich könnten in unserer Arbeitshaltung unterschiedlicher nicht sein, aber als Randfiguren bilden wir dennoch eine verschworene Gemeinschaft im Büro.

»Na ja, ich bin froh, dass du für Marilyn arbeitest und nicht ich. Ich kann diese Kuh nicht ausstehen«, gesteht Anna.

»Ach, Marilyn hat bloß wieder eine persönliche Krise. Aber als ihr Assistent bekomme ich die natürlich voll ab.«

Eigentlich kann Marilyn einem leid tun. Früher hat sie für die *National Organization for Women* gearbeitet, hatte es aber irgendwann satt, von einem Hungerlohn zu leben. Seither spielt sie Rechtsbeistand für wohlbekannte Frauenhasser und -helden, die ihre Pfoten in äußerst lukrativen Geschäften haben.

»Zumindest musst du nicht mit Allen zusammenarbeiten«, sagt Anna.

Schön wär's. Wenn Allen mir nicht noch einen Haufen Arbeit aufs Auge gedrückt hätte, wäre ich längst fertig und könnte schon zu Hause sein. Allen ist wie Keatons Nachbar Skippy in *Familienbande,* nur ein noch größeres Arschloch; ein aufgeblasener Depp, der mir bei jeder Gelegenheit seine Überlegenheit demonstrieren will. Wir sind ungefähr gleich alt, aber er ist Anwalt (und einer meiner Chefs). Wären wir zusammen auf der Highschool gewesen – ich hätte ihn fertiggemacht. Das Problem ist: Er weiß das und macht sich einen Spaß daraus, mich zu nerven. Heute Nachmittag hat er sich über mich lustig gemacht, weil ich irgendeine Tastenkombination in *Word* nicht kannte, dann hat er mir einen Stapel Akten vor den Latz geknallt. Und ich bin sicher, dass er danach schnell in sein Büro gerannt ist, um sich ins Fäustchen zu lachen und sich einen runterzuholen.

Manchmal gehe ich nach der Arbeit in ein überteuertes Fitnessstudio in der Lafayette Street, wo ich mich am Punchingball abreagiere und mir vorstelle, es wäre Allen. Das ist nicht nur ein gutes Training, sondern auch eine gute Methode, um runterzukommen.

»Ach, Allen hast du auch am Hals? Bingo«, sagt Anna. »Aber ich kann gern noch bleiben und dir helfen.«

Manchmal habe ich das Gefühl, Anna betrachtet mich als gefährdete Spezies, als einen Manati, der blöd genug ist, in eine Propellerschraube zu schwimmen, wenn man nicht auf ihn aufpasst. Ich kann oft kaum glauben, dass es an der Wall Street noch Menschen wie Anna gibt. Was sie jedoch nicht versteht: Bei mir ist sowieso schon Hopfen und Malz verloren. Anna sollte lieber an ihre Karriere denken. Höflich lehne ich ihr Angebot ab.

Ich hatte nie vor, hier zu enden. Nach dem College bin ich erst durch die Weltgeschichte gereist, dann habe ich mich durchs Studium gemogelt und versucht, ein Lebensziel zu finden. Während ich eifrig, aber vergeblich suchte, zogen meine Freunde in die Bay Area, bekamen gute Einstiegsjobs mit echter Verantwortung und 75 Riesen im Jahr, kauften Aktien und gingen auf Kosten irgendwelcher Spekulanten auf lächerliche Site-Launch-Partys. Wer sich nicht mit einem börsenreifen Start-up-Unternehmen einlassen wollte, vertat geradezu mutwillig seine Chance auf das große Geld.

Eine neue Ära zog am Horizont auf. Die Technologie würde uns von allem Ballast früherer Generationen auf einen Schlag befreien. Wir könnten unsere berufliche Karriere und unseren Lebensstil frei wählen. Geschäfte machte man beim Tischfußball und bei Paintball-Outings. House-Musik wurde in San Francisco, Los Angeles und New York zum Mainstream. Ecstasy und Dope schürten Übermut und Hedonismus. Alles, was vorstellbar war, war auch machbar. So lange der Optimismus und die Energie unserer Generation ungebrochen waren, würde die Technik uns in die Zukunft tragen. Wir würden den Lauf der Geschichte verändern. Es war eine Wiederauflage der Love-and-Peace-Generation der Sechzigerjahre, nur mit verschwommeneren politischen Zielen, profitableren Brotjobs und teureren Schuhen.

Irgendwo am Rand dieses haltlosen Exzesses lungerte auch ich herum und machte einstweilen einen brotlosen Abschluss in Lateinamerikastudien, gefolgt von einem Blitz-Doktorat in Social Policy, was immer das sein mochte. Zwei Fachsemester habe ich durchgehalten, bis ich die Flucht ergriffen habe. Damals ging man als »Lebenskünstler« kein großes Risiko ein, man wurde sogar dazu ermutigt. Im anderen Lager konnte man Unternehmensberater, Webmaster oder Broker spielen.

Doch dann waren die fetten Jahre plötzlich vorbei.

Als ich mich auf den Arbeitsmarkt begab, hatte Bush das Weiße Haus geentert, die Wirtschaft war im Sturzflug begriffen, Flugzeuge waren in die Zwillingstürme des World Trade Center gekracht, und keiner stellte mehr neue Leute ein. Ich hatte geglaubt, mein Magister-Abschluss würde mir ein paar Türen öffnen, aber ich bekam nicht mal einen Rückruf von einer Zeitarbeits-Firma.

Anfang 2002 landete ich als Verkäufer im *Club Monaco*, einer etwas schrilleren Version von *GAP*, Ecke 5th Avenue und 55. Straße mitten in Manhattan. Es kam noch besser: Ich wurde an der Damenumkleide eingesetzt. Der Schwerpunkt meiner Arbeit bestand darin, Kundinnen zu fragen, ob ihnen denn nicht auch eine kleinere Größe passen würde. Wenn sie mit einer 40 zur Anprobekabine kamen, fragte ich sie: »Soll ich Ihnen nicht besser eine 38 holen?« Und wenn sie mit einer 38 ankamen, legte ich ihnen eine 36 nahe. So einfach war das.

Eines Tages, ich war gerade dabei, Jeans und dazu passende T-Shirts fachmännisch zusammenzufalten, fragte mich der stellvertretende Filialleiter, ein Typ aus New Jersey mit Sonnenstudiobräune und einer typischen LA-Frisur: »Meinst du, du schaffst es tatsächlich noch an die Uni?«

»Ich habe in Stanford meinen Magister gemacht und an der London School of Economics eine Diss angefangen«, versetzte ich und faltete weiter Kleider.

»O Mann, 'ne Diss ist doch 'n Scheiß, du solltest lieber versuchen, einen Jaycee* zu machen wie ich. Was glaubst du, wie ich diesen Job gekriegt habe«, verkündete er mit der ganzen Entschlossenheit eines stellvertretenden Filialleiters bei *Club Monaco*.

Ich sagte ihm, ich würde darüber nachdenken.

Auf jeden Boom folgt ein Zusammenbruch, und in Amerika wird es immer Menschen geben, die daraus Profit ziehen – vor allem Rechtsanwälte. Als ich hörte, dass ein Wall-Street-Unternehmen Leute suchte, die in Fällen von Wirtschaftskriminalität geheime Ermittlungen durch-

---

* JC, United States Junior Chamber, gemeinnütziger Verein, gegründet 1920; dort haben schon Reagan, Ford und Clinton in Betriebswirtschaft, Menschenführung, Verwaltungsarbeit und Internationalen Beziehungen reüssiert.

führten, war ich so wild darauf, aus dem Einzelhandel rauszukommen, dass ich gar nicht erst genauer nachfragte. Ich wusste nur, dass die Firma unter anderem das damals wenig bekannte Investmentfondsunternehmen *Cerberus Capital Management* vertrat, das notleidende Kredite aufkaufte. Dass die Gesellschaft nach dem vielköpfigen Höllenhund benannt war und dieses Investieren in Krisenunternehmen »Vulture Investing« heißt, ließ bei mir keine Warnlampen aufleuchten.

Ich ging auf die dreißig zu, und die Türen, die angeblich einst weit offen gestanden hatten, waren mir vor der Nase zugeknallt worden. Der Wall-Street-Job schien da eine gute Option zu sein: Kopfarbeit mit einem soliden Einkommen, beim Klassentreffen könnte man stolz sein.

Also fing ich bei *Cerberus* an. Erst bearbeitete ich alle möglichen Fälle, dann spezialisierte ich mich auf die Rechtsprobleme eines bekannten Exanalysten der hauptsächlich Telekommunikationsgesellschaften bewertet hatte, namentlich *WorldCom*. Rechercheanalysten sollen ja eigentlich unvoreingenommen darüber urteilen, welche Aktien einen Kauf lohnen, aber in der New-Economy-Blase gab es einige Analysten, die mit Bankern und Vorstandsvorsitzenden Hand in Hand arbeiteten, um gewisse Unternehmen zu promoten. Die Banker wollten Aktien verkaufen, die Vorstandsvorsitzenden irgendwelcher Telekommunikationsgesellschaften wollten positive Gutachten, damit der Kurs in die Höhe schoss, und die Analysten schöpften dabei so viel Geld und Bonuszahlungen ab wie nur möglich.

Jeder mauschelte mit jedem, und die Analysten waren die Marktschreier. Unser Mandant hatte es mit seinen verblüffenden Aktienempfehlungen einmal sogar auf die Titelseite von *BusinessWeek* geschafft. Noch mehr Schlagzeilen machte er im Zusammenhang mit dem Bankrott von *WorldCom*.

Drangekriegt haben sie ihn nicht zuletzt wegen einer verfänglichen E-Mail-Korrespondenz mit einer »engen Freundin«. Er hatte damit geprahlt, wie er faule Aktien heraufgestuft und dem CEO einer bekannten Telekommunikationsfirma »Zucker in den Arsch geblasen« hatte, damit ein Bomber aus Manhattan seinen großen Coup landen konnte.

Was er davon hatte? Die Bank schrieb ihm eine Empfehlung und spendete eine Million Dollar, damit seine Zwillingstöchter in einem Elitekindergarten der Upper East Side unterkamen. Klar. In Manhattan weiß jeder, der seine fünf Sinne beisammen hat, dass ein guter Kindergarten das Ticket nach Harvard ist, außerdem bauen die Eltern ihr Netzwerk aus. Dafür kann man ruhig mal ein paar Tausend Anleger über die Klinge springen lassen, vor allem Privat- und Kleinanleger, die blöd genug sind, auf einen Analysten zu hören.

Die Verteidigung unseres Mandanten ging ungefähr so: Er habe lediglich eine Cyber-Phantasie ausgelebt und dabei seine Macht an der Wall Street fetischisiert. Krankhafter Größenwahn, mehr nicht. Ich musste mich nun durch die Massen an Mails wühlen, die unser Mandant mit diversen sonstigen »engen Freundinnen« ausgetauscht hatte, sowie die genaue Natur jeder einzelnen Beziehung und etwaige weitere Hinweise auf Cyber-Fetischismus schriftlich festhalten. Ich war im Grunde so etwas wie ein Profivoyeur. Wenn ich abends nach der Arbeit nach Hause ging, hätte ich mir am liebsten das Gehirn mit Seife geschrubbt.

Unser Mandant war in diesem ganzen Riesenbetrug, der hinter der New-Economy-Blase stand, aber sowieso nur der Prügelknabe. Als dann die Blase platzte, hatten die wirklich großen Tiere schon so viel Geld gemacht, dass es ihnen nicht mehr viel ausmachte, Zehntausende Anleger vor die

Hunde gehen zu lassen. Sie ließen ein paar Köpfe rollen. Verbuchten ein paar Rechtsberatungskosten als Betriebskosten und betäubten ihr Schuldbewusstsein, indem sie sich auf den Virgin Islands einen blasen ließen.

Ich höre schwere Absätze auf dem Flur, und im nächsten Augenblick steht Marilyn vor mir. Meine fünfzehn Minuten Schonfrist sind um. Ich kann förmlich riechen, wie gestresst sie ist. Mit den Schneidezähnen zupft sie an einem Hautfetzen auf ihrer Unterlippe und vermeidet es, mir in die Augen zu sehen. Ihre Fingernägel sind abgekaut, und einer ihrer Nylonkniestrümpfe ringelt sich um ihren Knöchel.

Sie greift sich meine Unterlagen und fängt an, sie durchzugehen. Theatralisch wirft sie eine leere Mappe über die Schulter hinter sich. Sie sucht etwas, findet es aber nicht. Meine Akten sind im Babylonsystem geordnet – wenn man das überhaupt ein System nennen kann; jedenfalls bewahrt seine kryptische Natur mich davor, gefeuert zu werden.

Ich brauche dringend einen Drink.

»Wo ist die Mappe *Level 3*? Die kann …. die kann ich nicht finden«, sagt sie mit zitternder Stimme. »Und diese Tabelle … ist sie fertig?

»Die mache ich gleich morgen. Ich musste noch etwas für Allen erledigen und …«

»Es ist mir egal, was du zu tun hattest. Ich habe dir einen Auftrag gegeben und erwarte, dass er erledigt wird. Und zwar jetzt!«

»Aber …«

»Kein Aber! Auf dich kann man sich einfach nicht verlassen. Ich habe genug von deinen Rechtfertigungen.«

Ich fühle mich klein und gedemütigt – wie eine Nutte, die sich von einem Freier, von dem sie privat nicht mal einen Drink annehmen würde, sagen lassen muss, dass sie hässlich ist.

Marilyn scheint plötzlich von ganz weither zu mir zu sprechen, mit tonloser Stimme, die ich kaum noch höre. Ich nicke immer nur und denke daran, wie toll die Berge um Seattle herum mit weißen Schneekappen aussehen. Freitags nach der Schule fuhr immer ein Skibus nach Alpental, Sonntag morgens fuhr einer zum Stevens Pass: Auf Schim's Meadows konnte man, wenn man früh genug dran war, frische Spuren in den Schnee ziehen ...

»Verdammt – hörst du mir überhaupt zu? Ich gehe jetzt. Wenn ich morgen früh wiederkomme, liegen die *WorldCom*-Tabelle und der Ordner auf meinem Tisch. Verstanden?«

Marilyn rauscht hinaus. Sie hat mir kein einziges Mal in die Augen geblickt.

Ich starre auf meinen Monitor. Am liebsten würde ich mir mit Büroklammern die Augen ausstechen. Statt hier auf meinem ergonomischen Bürostuhl zu sitzen und Wirtschaftskriminellen dabei zu helfen, ihre Westen reinzuwaschen, könnte ich auch in Brasilien am Strand liegen.

Sechs-, siebenundzwanzig ist ein Alter, wo man schon mal Bilanz zieht; jedenfalls gilt das für freie Geister oder wie auch immer man Leute nennen will, die nicht den Erwartungen entsprechen. Man befindet sich in dem Alter bereits auf halbem Weg in die Midlife-Krise. Ein Jimi Hendrix, ein Curt Cobain, ein Jim Morrison oder eine Janis Joplin haben tatsächlich die Kurve nicht gekriegt, aber die meisten, siehe Steven Tyler, Ice Cube oder Perry Ferrell, reißen doch noch das Ruder herum und gelangen zu irgendwelchen faulen Kompromissen. Nur wenige Erwählte wie Keith Richards, Iggy Pop und James Brown machen einfach weiter.

Und ich selbst? Ich habe einen Adrenalinkick, kribbelndes Zahnfleisch, und die Haut unter meinem Hemdkragen brennt. Ich denke an Hemingway: »Zum Teufel mit Südamerika. Wenn du in deiner heutigen Gemütsverfassung hinreist, würde es genauso sein wie hier.« Aber für *Lonely Planet* nach Brasilien – das ist wirklich etwas Neues. Mein Schutzpatron D. B. Cooper wäre bestimmt darauf angesprungen. Er hätte wahrscheinlich sogar ein Flugzeug dorthin entführt.

Es wäre die Gelegenheit für mich, im Hier und Jetzt zu leben und nicht an morgen zu denken.

Aber was ist mit meinen Freunden und meiner Wohnung?

Und verdammt, was ist mit meiner Freundin?

Sydney und ich sind seit ein paar Jahren zusammen, und wir lieben uns. Sie ist in vieler Hinsicht die ideale Frau für mich, und sie behauptet, ich wäre der ideale Mann für sie. Doch leider ist unsere Beziehung im Eimer. Man braucht lange, um es zu schlucken, dass der Mensch, den man liebt, nicht unbedingt auch der Mensch ist, mit dem man eine funktionierende Partnerschaft aufbauen und aufrechterhalten kann. Bislang haben wir das beide noch nicht so ganz verdaut.

Ich rufe sie zu Hause an. Sie lässt es fünfmal klingeln, ehe sie rangeht. »Hast du Celestes Verlobung vergessen? Wir kommen zu spät. Was machst du denn noch im Büro?«

»Ich versuche, hier mit was abzuschließen und meinem Leben eine neue Richtung zu geben.«

»Nicht schon wieder!«, stöhnt sie. »Warum kannst du dich nicht einfach mal am Riemen reißen, deine Arbeit erledigen und dann nach Hause kommen wie andere Leute auch?«

Sydneys Vater war bei der Air Force gewesen, und sie selbst hatte ihre Kindheit und Jugend auf Pilgertour durch Amerika und den Südpazifik verbracht, immer von einem Stützpunkt zum anderen. Mit zwanzig war sie es leid gewesen und hatte sich nach Manhattan abgesetzt, um sich dort mit scharfer Zunge und ebensolchem Körperbau auf eigene Faust durchzuschlagen.

»Ich weiß gar nicht, ob ich mich am Riemen reißen will. Dass die Leute Bürojobs alle so toll finden, ist sowieso nur eine Modeerscheinung, das gibt es erst seit ungefähr einer Generation ... Was hältst du davon, wenn ich Reiseautor werde?«

»Da du nicht gerade viel Schreiberfahrung, geschweige denn einen Pulitzer-Preis oder so was hast, halte ich das für keine gute Idee. Was ist, wenn wir Kinder wollen? Ich meine, Reiseschriftstellerei ist ja vielleicht ein nettes Hobby, aber setz dir bloß nicht in den Kopf, dass ich dich aushalte ... Weißt du, Thomas, du bist wirklich der einzige gottverdammte Hippie, der eine *Armani*-Uhr trägt und sich mit *Marc-Jakobs*-Parfüm einsprüht!«

»Ein gewissenhafter Narziss zu sein ist eine hohe Kunst.«

»Du tust mir echt leid! Jetzt ruf ein Taxi, komm her und hol mich ab. Wir sollten schon längst auf der Party sein ... Oder willst du drauf hinaus, dass wir von nun an getrennt zu Verabredungen gehen?«

»Ich weiß nicht, ob ich es heute Abend schaffe, ich muss dieses ...«

»Scheiße. Okay – ich geh allein, aber ..., ehrlich gesagt, ich hätte mir schon ein bisschen mehr Verständnis von dir gewünscht. Ich dachte, unsere Beziehung basiert auf gegenseitiger Unterstützung.« Sydney ist es gewöhnt, dass sie von Männern alles bekommt, was sie will. Das soll nicht heißen, dass sie dumm oder unselbstständig wäre, bloß dass sie notfalls auf emotionale und sexuelle Kriegstaktiken zurückgreift.

»Tut mir leid. Wirklich, Sydney, ich muss einfach ...«

Sie legt auf. So enden seit geraumer Zeit alle unsere Telefongespräche. Mit einem romantischen Nachbeben.

Nicht mal in meiner eigenen Wohnung erwartet mich Trost. Letzte Woche kam ich nach Hause und stieß im Treppenhaus auf ein ziemlich großes Loch, das direkt in meinen Schlafzimmerschrank führte. Es sah aus wie im Film, als hätte jemand die Wohnung nach einem versteckten Mikrofilm durchwühlt – herausgerissene Schubladen, verstreute Kleidungsstücke ...

Die Cops erzählten, professionelle Diebe würden die Wohnungen manchmal extra so verwüsten, dass es aussieht, als hätten irgendwelche Junkies gewütet. Wahrscheinlich haben sie meinen Wäschekorb samt dreckiger Unterwäsche und T-Shirts gestohlen, um die Elektrogeräte darunter zu verstecken und sie unauffällig aus dem Haus zu tragen.

Ich hatte einen super Laptop mit allem Drum und Dran, auch wenn ich ihn nur dazu benutzt habe, Musik herunterzuladen und mir irgendwelche Pornoseiten anzusehen.

Ich hatte einen brandneuen MP3-Player mit 20 Gigabyte.

Einen CD-Wechsler für zweihundert CDs, allerdings schon etwas veraltet.

Einen *Palm Pilot,* in dem ich alle wichtigen Telefonnummern gespeichert hatte – für den Fall eines Falles.

Ein Zip-Drive für das Back-up des Palm; auch schon veraltet.

Sogar das Ladegerät meines Klapphandys haben sie mitgenommen.

Ich war technisch bestens ausgerüstet gewesen: klein, handlich und silbrig. Ich war fast auf dem Stand des 21. Jahrhunderts gewesen – und auf einmal war alles weg.

Ich weiß noch, dass ich wie gelähmt war, als ich meine Wohnung sah. Ich versuchte, auf den Diebstahl nüchtern zu reagieren, indem ich mir sagte, dass Diebe der Gesellschaft weniger schadeten als die Leute, die mein Gehalt bezahlten. Nichtsdestotrotz habe ich seit dem Einbruch nicht mehr in meiner Wohnung geschlafen. Wie ein Vogel, der nicht mehr in sein geplündertes Nest zurückkehrt.

Auf meinem Bildschirm ist die *WorldCom*-Tabelle geöffnet: eine Spalte mit Geschäftsentscheidungen neben einer anderen mit möglicherweise belastenden Mails. Davor, auf dem Bildschirm, mein eigenes Spiegelbild, umrahmt von meinen *Post-it*-Notizen. Ich sehe müde aus, alt, gelangweilt, schlimmer noch: langweilig. Das Blut rauscht durch meine Adern, es schäumt und pulsiert. Blasen steigen zu meinem Gehirn auf, als ich eine Mail zu tippen beginne:

Liebe Marilyn,

ich kann den Auftrag nicht erledigen – heute nicht und auch sonst nicht.
Ich bin weg – auf dem Weg zu Spontaneität, Phantasie und allem möglichen anderen, das es hier nicht gibt.
Mach dir wegen der *WorldCom*-Tabelle keinen Kopf. Wir können noch so viele Spalten vollschreiben – sie sind und bleiben schuldig.

Herzlich,
Thomas

Ich klicke auf »Senden«. Mein Kopf implodiert wie bei einer dieser coolen Abrissaktionen im Fernsehen. Sprenglöcher in allen tragenden Teilen. Das Gebäude fällt in sich zusammen und stürzt in einer Staubwolke zu Boden.

Ich mache mir nicht die Mühe, meinen Computer auszuschalten, ich melde mich am Empfang auch nicht ab. Es ist einfacher, als ich gedacht hätte. Ich nehme einfach mein Sakko und gehe durch die Tür. Die drei Zeitarbeiterinnen nicken mir zu und stricken weiter an ihren schwarzen Wollschals. Die Putzfrau aus Guyana, über ihren Blocker gebeugt, winkt mir zu. Keiner versucht, mich auf- oder festzuhalten – ich gehe einfach hinaus. Die meisten Mauern existieren nur in den Köpfen der Leute. Zumindest neige ich zu diesem Glauben, solange ich nicht gezwungen bin, mich mit meinen Finanzen auseinanderzusetzen.

Während der Aufzug ins Erdgeschoss rast, wird mir trotzdem flau im Magen.

Der Securitymensch im Foyer blickt nicht mal auf. Ich atme erst wieder auf, als ich durch die Glastür nach draußen trete und mir die frische Luft ins Gesicht schlägt. Plötzlich ist dieses Büro nur noch eines von vielen in der Bienenwabe eines Bürogebäudes, wie es hier in der Stadt unzählige gibt.

Erst ruft mich Anna zwei Mal auf dem Handy an, dann ständig Marilyn. Ich werfe das Ding in den East River.

Turbulenzen

62 Tage bis zum Abgabetermin

»Komm, wir machen New York unsicher!«, knistert die lallende Stimme vom Doc durch den Münzfernsprecher. Es ist zehn Uhr morgens, und ich habe nichts zu verlieren. Er schon, aber das kümmert ihn einen Dreck.

Wir zeigen es dieser Stadt! Wir zahlen New York alles heim, was es uns angetan hat: dass es uns 1250 Dollar im Monat für eine winzig kleine Einzimmerwohnung mit Blick auf eine Backsteinmauer aus der Tasche gezogen hat; dass es uns dazu verführt hat, unerreichbaren Frauen drei Häuserblocks weit zu folgen, nur um ihren Arsch besser zu sehen; dass es uns sechzig Stunden in der Woche unter grellen Leuchtstoffröhren hat sitzen lassen, obwohl wir doch zu den sorglosen oberen Zehntausend Manhattans gehören wollten. Wir, der Doc und ich, werden diese Stadt erobern, ohne Rücksicht auf Verluste.

Job weg, Handy weg, Freundin weg und aller Wahrscheinlichkeit nach auch bald meine Wohnung. Bald gibt es einfach kein Zurück mehr. Dann bin ich weg hier.

Meine Zelte in New York abzubrechen fiel mir leichter als gedacht. Es war sogar deprimierend einfach. Du sagst der Stadt, dass du an ihr zweifelst, und sie erwidert, dass sie dich sowieso nie leiden konnte.

Der Legende nach hat Hernán Cortés, der spanische Eroberer von Mexiko, eine heldenhafte Entscheidung getroffen, als er befahl, seine Schiffe in Vera Cruz zu verbrennen. Damit zeigte er seinen Mannen, dass sie kompromisslos gegen das Aztekenreich kämpfen mussten. Es gab kein Zurück mehr. Nur der Sieg kam infrage. Solche Geschichten geben Motive für Wandplakate und Briefbeschwerer ab. Gern werden sie auch von Baseballtrainern erzählt, die ihre Highschool-Mannschaften ins entscheidende Spiel führen, oder von Abteilungsleitern, die ihre Angestellten dazu antreiben müssen, endlich eine Direktmailkampagne durchzuziehen. Trotzdem ist diese Geschichte purer Quatsch.

Cortés hat seine Schiffe nicht verbrannt, er hat sie manövrierunfähig gemacht und möglicherweise auch versenkt. Daraus hat er allerdings keine Show gemacht, sondern er hat es bei Nacht und Nebel über die Bühne gebracht, während seine Mannen auf die Aztekenhauptstadt Tenochtitlán marschierten. Die Zerstörung der Schiffe war vielleicht eine plumpe Methode, das Motiv dahinter aber ist bezeichnend. Cortés, ein intriganter Opportunist im klassischen Sinn, hatte es auf Ruhm und Reichtum abgesehen, und die Eroberung eines der größten Eingeborenenreiche des amerikanischen Kontinents versprachen ihm beides. Außerdem hatte er keine Lust, seinen vorgesetzten Kolonialherren Rede und Antwort zu stehen oder sich von deren bürokratischen Vorgaben einschränken zu lassen. Zudem setzte er sich mit diesem taktischen Schachzug auch von seinem ewig nörgelnden Befehlshaber und Schwager Diego de Velázquez ab, dem Gouverneur von Kuba. Da Cortés wusste, dass er auf die

Loyalität seiner Männer nicht unbedingt zählen konnte, entschied er sich für die Sabotage der Schiffe. So konnten die Anhänger Velázquez' ihn nicht an diesen verraten. Cortés nahm sein Schicksal selbst in die Hand. Er hatte es satt, anderen Leuten verpflichtet zu sein und sich Vorschriften machen zu lassen.

Verglichen mit der Belagerung von Tenochtitlán und der Eroberung eines hochvermögenden Reiches ist mein Unterfangen natürlich mickrig, aber Cortés' Strategie imponiert mir durchaus. Ich will zwar keine Schiffe verbrennen, wenn ich an Land gegangen bin, aber auch ich möchte meinen eigenen Lebensweg weitergehen, ohne darüber Rechenschaft ablegen zu müssen.

Wenn ich schon Reiseautor werde, dann will ich auch tun und lassen können, was ich will, ohne mich vor meiner Freundin, meinem Chef, vor Freunden oder sonst jemandem verantworten zu müssen. Schluss mit den Kompromissen. Ich werde mich weigern, irgendwelche Erwartungen zu erfüllen.

All dies versuche ich an einem öffentlichen Telefon dem Doc zu erklären, der mir wahrscheinlich gar nicht zuhört. Kürzlich hat er als »Berater« in der Reha famuliert. Noch ein paar Monate, dann hat er seinen Abschluss an der medizinischen Fakultät seiner Ostküsten-Eliteuni in der Tasche und wird auf arglose Patienten losgelassen. Keine Ahnung, warum ich ihn angerufen habe. Als Helfer in der Not ist er eigentlich völlig unbrauchbar. Er hat genug mit seinem eigenen Lebenschaos zu schaffen. Seine Standardtherapie besteht aus Drogen und Alkohol sowie dem Rat, sich »verdammt noch mal nicht so anzustellen«.

Kurz tut er, als hörte er mir zu. Sagt dann in seinem Oberarztvisite-Ton: »Ich habe genau das, was du brauchst: eine frische Pulle *Captain Morgan*. Ist letzte Woche bei einem Fachschaftsfest übrig geblieben. Sie ist gratis und daher bei deiner persönlichen Behandlung unbedingt angeraten. Aber vermutlich müssen wir eine noch durchschlagendere Therapie ansetzen – Polymedikation. Ich glaube, ich bringe dir ein bisschen Koks mit, wenn wir uns am Union Square treffen. Dann geht's dir bestimmt bald wieder besser.«

Auf den Weg zum Union Square bekomme ich kurz ganz schreckliche Angst. Aber dann hole ich mir beim Deli an der Ecke Avenue B und 6. Straße eine große Dose Bier, die ich auf dem Weg durch den Tompkins Square Park hinunterkippe, und prompt geht es mir viel besser. Ja, der Doc ist ein genialer Arzt.

Was Sydney angeht: Nicht ich war es, der Schluss machen wollte. Ich habe sie wirklich geliebt. Dass sie pragmatisch denkt und mit jemandem zusammensein will, dessen Zukunft finanziell abgesichert ist, kann ich ihr freilich nicht verübeln. Ich erzählte ihr, was sich im Büro zugetragen hatte, und sagte ihr klipp und klar, dass ich mich weder bei Marilyn entschuldigen noch zurück zur Arbeit gehen, sondern nach Brasilien fliegen würde. »Entweder ich oder Brasilien«, sagte sie. »Du musst lernen, mit einer richtigen Arbeit zurechtzukommen, und du musst endlich erwachsen werden.«

»Wer verschwendet schon seine besten Jahre in einem Bürostuhl?« Mir stünde ein ganz anderes Leben vor Augen, sagte ich.

Sie antwortete: »Ja, ein Leben in Armut oder im Hotel Mama ... Thomas, ich dachte, wir würden heiraten. Ich habe meiner Familie und meinen Freunden gesagt, dass du mein Mann für's Leben bist. Und ich hab dir doch neulich erst erzählt, dass ich schon immer einen Weißgoldring mit einem Diamanten im Tropfenschliff und zwei

Saphiren haben wollte. Sag nicht, du hättest den Wink mit dem Zaunpfahl nicht kapiert?«

»Na ja, ... ich dachte, wir ... wir könnten noch eine Weile warten. Ich hab noch ein paar Dinge vor, ich bin noch nicht so weit, dass ...«

»Weißt du was? Vergiss es. Du bist ja anscheinend fest entschlossen.« Sie zwang sich zu einem »Tschüs« zwischen zusammengebissenen Zähnen und knallte den Hörer auf. Seitdem habe ich nichts mehr von ihr gehört. Sie ruft nicht zurück und beantwortet auch meine Mails nicht.

Ich bin nicht gerade ein unverbesserlicher Optimist, aber ich glaube fest daran, dass man mit der richtigen Portion Unternehmergeist jeder schlechten Situation etwas Gutes abgewinnen kann. Was das Loch in meiner Wohnungswand angeht, so hatte ich meine Vermieterin schon längst darauf hingewiesen, dass die Haustür nicht richtig ins Schloss fiel. Es sei nur eine Frage der Zeit, hatte ich ihr gesagt, bis irgendwer einbrechen würde. Da sie selbst auch in dem Haus wohnte, war ich davon ausgegangen, dass es sie interessieren würde, aber so kann man sich täuschen. Ich hatte meine Beschwerden immer an ihren Vater gemailt, der für sie als Hausverwalter arbeitete – sie selbst war immer so zugedröhnt, dass sie nur selten die Tür öffnete oder ans Telefon ging. Nach dem Einbruch konnte ich ihren Vater mit ein paar wohlgewählten Worten davon überzeugen, dass sie mich besser sofort aus dem Mietverhältnis entließen und auf eine halbe Monatsmiete verzichteten, als sich mit irgendeinem Ärger herumzuschlagen, den ich ihnen womöglich machte. Ich möchte zwar immer noch wissen, wer am helllichten Tag ein Loch in meine Wand geschlagen hat, ohne dass es jemand mitgekriegt hat, aber es gehört inzwischen der Vergangenheit an.

Der Einbruch erleichterte meinen Auszug aus der Wohnung erheblich. Alle meine Wertgegenstände befanden sich wahrscheinlich ohnehin schon in irgendeinem Pfandhaus auf der East Side, mir waren nur ein paar persönliche Erinnerungsstücke geblieben. Die Fotos schickte ich meinen Eltern zur Aufbewahrung nach Seattle. Meine Winterklamotten ließ ich bei Verwandten auf Long Island. Alles andere stellte ich an eine Straßenecke: Ich habe keine Ahnung, was die Leute an diesen Sachen fanden, jedenfalls waren sie nach wenigen Stunden verschwunden.

Von all meinem Hab und Gut war fast nichts versichert – außer meinem Laptop (durch ein Hintertürchen, auf das ich hier nicht näher eingehen will). Da die Preise für Laptops in den letzten Jahren stark gesunken sind, konnte ich mir ein neues Gerät leisten, das kleiner, leichter, robuster und reisetauglicher war. All meine MP3-Downloads waren zwar flöten (wie gewonnen, so zerronnen – das Karma der Raubkopierer), desgleichen meine Digitalfotos (darunter ein paar herrliche Aktfotos einer Ex) und alles, was ich je geschrieben hatte. Dafür besaß ich jetzt ein *Panasonic Toughbook*. Schreiben ist überhaupt nicht taff, es ist in etwa so bodenständig, wie im Supermarkt an der Kasse zu sitzen, aber mit einem *Toughbook* in der Tasche kam ich mir auf Anhieb vor wie der knallharte, risikofreudige Reisejournalist, der über maoistische Aufständische in Nepal berichtet, über die Hochzeitsriten der Yanomami oder das Überleben im Dschungel von Papua Neuguinea – dabei hatte ich Manhattan noch nicht einmal verlassen. Aber nachdem ich meine Visitenkarten von *Lonely Planet* schon in der Post gehabt hatte, kam ich mir vor, als wäre ich bereits unterwegs.

Mitten im Wohnzimmer meiner ansonsten leeren Wohnung standen ein Rucksack mit T-Shirts, Shorts und meinem Laptop. In letzter Minute einen Pass und ein Visum für Brasilien zu bekommen hatte mich ein Heidengeld gekostet. Morgen Vormittag ging mein total überteuerter Last-Minute-Flug nach Rio de Janeiro.

Der Doc hat sich weder geduscht noch die Zähne geputzt, er trägt seine Arzthose und ein Hawaiihemd aus Polyester, dazu alte Lederlatschen, die er schon hat, seit ich ihn kenne. Sein lockiger Blondschopf hat grundsätzlich einen unmöglichen Schnitt und sieht immer aus, als hätte er sich erst vor Kurzem entschlossen, die Haare wachsen zu lassen. Damit sie ihm nicht in die Stirn fallen, hält er sie mir einer billigen Plastiksonnenbrille zurück, die er trägt wie einen Haarreif. Der rechte Bügel ist mit einer kleinen Sicherheitsnadel am Gestell festgemacht. Nur Los Angeles in den Siebzigern konnte so eine Gestalt hervorbringen.

Er hockt auf einer Holzbank am Union Square, korpulent, mit dicken, roten Backen. Der süßliche Geruch vom gestrigen Schnaps dringt ihm aus allen Poren. Er muss einen schweren Kater haben, seine Augen sind glasig, und er wirkt aufgekratzt. Ich weiß genau, wie schlimm seine Hangover immer sind, und wenn er nicht ein paar Lines gezogen hätte, wäre er wahrscheinlich gar nicht hier. Die Flasche *Captain Morgan* lugt aus einer kleinen, schwarzen Tüte heraus, ohne Verschlusskappe.

Rum ist absolut unterbewertet, meist kommt er nur in Cuba Libre, Mojito oder in Coconut Malibu daher, dabei ist Rum pur eine herrliche Sache. Rum und seine lateinamerikanischen Verwandten *aguardiente*, *cachaça* (Zuckerrohrschnaps) und der gute alte *ron* (»*mi amigo*, Ron«, wie der Doc immer sagt) hat Generationen von Piraten dazu ermutigt, Hafenstädte zu plündern, sie in Schutt und Asche zu legen und sich mit der Beute davonzumachen.

Nicht zufällig hat George Washington, der ja selbst auch ein Haudegen war, 1789 anlässlich seiner Vereidigung als erster Präsident der Vereinigten Staaten ein Fass Barbados-Rum bestellt. Und wenn der Doc und ich heute Manhattan stürmen, darf Rum natürlich auch nicht fehlen.

Kokain hingegen finde ich scheiße – das muss ich hier mal sagen, auch wenn es uncool klingt. Wenn ihr mir nicht glaubt und das Zeug mit einem romantischen Nimbus verklärt, dann solltet ihr mal nüchtern nur eine einzige Nacht mit lauter koksenden Leuten in einem kleinen Raum verbringen. Am Ende ist das nur noch eine rotgesichtige, glupschäugige, schwitzende Bande, die sich gegenseitig zu überbrüllen versucht. Beim Koksen fühlt man sich zwar zunächst selbstsicher, aufgeweckt und cool, aber es ist nur eine Frage von Stunden, bis man nur noch Grimassen zieht und Paranoia schiebt, dass einem der Schwanz in den Bauch schlüpfen könnte. Am nächsten Morgen wacht man auf und stellt fest, dass man die halbe Nacht auf dem Klo zugebracht hat, immer auf der Suche nach der Euphorie, die man beim allerersten Mal gespürt und nie wiedergefunden hat.

Klar habe auch ich schon Drogen genommen. Ich habe schließlich in Südamerika gelebt. Ich habe geschnupft, geraucht, getrunken, alles – alles außer Spritzen –, und ich habe eine Weile gebraucht, bis ich mir darüber klar geworden bin, dass es mir eigentlich keinen großen Spaß gemacht hat. Dieser Kult, den Banker, Hipster und Broker um das Koks machen – und dabei denken, mit ihren langen Lines wären sie die Größten –, das ist alles nur ein Hype. Man braucht nur einmal nach Peru zu fahren und zu sehen, dass Koks da was ganz Alltägliches ist, um sich komplett verarscht vorzukommen.

Rum hat so außergewöhnliche und unverwüstliche Männer wie die Piraten Blackbeard und Captain Kidd oder auch George Washington stimuliert. Und wen hat Koks stimuliert? Andy Gibb, Corey Haim, Roger Clinton?

»Sei ein guter Junge, nimm brav deine Medizin.« Der Doc reicht mir einen Schlüssel, auf dessen Spitze ein Häufchen rosa-weißer Staub liegt. Ich sehe mich schnell um, beuge mich vor und zieh mir das Zeug rein.
So viel dazu ...
»Behauptet jetzt noch irgendwer, dein Wohlbefinden läge mir nicht am Herzen?«, fragt er.
»Behauptet irgendwer, mein Wohlbefinden läge mir selber am Herzen?«, gebe ich zurück.

Ich habe zu dem Angebot von *Lonely Planet* eine Pro- und Kontra-Liste aufgestellt und lese sie laut vor. Ich weiß, dass der Doc nicht zuhört. Er ist immer noch fertig von der vorigen Nacht und hat Zoff mit seiner Freundin Sandra. Ihr Streit ist dermaßen ausgeartet, dass sie ihn ins Gesicht geschlagen hat. Drei Mal. Wir beide, der Doc und ich, ziehen uns immer gegenseitig runter, und das ist gefährlich, weil dann keiner von uns beiden sagt: »Schluss, mir reicht's für heute.«
Ich fahre fort, halb für ihn, halb für mich selbst.

Pro: Ich bereise die brasilianischen Bundesstaaten Pernambuco, Paraíba, Rio Grande do Norte, Ceará, Piaui und Maranhão.
Kontra: Dort muss ich fast hundert Seiten schreiben und ein Dutzend Landkarten aktualisieren.
Pro: Ich soll vier Wochen durch Brasilien reisen.
Kontra: In vier Wochen so viel zu recherchieren, ist ein Ding der Unmöglichkeit.
Pro: Ich muss also mindestens für sieben Wochen nach Brasilien.

Ich rechne auf dem Blatt schnell alles zusammen und ziehe die voraussichtlichen Ausgaben von dem Vorschuss ab, den *Lonely Planet* mir gewährt hat. Dann füge ich hinzu:

Kontra: Das Geld reicht nicht für sieben Wochen Recherche.
Kontra: Sieben Wochen reichen nicht für die Recherche und für fast hundert Manuskriptseiten.

»Klingt nach einem ziemlich beschissenen Deal«, sagt der Doc. Ich wäge ab: Wenn es mir lediglich um eine Reise nach Brasilien ginge, könnte ich besser zwei, drei Monate bei *Starbucks* arbeiten, jeden Tag eine Tüte rauchen und danach mit meinen Ersparnissen Urlaub in Brasilien machen.

Bei *Starbucks* bekommt man am Anfang fast neun Dollar die Stunde Minimum, später sogar mehr, außerdem ist man versichert. *Lonely Planet* hingegen, ein Verlag, der um die sechs Millionen Bücher pro Jahr verkauft, behauptet, seine Autoren bekämen für ihre Arbeit im Schnitt ein wöchentliches Honorar von 600 Dollar. Bei einer Vierzigstundenwoche wären das sage und schreibe 15 Dollar die Stunde.

Wenn man nun aber zwischen den Zeilen liest, was von den Autoren erwartet wird, sieht man schnell, dass es von den Reisevorbereitungen bis zur Manuskriptabgabe mit Achtstundentagen nicht getan ist. Und nach der Abgabe hat man noch weitere Arbeit mit Redigieren, Rückfragen, Kartenerstellen, Nachbessern – das heißt viele zusätzliche Tage, wenn nicht Wochen. Damit sinkt die Bezahlung unter den Mindestlohn, und in den USA ist schon der nicht nennenswert. Die Krankenversicherung kann man auch vergessen.

Als Angestellter bei *Starbucks* hat man wenigstens keine Betriebskosten, während ich meine gesamte Recherchereise (Hotels, Restaurants, Bars, öffentliche Verkehrsmittel plus Visum plus neuer Pass plus über 1000 Dollar für den Flug nach Rio) von meinem Vorschuss bestreiten muss, der ohnehin schon auf eine lächerliche Summe heruntergehandelt wurde. Auch darf man nicht vergessen: Für diesen Job muss man schreiben können, man braucht Fremdsprachenkenntnisse, Reiseerfahrung, man muss Budgets verwalten können, und man muss in der Lage sein, lange Überlandfahrten in Entwicklungsländern und nervenzehrende Einsamkeitsphasen auszuhalten. Und man bekommt haufenweise PDFs zugeschickt, die einem vorschreiben, welchen Tonfall man bei *Lonely Planet* anschlagen soll, sowie Hunderte von Leserbriefen, die man zu berücksichtigen hat. Latte macchiato mit Karamellgeschmack zu machen ist also nicht nur lukrativer, sondern auch sehr viel einfacher.

Trotzdem verstehen viele meiner Freunde nicht, wieso ich mich mit der Entscheidung so schwertue. »Das ist doch ein Traumjob«, sagen sie. »Du kannst reisen!« Allerdings, das kann man, und das muss man auch, wie ein Irrer. Aber was hat man davon, wenn man für die Recherche in ein, zwei Monaten ein Gebiet abdecken muss, das so groß ist wie sämtliche Westküstenstaaten der USA zusammen? Ich muss also demnächst 1000 Meilen Küste abklappern, per Schiff, Bus und Jeep, dabei soll ich an die sechzig Großstädte, Kleinstädte und Dörfer besichtigen, teils in den Bergen, teils weit abgelegen in irgendwelchen Nationalparks. Ich werde fast 150 Hoteltipps und über 150 Restaurantempfehlungen schreiben, ganz zu schweigen von unzähligen Orten, die ich mir ansehen muss, um zu entscheiden, ob es sich überhaupt lohnt, sie im Buch zu erwähnen. Außerdem muss ich unzählige Informationen über Nationalparks, Wanderwege, Busfahrpläne, Flug- und Schiffspläne, Buchhandlungen, Krankenhäuser, Banken, Postämter, Internetcafés, Waschsalons, Reisebüros, Tourist Offices, Grenzstationen, Einkaufs- und Freizeitmöglichkeiten zusammensammeln.

Klar, ich könnte natürlich auch einfach eine schnelle und schlampige Recherche machen. Aber stellt euch mal vor, ihr müsstet in einem Monat nicht nur die Preise der Waschsalons in Seattle herausfinden, sondern auch etwas zum Grenzübergang in Tijuana schreiben, einen Überblick über das Nachtleben in LA geben, Wanderungen im Yosemite Park empfehlen, über Museumsöffnungszeiten in Portland und Busfahrpläne in San Francisco berichten und Tipps geben, wo man in Bakersfield ein gutes Sandwich bekommt und in Boston das Tourist Office findet ... Und dann stellt euch vor, ihr müsst das an Orten tun, wo es keine zuverlässigen Busfahrpläne und keine stabilen Internetverbindungen gibt (wenn es überhaupt Internet- und Telefonleitungen gibt), wo die Straßen über Tausende von Meilen ungepflastert sind und man vorwiegend breitestes Nordostbrasilianisch spricht. Es wäre nahezu unmöglich, und wenn ich es trotzdem versuchen würde, wäre das Ergebnis so mies, dass ich nie wieder einen Auftrag bekommen würde. Für mich steht also eine Menge auf dem Spiel, ich muss die Sache richtig machen. Ich garantiere euch, dass die Lektorin, die auf die Idee gekommen ist, vier Wochen Recherche würden ausreichen, noch nie in dieser Region oder überhaupt in Brasilien gewesen ist. Bei sieben Wochen hätte ich dann vor dem Abgabetermin gerade noch anderthalb Wochen Zeit zum Schreiben. Also muss ich mich eben auf der Reise selbst disziplinieren und jeden Abend ein paar Stunden für den Text einplanen.

Ich versuche, einen späteren Abgabetermin, ein höheres Honorar und eine Erfolgsbeteiligung auszuhandeln. Ich handle mir drei »Nein« ein, und in puncto Erfolgsbeteiligung wird mir erklärt, es sei »ein Buch von *Lonely Planet* und nicht der neue Roman von Jackie Collins«. Schließlich frage ich, ob sie mir den Flug nach Brasilien bezahlen können, und bekomme gesagt, Autoren seien keine Angestellten, sondern Freiberufler, also müssten sie auch für ihre Unkosten selbst aufkommen. Das einzige Zugeständnis: Ich kann ein kleines Zusatzhonorar herausschlagen, wenn ich das sperrige Kapitel »Umwelt« sowie den »Wildlife Guide« am Anfang des Buches selbst schreibe. Dann verdoppelt sich nämlich die Seitenzahl. Allerdings muss ich dafür noch ein paar Wochen recherchieren.

Soll ich mich trotzdem auf das Ganze einlassen, aus purer Reiselust, als »unabhängiger und leidenschaftlicher Globetrotter« oder wie auch immer *Lonely Planet* seine Autoren betiteln mag? Aus selbstloser Sympathie für die globale Backpacker-Community? Oder soll ich darauf hoffen, dass ich dabei wenigstens guten Sex bekomme? Finanziell lohnt es sich ganz bestimmt nicht.

»Drei Mal hat sie dir in die Fresse geschlagen?«, frage ich, während wir nach einem Zug durch die Bars zu einer Party gehen, bei der die Missetäterin Sandra höchstpersönlich zugegen sein wird.

»Sag ich doch! Aus purer Eifersucht, Völlig grundlos! Damit sie Gewissensbisse kriegt, habe ich am Telefon behauptet, ich hätte inzwischen ein blaues Auge.« Ich lache laut auf, woraufhin der Doc sich zu mir umdreht und mich ernst ansieht.

»Thomas, du weißt, dass ich dich normalerweise nicht um so etwas bitten würde, aber du musst mir einen großen Gefallen tun ...«

»Ich bin blank, Alter. Ich reise morgen ab, ich kann nicht noch mehr Geld ausgeben.«

»Nein, ich brauche kein Geld … Du musst mir ein blaues Auge verpassen.«

»Damit sie glaubt, es käme von ihr?«

»Hör zu, ich bin echt in der Klemme. Wenn ich ohne Veilchen auf diesem Fest auftauche, stehe ich als Lügner da.«

»Kommt nicht infrage.«

»Tu mir den Gefallen. Bitte, ich bin dein bester Freund! Und es ist die Bitte eines Arztes.«

»Vergiss es. Du bist doch krank im Kopf!«

Er lässt nicht locker, das kann er einfach nicht. An jeder zweiten Kreuzung bittet er mich wieder, dass ich ihn schlage.

»Tu's einfach!«, mault er. »Komm schon, du Loser. Ich bezahl dich auch dafür, ich schwör's. Tu mir den Gefallen. Hilf einem Bruder in Not. Hast du vergessen, wie sehr ich *dir* geholfen habe, als dieses hypochondrische Luder dich beschuldigt hat, du hättest sie mit Herpes angesteckt?«

Er hat damals eher Witze darüber gerissen, als mir einen brauchbaren ärztlichen Rat zu geben, sodass ich wahrlich Grund gehabt hätte, ihm eine reinzuschlagen.

Als ich zum achten Mal ablehne, schlägt er sich selbst fahrig mit der Handkante auf die Augenbraue. Eine mutige Tat, die allerdings nicht mal einen Kratzer hinterlässt. Als wir um die letzte Ecke biegen, habe ich seine Mitleidstour satt, eine Mischung aus Mitgefühl, Verwirrung und Wut überkommt mich. Jetzt oder nie.

Ich nehme einen Schluck Rum, schlurfe einen Schritt vor und ramme ihm die rechte Faust ins Gesicht. Sein Kopf schnellt zur Seite, er taumelt, fällt auf die Knie und vergräbt das Gesicht in den Händen. Ich höre ihn leise stöhnen und entschuldige mich, obwohl ich nicht sicher bin, ob ich ihn ernsthaft verletzt habe oder ob er nur lacht. Er steht wieder auf und schreit: »Du hast neben das Auge geschlagen, du blöder Wichser!«

Ich weiche zwei Schritte zurück. »He, Mann, tut mir leid. Ich bin es nicht gewöhnt, Freunde ins Gesicht zu schlagen.« Ich will schon erneut zuschlagen, überlege es mir aber anders: »Das war nah genug am Auge, das wird schon gehen.«

»Na ja, besser als nichts. Danke, du Schwuchtel.«

Ich gebe ihm die Flasche, er nimmt einen kräftigen Schluck und wirft sie weg. Sie zerbricht auf dem Gehsteig.

Er bewundert sich im Seitenspiegel eines geparkten Lastwagens. »Meinst du wirklich, das geht so?«

»Sieht ziemlich amtlich aus«, lüge ich. Es ist eher ein roter als ein blauer Fleck, hat aber Schmackes. »Was versteht Sandra denn schon von Gesichtsverletzungen? Sie will doch Orthopädin werden, oder?«

»Stimmt auch wieder. Aber egal, ich krieg das schon hin. Vertrau mir.«

»Dir vertrauen? Das ist deine Kiste. Ich habe meinen Teil erledigt. Können wir jetzt hinaufgehen und einen trinken?«

»Du hast recht. Ich schulde dir einen Drink.«

Genau darum geht es.

Wir steigen die Treppe zu einem riesigen, umgebauten Lagerraum hinauf. Zum Glück ist das Loft so groß, dass ich Sandra und dem Doktor aus dem Weg gehen kann. Wenn ich an den Psychomist, der zwischen den beiden abläuft, nur denke, wird mir ganz übel. Ich gehe zum Kühlschrank, um mir einen Cocktail zu mixen. Kein Rum da. Na ja, dann muss ich eben auf Wodka umsteigen.

»Siehst du das? Siehst du, was du getan hast?«, höre ich den Doc Sandra anraunzen.

»Tut mir leid, tut mir echt leid«, sagt sie weinerlich.

Er hat sie im emotionalen Schwitzkasten und kostet es voll aus. Ein paar Minuten später sehe ich, wie er ihr ein paar Zwanziger abknöpft, um den weiteren Verlauf des Abends zu finanzieren. Schuldgefühle können hocheffektiv ausgenützt werden. Ich komme mir als Komplize in diesem Deal ziemlich beschissen vor, aber doch nicht so beschissen, dass ich das Geld ablehnen und mich auf den Heimweg machen würde.

Ich würde euch gern erzählen, wie es auf dem Fest und danach weiterging, erinnere mich aber nur vage an Einzelheiten. Ich weiß noch, dass ich ziemlich lange dort war, aber dem Doc und seiner Freundin größtenteils aus dem Weg gehen konnte. Ich glaube nicht, dass das Koks lange gereicht hat – bei all diesen stimulanzhungrigen Nasen von den Ostküsten-Unis. Zu irgendeinem Zeitpunkt ist meine Alkoholschildkröte an meinem Kokshasen vorbeigeflitzt. Ich bekomme selten einen Blackout, aber von diesem Fest fehlen mir echt ein paar Stunden. Irgendwann kam jemand mit *Red Bull* vorbei, das hat mich wieder aus dem Koma geholt. Dann haben wir uns vor so einen Pseudo-Schickimicki-Club in West-Soho in die Schlange gestellt, der sinnigerweise nach seiner Hausnummer benannt ist.

Die anderen sind inzwischen alle weg. Oder waren sie gar nicht erst mitgekommen? Ich starre auf meine Schuhspitzen und versuche mich aufrechtzuhalten, während ich eine Dose *Red Bull* leere. Der Doc, mit einem Kotzefleck auf seinem Hawaiihemd, redet mit dem Türsteher, einem Typen, den er wohl aus LA kennt. Der Kerl hat dünne, gezupfte Augenbrauen und trägt eine Baseballkappe, mit der er aussieht wie ein androgyner Kricketfan aus der Kolonialzeit, außerdem darf er darüber entscheiden, wer angesagt oder reich genug ist, in den Club reinzukommen. Es ist fast vier Uhr früh, und wir müssen jetzt entweder in diesen Club oder uns noch was im Schnapsladen holen. Außer uns steht niemand mehr draußen, und wahrscheinlich ist es drinnen auch total leer. Ich höre, wie der Doc noch mal die Story von seiner Freundin erzählt, die ihm ein blaues Auge verpasst hat oder zumindest einen Schlag auf die Wange.

Wir tragen zwar nicht die richtigen Lederschuhe für ein solches Etablissement, modemäßig sind wir mit unseren ramponierten, freizügigen Klamotten aber auf Augenhöhe. Der Doc steckt seinem Kumpel den letzten Zwanziger zu und handelt aus, dass wir reingelassen werden, wenn wir uns an einen Tisch setzen, was wiederum bedeutet, dass wir eine ganze Flasche bestellen müssen.

»Den Typen kann man immer leicht austricksen. Willst du Rum oder Wodka?«, brüllt der Doc über die dröhnende House-Musik hinweg.

Wir werden zu einer lederbezogenen Nische im Hinterzimmer geführt. Ich kann immer noch nicht sicher sagen, ob überhaupt Gäste hier sind, aber bestimmt gibt es ein paar höchst attraktive Singlefrauen, die nur auf Männer wie uns gewartet haben, Männer, die sich über Konventionen hinwegsetzen, Männer, die auf die dreißig zugehen und doch noch so viel Mut und Visionen haben, dass sie an einem Donnerstag kurz nach dem Frühstück mit dem Saufen anfangen. Ist es nicht fast ein Muss, dass in der letzten Nacht, bevor ich nach Südamerika aufbreche, eine Frau mit mir schläft? Vielleicht sollte ich ihr sagen, dass ich Schriftsteller werde. Auch ohne große Schreiberfahrung und ohne Pulitzer-Preis. Dass ich eine Art Projekt habe, so was zwischen Schreiben und Datensammeln.

Oder ich erzähle ihr einfach, dass ich ein Buch veröffentlichen werde und dafür nach Brasilien reisen muss, dann wird sie schon begreifen, wie wichtig es ist, diese einzigartige, nie wiederkehrende Gelegenheit zu ergreifen und mit mir ins Bett zu gehen.

»Rum, Wodka – ist mir egal. Ich kann sowieso kaum noch was sehen. Wie spät ist es eigentlich?«

3.25 Uhr laut Handydisplay.

Die Bedienung kommt an unseren Tisch, und der Doc brüllt: »Eine Flasche Rum für mich und meinen Patienten. Sehen Sie denn nicht, dass ich verzweifelt versuche, ihn vor sich selbst zu schützen?«

Sie nickt und geht weg. Das gehört zu ihrem Job.

Der Doc beugt sich schlapp vor, sein Hals scheint seinen Kopf kaum noch zu tragen.

»Ich übernehme das. Mein ... mein ... äh, ... mein Studienkredit ist schon auf zweihundert Riesen angewachsen, auf ein paar Dollar mehr kommt's jetzt auch nicht mehr an. O Scheiße, ich glaub wirklich, mir wird ... schlecht ...«

Die Flasche kostet 200 Dollar. 25 Prozent Trinkgeld sind Pflicht. Wir sehen nicht besonders vertrauenswürdig aus, außerdem macht der Laden bald dicht, also bringt die Bedienung die Rechnung gleich mit.

Der Doktor gibt ihr seine Kreditkarte und geht aufs Klo, um noch ein bisschen weiterzukotzen. Langsam geht das Licht in der Bar an, erst nur ein schwacher Schimmer. Die Kellnerin kommt zurück, an ihrer Seite ein Schrank von einem Kerl, und sagt, das Gerät würde die Kreditkarte nicht annehmen. Ich bitte sie inständig zu warten, bis mein Freund zurück sei, biete auch an, ihn augenblicklich holen zu gehen, aber sie lässt nicht mit sich reden und will auch nicht warten. Also zücke ich meine eigene Kreditkarte im Bewusstsein, dem totalen finanziellen Ruin damit einen Schritt näher gekommen zu sein. Der Rausschmeißer bleibt vor unserem Tisch stehen, während die Kellnerin meine Karte durch das Gerät zieht.

Der Doktor kommt vom Klo zurückgewankt und setzt die Sonnenbrille auf, weil die Lampen inzwischen voll aufgedreht sind. »Komm, gehen wir ins *Vinyl*, verdammt ... Nein? Also gut, dann ins *Shelter*«, lallt er und taumelt zurück.

Ich gebe ihm seine nutzlose Kreditkarte und versuche ihm das Problem mit der Rechnung zu erklären, aber er ist nicht mehr ansprechbar. Als ich ihm die Sonnenbrille abnehme, sehe ich, dass seine Augen flackern.

Die Rausschmeißer fangen an, die Leute vor die Tür zu bugsieren. Ich werde mich um nichts auf dieser Welt von einer 250-Dollar-Flasche Rum trennen (im Laden kostet sie 18,99). Ich stecke sie in meinen Hosenbund, schnalle den Gürtel etwas enger zu, damit sie nicht wegrutscht, und gehe zum Ausgang. Es dauert keine fünf Minuten, bis der Doc von einem Türsteher durch die Hintertür rausgeworfen wird.

Ich schreie ihn an, während er sich wieder aufrappelt, aber ich könnte genauso gut den Hydranten oder die Hauswand anschreien. Der Doc sieht komplett durch mich hindurch.

»Ich hätte nicht gedacht, dass es so weit kommen würde, aber nun müssen wir drastische Maßnahmen ergreifen«, sabbert er und versetzt mir einen schlaffen Schlag auf den Adamsapfel.

Das Adrenalin schießt mir ins Blut und verwandelt sich in blanke Wut. Ein erster Faustschlag trifft.

Das lässt er sich nicht einfach so bieten. Wir fangen an, uns richtig heftig zu prügeln. Unsere Haken kommen nicht mit so einem trocken Krachen rüber wie im Fernsehen oder im Kino, sondern eher als dumpfe, schmatzende

Schläge, Knochen auf Fleisch, Knochen auf Knochen. Die Flasche fällt mir aus der Hose und zerbricht. Ich treffe in zweimal respektabel am Kopf, selbst ein Kinnhaken, wie ich ihn in meiner Phantasie immer meinem Exboss Allen verpasst habe, gelingt mir noch. Der Doc kippt seitlich weg und rollt auf den Rücken. Er ist zwar k. o., hört aber nicht auf, mich zu verfluchen. In einer sich langsam ausbreitenden Lache Rum stehe ich mit geballten Fäusten über ihm.

Ich will lieber nicht wissen, ob wir womöglich noch tiefer sinken könnten. Mir reicht's. Ich verschwinde. Ich muss meinen Flieger noch kriegen. Plötzlich ist der Doc wieder auf den Beinen und setzt mir nach. Ich fange an zu laufen. Ich renne, genau wie früher, wenn bei irgendwelchen Highschool-Feten die Bullen hinter uns her waren, oder wenn ich als Kind zusammen mit meinem Freund Greg den Wagen irgendeines frustrierten Rentners mit Schneebällen bombardiert habe. Ein, zwei Häuserblocks weiter blicke ich zurück, der Doc ist nirgends mehr zu sehen. Umso besser. Besser als wenn noch etwas wirklich Schlimmes passiert.

Ich wache mit dem Gesicht nach unten auf dem Boden meines Zimmers auf. Eine klebrige, braune Flüssigkeit überzieht meine Wangen, meine Ohren, meine Nase und ist überall verschüttet. Zu meiner Erleichterung entdecke ich dann in meiner rechten Hand eine leere Flasche Kakao. Biokakao: wenig Fett, wenig Zucker – normaler Kakao ist ja so ungesund …

Als ich mich wieder so weit im Griff habe, dass ich über die Straße zur Telefonzelle gehen kann, rufe ich den Fahrdienst meines ehemaligen Arbeitgebers an.

»Ja, wir brauchen eine Stretch-Limo, ja, mit gefüllter Bar.«

»Ja, ich heiße Dan Fielding, Esq. Ja, F-i-e-l-d-i-n-g, mein Konto ist 777524.«

»Ja, ich bin neu in der Firma. Ich beauftrage Sie zum ersten Mal.«

»Ja, deshalb bin ich nicht bei Ihnen im Computer gespeichert.«

»Nein, das ist nicht meine Festnetznummer ... Nein, es ist auch nicht meine Handynummer. Ich habe einen Spezialauftrag, undercover, für den Vorstand, nationale Sicherheit ...«

»Nein, nicht im Büro, kommen Sie in einer Stunde zur Houston Street, Ecke Avenue C.«

Als er mich an der Straßenecke stehen sieht, will der Fahrer mich erst nicht einsteigen lassen: einen besoffenen, kaputten, grün und blau geschlagenen jungen Typen, der nach saurer Milch riecht und nichts weiter dabei hat als einen Rucksack. Aber nachdem das Firmenkonto in Ordnung ist, stellt er keine weiteren Fragen. Ich will ihn zu einem Drink einladen, aber er lehnt ab; das verbiete seine Religion.

Eine *Vicodin*, die ich mit einem frischen Drink hinunterspüle, lindert den hämmernden Kater, benebelt mich aber auch. Ich blicke in die fahle Morgensonne, während wir über die Williamsburg Bridge und durch Brooklyn zum Flughafen fahren.

Von der Wartehalle aus will ich schon Sydney anrufen, entscheide mich dann aber dafür, beim Doc anzuläuten aus Neugier, ob er wieder nüchtern ist.

Er klingt halb erleichtert, halb schockiert. »He, Alter, ich bin gerade in der Klinik, ich kann nicht lange reden.«

»Ich wusste gar nicht, dass du heute arbeiten musst.«

»Nein, Mann, ich bin als Patient in der Klinik, in der scheiß Notaufnahme!«

»So heftig hab ich doch gar nicht zugeschlagen, oder etwa doch?«

»Haben wir uns geprügelt? Echt? Na ja, irgendwie hab ich's geschafft, mir fast den Daumen abzusäbeln.«

Ansonsten erinnert er sich an nichts. War es die zerbrochene Flasche, eine Messerstecherei, Kanalratten, Stacheldraht, oder ist er einfach gestolpert, als er hinter mir hergerannt ist? Wir werden es nie erfahren. Jedenfalls gibt er mir keine Schuld.

Ich blicke den langen, mit Teppichboden ausgelegten Gang des JFK hinunter. Die Leute scheinen alle zielstrebig von A nach B unterwegs zu sein, alle stehen an irgendeiner Schwelle, sie gehen allein oder zu zweit, sie kehren heim oder reisen ins Ausland.

Ich bin schreckensstarr. Ich bin in aufgewühlt. Ich bin frei von allen Fesseln.

Auf Umwegen

Noch 60 Tage bis zum Abgabetermin

Ich habe zwar keinen Schimmer, was mir für diesen Reiseführer alles noch bevorsteht, aber reisen und aus dem Rucksack leben ist für mich nichts Neues. Schon meine Eltern waren extrem reiselustig; nach ihrer Hochzeit 1967 sind sie zweieinhalb Jahre durch die Weltgeschichte getingelt. Später – meine Mutter war Lehrerin in Seattle und mein Vater Fotograf an der University of Washington – hatten sie immer lange Sommerferien. Oft nahmen sie meinen Bruder James und mich eine Zeit lang, wenn nicht den ganzen Urlaub mit auf Reisen.

Sonst wohnten wir in einem bescheidenen Häuschen am nördlichen Rand des Campus, wo Lake City beginnt; ein ziemlich heruntergekommenes Viertel, das vor allem aus Gebrauchtwagenhöfen und Lagerräumen besteht. Wir waren die letzte Familie, die noch einen Schwarz-Weiß-Fernseher hatte, und wir vier fuhren in einem orangefarbenen VW-Bus herum, dessen Seitenfenster mit *Lone-Ranger*-Aufklebern und japanischen Robotercomics zugekleistert waren. Wir waren nicht arm, reich waren wir aber wahrlich auch nicht. Dennoch fanden meine Eltern immer eine Möglichkeit, mit meinem Bruder und mir in die Ferien zu fahren. So lange ich denken kann, sind wir ganze Sommer lang durch Kanada oder Europa gereist, ein paar Mal waren wir sogar in Nordafrika. Wir reisten mit dem Wagen, mit dem Zug, per Schiff und auf Kamelrücken, wir schlenderten durch marokkanische Kasbahs, schliefen in Schweizer Berghütten, campten am Mittelmeer und mieteten Häuser in verfallenen kroatischen Fischerdörfern.

Allein unterwegs war ich zum ersten Mal mit siebzehn. Ich hatte damals einen Job auf dem *Folklore Festival* in der spanischen Pyrenäenstadt Jaca ergattert, ein paar Kilometer von der französischen Grenze entfernt. In der Jugendherberge teilte ich mir mit drei anderen Jungs ein kleines Zimmer: Carlos, ein Spanier, der in Jaca einen Zwischenstopp auf dem Jakobsweg machte und ständig an seiner Gitarre herumzupfte; Diego, auch er Spanier und ein eingefleischter Morrissey-Fan mit entsprechendem Haarschnitt, der grundsätzlich Siesta machte, und das grundsätzlich nackt – er ließ sich von seiner Mutter die Achseln mit Wachs enthaaren –, und Josef, ein aufgekratzter Münchner, der in einem alten Mercedes-/8-Krankenwagen à la *Ghostbuster* durch Spanien kurvte. Er hatte die Karre komplett entkernt, einen Futon hineingelegt, Poster von Buju Banton und Claudia Schiffer aufgehängt und haufenweise Mountainbikes und Surfbretter darin gelagert.

Als freiwilliger Festivalhelfer musste ich das jeweilige Tagesprogramm ins Englische übersetzen und über Lautsprecher, die in der ganzen Stadt verteilt waren, öffentlich verlesen. Das Mischpult war in einem Kleinbus am Rand der Plaza Mayor untergebracht. Am ersten Tag las ich mit meiner coolsten Profiansagerstimme: »Heute um neun Uhr tritt auf der Plaza Mayor eine mexikanische Mariachi-Gruppe auf, um zehn Uhr kommen schottische Dudelsackpfeifer, um elf Uhr Trommler aus Ghana ...« Es ging so lange gut, bis ich zufällig aus dem Busfenster blickte und die vielen Leute sah, die stehen blieben und die Hälse reckten, um der komischen, fremden Stimme zu lauschen, die aus den schwarzen Lautsprechern kam. Da wurde ich plötzlich unsicher und kam ins Stottern, ich musste mich entschuldigen und mit verschwitzten, zitternden Händen wieder von vorn beginnen.

Mit der Zeit fiel mir die Sache leichter, mein Spanisch wurde zusehends besser, und ich fand ein paar Freunde fürs Leben. Abends gab es wilde Partys mit Leuten aus aller Herren Länder, danach tranken wir Sangria in kleinen Bodegas, wir frühstückten bei Sonnenaufgang, und schließlich schliefen wir noch ein paar Stunden, bis wir wieder arbeiten mussten. Gegen Ende des Sommers fuhr ich mit Josef, der Französin Anna, der Ungarin Erika und Susanne, einer Freundin aus Bayern, in Josefs Krankenwagen durch Spanien. Wir sahen uns kleine mittelalterliche Städte an und zelteten am Stadtrand von Barcelona. Ich muss wohl nicht betonen, dass es mir schwerfiel, hinterher wieder auf die Highschool zurückzugehen, wo es für Minderjährige ein Alkoholverbot gab. Irgendetwas hatte sich in mir für immer verändert.

Nach dem College zog ich deshalb unverzüglich in die Welt hinaus, wann immer ich konnte. Zuletzt ging ich für ein Semester nach Buenos Aires, bevor ich mich ernsthaft um meine Karriere zu kümmern anfing. Ich studierte Politik und Jura, hatte in Verfassungsrecht eine Spitzennote erzielt und in der Bay Area eine Stelle als Rechtsreferendar gefunden. Ich wollte gerade loslegen, als ich hörte, dass ein Reiseleiter für Highschool-Studenten gesucht wurde, die den Sommer über irgendwelchen ehrenamtlichen Tätigkeiten in Lateinamerika nachgingen.

Es gab kaum Geld dafür, und es war auch nicht gerade ein Karrieresprungbrett, aber ich bekam den Flug bezahlt und konnte noch einen Urlaub dranhängen. Weder von meiner Seite noch vonseiten der Studenten war es ein rein selbstloser Akt – die meisten wollten die gemeinnützige Arbeit bloß für ihren Lebenslauf. Und ich wollte vor allem weiter reisen.

Über meine Erfahrungen als Reise- und Gruppenleiter in Costa Rica und Ecuador könnte ich ein ganzes Buch schreiben. Drei Sommer lang habe ich den Job gemacht und kam von meiner früheren Berufswahl immer mehr ab. Eine Reise folgte auf die andere, dazwischen gab es nur kurze Pausen, in denen ich meine Eltern besuchte und ein bisschen Geld verdiente, um noch mehr reisen zu können.

Als Globetrotter machte ich mich ausgezeichnet. Irgendwie war Reisen genau mein Ding. Im »wirklichen Leben«, im Berufsleben, nützte das zwar ebenso wenig, wie ein guter Trinker zu sein oder gut im Bett, aber es fiel mir leicht, und darauf war ich stolz.

Die Wandlung vom Reiseleiter und Globetrotter zum angehenden Reiseautor für *Lonely Planet* kam ganz zufällig und plötzlich. Ich besuchte meinen Bruder, der damals Austauschstudent an der archäologischen Fakultät im südindischen Madurai war. Ich blieb einen Monat und wohnte unterdessen bei einem netten, etwa achtzigjährigen Ehepaar. Der Mann war höchstens eins fünfzig groß und war früher Bezirksdirektor eines staatlichen Zuchtbetriebs gewesen. Er erheiterte mich mit Geschichten, wie sie bei Elefantenbullen chirurgische Eingriffe ohne jede Narkose vorgenommen hatten. Die beiden Alten waren tolle Gastgeber, außer dass sie um halb neun ins Bett gingen und um acht alle Türen abschlossen. Da ich normalerweise irgendwann zwischen eins und drei ins Bett gehe, hatte ich dort ungewöhnlich viel freie Zeit. In meinem Zimmer gab es lediglich eine Lampe und ein Bett, und ich hatte nur drei Bücher dabei – den Indienführer von *Lonely Planet*, *Einer flog über das Kuckucksnest* und *Der Strand*. Ich las die Bücher wieder und wieder von der ersten bis zur letzten Seite. Ich saß herum, rauchte Tüten, die ich mit Beedies-Blättern baute, und stellte mir vor, was in der grenzenlosen Zukunft alles passieren würde.

Als ich hinten im *Lonely-Planet*-Band die Liste der anderen im Handel erhältlichen Bände durchging, fiel mir auf, dass es für lateinamerikanisches Spanisch nur einen einzigen Sprachführer gab. Nachdem ich in Costa Rica gewesen war, wusste ich jedoch, dass das Spanisch in Mittelamerika und zum Beispiel das argentinische Spanisch praktisch zwei verschiedene Sprachen sind. Ich kam auf die Idee, einen Sprachführer speziell für Costa Rica zu schreiben mit allem, was dazugehört, bis hin zu Begriffen fürs Surfen, Anbaggern, Ausgehen. Ich hatte gar nichts Großartiges damit vor, ich hätte mir den Text auch als Supplement für den Costa-Rica-Führer vorstellen können. Im Grunde wollte ich nur ein bisschen Geld zusammenbekommen, um noch ein, zwei weitere Reisen unternehmen zu können, bevor ich tatsächlich in irgendeinem Beruf anfangen würde – in welchem, war mir noch recht unklar –, oder mich meiner Promotion widmen würde. Den Kontakt zum Verlag nahm ich über die E-Mail-Adresse des Kundenservice von *Lonely Planet* auf, und nach ein paar Wochen hatte ich das Projekt verkauft – was ich in einem Internetcafé in Tamil Nadu erfuhr. Ich war gerade dreiundzwanzig geworden.

Ich hatte genau den richtigen Zeitpunkt erwischt. Wir schrieben 1998, den Vertrag schlossen wir Anfang 1999 ab, und mit Unterbrechungen war ich bis ins Frühjahr 2000 mit dem Band beschäftigt. Die Wirtschaft boomte, und bei den Leuten saß das Geld locker. Reiseverlage konnten die Bücher gar nicht schnell genug auf den Markt bringen. Costa Rica wurde damals vom Tourismus gerade erst entdeckt, von einem Geheimtipp für Surfer und Biologen zur Nummer eins der Tourismusziele in Mittelamerika. Würde ich heute die gleiche Mail an den Kundenservice eines Reiseverlags schicken, würde ich wohl nicht mal eine Antwort bekommen, geschweige denn einen Autorenvertrag.

Damals war *Lonely Planet* ein junges, wachsendes und prosperierendes Unternehmen. Seine Chancen waren immens, die Ideen unerschöpflich, zugleich aber war der Verlag irgendwie aufgedunsen und schwerfällig wie ein tollpatschiger Jugendlicher, der seine Motorik noch nicht so recht im Griff hat. Der Verlag gab sich zwar nach außen hin noch genau so alternativ und couragiert wie in seinen Anfängen, war aber kein Kleinverlag mehr.

Das Ansinnen, eine Übersetzung für die Frage: »Wo finde ich hier eine Methadon-Klinik?«, in den Band aufzunehmen, konnte ich noch elegant abwehren. Dann aber wollte die Lektorin unbedingt Sätze in dem Buch haben wie:

»Verkaufen Sie Spritzen?«

»Ich nehme gelegentlich Koks/Dope ...«

»Mach weiter, Baby!«

»Du kannst heute Nacht nicht hier schlafen.«

Das ganze Projekt litt unter nervtötender Ineffizienz, Kommunikationsproblemen mit den Lektoren in Australien, saumseliger Bezahlung und kryptischen Gestaltungsvorgaben. Wörterbucheinträge manuell nach Alphabet zu sortieren ist bis heute die ödeste Tätigkeit geblieben, die ich in meinem Leben je zu erledigen hatte.

Trotz all dieser Probleme wurde das Buch ein großer Erfolg. »Das Risiko hat sich gelohnt« stand in der Betreffzeile einer Jubel-Mail über das Buch, die der Lektor irgendwann an mich weitergeleitet hat. Im Herbst 2000 fragte *Lonely Planet* dann an, ob ich nicht auch mal einen Reiseführer schreiben wollte, doch da hatte ich mich bereits in Stanford in Lateinamerikastudien eingeschrieben, und weil ich mir vorgenommen hatte, Portugiesisch zu studieren, bekam ich vom Kultusministerium ein Vollstipendium plus Unterhalt. Die Reiseschriftstellerei erschien mir nur mehr als jugendliche Spielerei. Jetzt wollte ich lieber die Uni durchziehen und ins Berufsleben einsteigen.

Eher nebenbei, weil ich mich vor der Arbeit für meine Lieblingsspekulanten und meinen korrupten Analysten drücken wollte, setzte ich vor ein paar Monaten eine Mail an *Lonely Planet* ab, dass ich mir vorstellen könnte, nebenher ein wenig zu schreiben. Es war eigentlich nicht ganz ernst gemeint, eher eine Fluchtphantasie. Als ich trotzdem irgendwann einen Anruf aus Australien bekam – ich sollte ein Probekapitel verfassen, damit sie sehen könnten, ob ich den *Lonely-Planet*-Stil drauf hätte –, hatte ich die Sache schon wieder vergessen gehabt. Ich setzte mich ein paar Abende lang hin und schrieb über mein Viertel in Manhattan, Alphabet City, dann kürzte ich den Text auf die verlangte Zeilenzahl und schickte ihn ab. Daraufhin hörte ich eine ganze Weile gar nichts mehr, bis plötzlich das Brasilien-Angebot kam, für das ich innerhalb weniger Wochen mein ganzes Leben auf den Kopf stellen sollte.

Um mich auf die neuen Herausforderungen einzustellen, führte ich mir eine bunte Auswahl moderner Reiseliteratur zu Gemüte. Ich fühlte mich verpflichtet zu recherchieren, um meine Inspiration zu beflügeln. Ich habe wohl an die zwanzig verschiedene Bücher zumindest diagonal gelesen und muss sagen, dass mir die meis-

ten keine große Hilfe waren. Reiseautoren lassen sich grob in drei Gruppen einteilen:
1) Es gibt ernsthafte Autoren, die sich von dem einfachen, aber rechtschaffenen Leben mexikanischer Bauern oder der unvergleichlichen Beschaulichkeit der Toskana inspiriert fühlen. Sie finden darin einen eher ganzheitlichen Lebensansatz, die Welt ist im Gleichgewicht. Um solche Bücher zu genießen, muss man eine Fleecejacke mit Ethnomuster tragen, fair gehandelten Kaffee trinken und dazu Weltmusik von *Putumayo* hören.
2) Am anderen Ende des Spektrums stehen dagegen blasierte Schreiberlinge, die sich darüber lustig machen, wie unterentwickelt die sanitären Anlagen und der öffentliche Nahverkehr allerorten sind. »Diese Leute sind genauso absonderlich wie ihre Toiletten! Ist das nicht zum Schreien!« Drittklassige Toilettenwitze und spießige Vorurteile bekommen, übertüncht vom »Reiz des Exotischen«, einen ganz neuen, komödiantischen Aspekt. Solche Autoren sollten lieber in Orlando oder auf Long Island Urlaub machen, wo es haufenweise neue Autos und funktionierende Wasserklosetts mit weichem, dreilagigem Toilettenpapier gibt.
3) Und dann gibt es die Charlie Bronsons unter den Reiseautoren. Sie klettern, ohne jemandem Bescheid zu sagen, auf irgendwelche Berge und müssen sich dann mit einem Göffel die Gliedmaßen selbst amputieren. Dafür wollen sie dann bewundert werden, weil sie mit der Kraft des Geistes, ihres Geistes, über die Materie gesiegt haben. Diese Leute sind so selbstgefällig, dass sie darüber unbedingt ein Buch schreiben müssen.

Paul Theroux merkte einmal an, dass es in der Reiseliteratur eigentlich nur um den Reisenden selbst geht. Vielleicht kann ich mich deshalb mit modernen Reiseschriftstellern nicht anfreunden. Es gibt nämlich noch etwas anderes. Besseres. Die Klassiker.

Wer sähe sich nicht gern in Gesellschaft eines Chatwin, Hemingway oder Kerouac – mal abgesehen von Aids, Selbstmordknarren und Alkoholismus. Sie waren wirkliche Schriftsteller, die sich mit den konkreten Nöten der Menschen, der Gegenwart und den Herausforderungen ihrer Generation auseinandersetzten, während sie gleichzeitig mit einer Zeitung und einem Stift in der Hand über die Natur des Menschen nachdachten.

Aber leider bin ich weit davon entfernt, ein Chatwin, Hemingway oder Kerouac zu werden. Ich schreibe meinen ersten Reiseführer. Damit will ich nicht sagen, dass es mir mit diesem Projekt nicht ernst wäre, es ist mir sogar todernst. *Lonely Planet* ist meine einmalige Chance, etwas Großes zu schaffen. Ich werde alles aus diesem Projekt herausholen, was drinsteckt. Ich werde zwar über Hotels, Restaurants und Busfahrpläne informieren, aber ich werde es so anstellen, dass meine Leser die Menschheit und ihre universellen Bedürfnisse und Wünsche ein bisschen besser verstehen lernen. Ich werde einen Beitrag zur internationalen Verständigung leisten und der Dritten Welt etwas Gutes tun.

So jedenfalls stellte ich mir das vor.

An meinem ersten Morgen in Rio liege ich nackt auf einem schmalen Bett und reibe mir die Augen. Ein Ventilator dreht sich träge eiernd an der Decke. An den Rändern grauer Stockflecken blättert die Farbe ab. Der Unterschied zu Alphabet City ist unverkennbar. Aus einem Riss in der Kunststoffmatratze quillt eine weiche Schaumstoffbeule. Verschwitzte, blonde Haaren hängen mir ins Gesicht, sie gehören einer fast eins achtzig großen Frau im Stupor. Mein Arm liegt auf ihrer blassen, klebrigen

Haut. Tropische Schwüle hängt im Raum, das Morgenlicht fällt in Streifen durch die schräg gestellten Holzlamellen der Fensterläden. Schon zu dieser trüben Stunde brennt die Sonne erbarmungslos.

Mein Gehirn ist so geschwollen, dass mir fast der Schädel platzt – Blut rauscht mir in den Ohren, schwappt an mein Trommelfell, staut sich und fließt nicht mehr ab. Ich mag es nicht besonders, wenn die Kontinuität eines ausschweifenden Besäufnisses auf diese Weise unterbrochen wird. Als ich bewusst und gleichmäßig weiteratme, fängt mein Kopf wieder normal zu arbeiten an. Das fadenscheinige Laken ist auf den Boden gerutscht. Daneben liegen zwei gebrauchte Kondome, über die ein eiliger Zug roter Ameisen hinwegkrabbelt, die irgendwo in den Ritzen des Zementbodens ihr Nest haben. Ich lausche dem leisen Rascheln ihres emsigen Treibens.

Die nackte Frau neben mir ist Inga, eine *Lufthansa*-Stewardess, deren Lebensweg sich irgendwo zwischen dem JFK-Flughafen und Rio mit meinem gekreuzt hat. Wir sind in der Nähe der Copacabana. Die Themen unserer Cachaça-getränkten Unterhaltung vom Vorabend umfassten Zukunftspläne, Ferien in der Alpenhütte ihrer Eltern, die äußerst aufregende, ungewöhnliche Verbindung einer Flugbegleiterin und eines Reiseautors und wie wichtig es sei, seine Kinder zweisprachig zu erziehen, Englisch und Deutsch. Wir sind fast schon ein Liebespaar, zumindest werden wir noch ein, zwei Tage diesen Schein wahren.

Ich muss jetzt diese Kondome wegwerfen. Die Kombination von Insekten und Sperma trägt nicht gerade dazu bei, Illusionen aufrechtzuerhalten.

Sich von eingeschliffenen Verhaltensgrundsätzen loszusagen fällt außerhalb der gewohnten Umgebung meist viel leichter. Was daheim inakzeptabel war, kann im Ausland ganz normal sein, und was zu Hause normal war, gilt woanders plötzlich als altmodisch. Fern von der Heimat neigt man in der Regel weniger dazu, mit den Wölfen zu heulen, sondern tut eher, was man schon immer tun wollte, aber nie zu tun wagte. Wenn einem endlich niemand mehr zuschaut – oder zumindest niemand, den man je wiedersehen würde, hat man plötzlich die Freiheit, sich ganz neu zu erfinden und die eigene Wirklichkeit neu zu erschaffen.

Auch das Zeitgefühl verändert sich. Die Sinne werden mit neuen Reizen überschwemmt, mit Bildern, Gerüchen, Geräuschen. Die Flut neuer und oft atemberaubender Einzelheiten macht aus abgeklärten Erwachsenen wieder Kinder mit großen Augen. Man konzentriert sich wieder auf Details, betrachtet sie aufmerksamer und würdigt sie mehr. Ohne Bindung an einen bestimmten Ort und ohne einen festen Bezugsrahmen baut man in rasendem Tempo Beziehungen auf und schmiedet Pläne. Man findet neue Freunde und sieht sie dann nie wieder. Liebschaften entwickeln sich in Lichtgeschwindigkeit. Für meine Generation – die mit Computern und Videospielen aufgewachsen ist – gehört ein Leben auf der Straße zu den wenigen Dingen, die unsere Reiztoleranz überschreiten und uns im Hier und Jetzt fesseln.

Was Inga angeht, so hatte ich nicht vorgehabt, sie abzuschleppen, und umgekehrt auch nicht. Das gehört eben zu den Unwägbarkeiten des Travellerlebens. Sie hatte eigentlich vorgehabt mit ihrem Exfreund, einem Kopiloten, nach Rio zu fliegen. (»Die jungen Stewardessen wollen alle nur Kopiloten«, sagte sie. »Piloten sind schon alt und haben schon viel Sex mit vielen Stewardessen gehabt.«) Dann hatte sich herausgestellt, dass ihr Kopilot sich bloß einen weiteren Streifen an der Uniform verdienen wollte, er hatte nämlich auf jeder Route eine andere Freundin. Jetzt wollte sie ihren Urlaub ohne ihn genießen und in Rio wilde Feten feiern. Sie fühlte sich wie ein ganz neuer Mensch.

Es ist naheliegend, dass unsere Affäre unverbindlich und flüchtig bleiben wird. Warum also reden wir von zweisprachigen Kindern und einem Besuch bei ihren Eltern in Österreich? Mag sein, dass es einfach ein verträumtes Geplänkel war, stimuliert von der Erregung, der Nähe und dem sexuellen Taumel – keine arglistige Täuschung von ihrer oder meiner Seite. Zwei Menschen, die gerade eine Trennung hinter sich haben, sind eine explosive Mischung, und man muss schon ein ganz bestimmter Typ sein, um eine beiläufige Bettgeschichte auch wirklich nur als eine solche zu betrachten. Vielleicht sind wir dieser Typ beide nicht.

Meine Beziehung zu Inga mag von wahrer Intimität so weit entfernt sein wie eine Wrestling-Show von einer Schlägerei mit dem besten Freund, aber was es auch ist, es fühlt sich stimmig an, zumindest für den Moment.

Alles hat völlig harmlos angefangen. Sie hatte ein paar Tage Urlaub in New York gemacht und wollte dann zum Karneval nach Rio. Wir trafen uns am Gate auf dem JFK, dann sah ich sie erst wieder in Rio bei der Gepäckausgabe. Sie war groß und schlank und hatte dieses blitzsaubere, gesunde Aussehen einer in der frischen, kühlen Luft auf den Almwiesen verbrachten Jugend. Allerdings ist sie in Wien geboren und aufgewachsen, aber meine vorgefassten Meinungen über Österreich drehen sich ausschließlich ums Wandern, die Olympischen Winterspiele und *Red Bull.*

Während wir darauf warteten, dass unsere Rucksäcke auftauchen und die glatte Metallrampe am Gepäckband heruntergleiten würden, unterhielten wir uns über das

Reisen. Sie sagte mir gleich, dass sie diese Reise eigentlich nicht allein hatte machen wollen, weil sie als Stewardess sowieso immer andere Arbeitszeiten habe als alle anderen Menschen und daher ständig allein etwas unternehmen müsse. Diese Reise sollte anders werden.

»Und du?«, fragte sie. »Was ist denn mit deinem Gesicht passiert?«

Mein Kinn war so geschwollen, dass ich nicht mal richtig essen konnte.

»Fehlgeleiteter Frust ... wahrscheinlich mein eigener«, sagte ich.

Zum Glück kam ihr Gepäck, bevor ich weitere Erklärungen abgeben musste. Sie kämpfte sich durch die Menge, schnappte sich ihren Rucksack und verabschiedete sich.

»Vielleicht sieht man sich mal!«

Die Zeit bis zu meinem Abgabetermin lief bereits. Ich hatte keine Zeit fürs Vergnügen. Nach Möglichkeit sollte ich in den nächsten Stunden nach Nordosten weiterfliegen, nach Recife oder Fortaleza. Inga und ich trennten uns also ohne weitere Umstände. Wir umarmten uns nicht, gaben uns nicht die Hand, nichts.

Mein Rucksack kam mit der letzten Fuhre. Auf dem Flughafen wollte ich mich noch kurz nach einem Geldautomaten umsehen, bevor ich meinen Weiterflug nach Norden buchte. Am Automaten traf ich Inga wieder. Sie war außer sich, weil sie kein brasilianisches Geld ziehen konnte.

»Ich hatte schon in New York ziemlichen Stress mit dieser Karte, aber ich dachte, das wäre erledigt«, sagte sie. »Ich habe keine Ahnung, was ich jetzt tun soll.«

»Ich nehme ein Taxi nach Ipanema oder Copacabana. Du kannst ja mitfahren und es dort bei einer anderen Bank versuchen.« Es rutschte mir heraus, ohne dass ich auch nur darüber nachgedacht hatte.

Sich ein Taxi zu teilen lag nahe – mein Vorschlag war also klug, verantwortungsbewusst und fast, möchte ich sagen, ritterlich. Außerdem war eine Nacht in Rio gut dazu geeignet, Druck abzulassen und mich an Brasilien und mein Dasein als Reiseautor erst einmal zu gewöhnen. Morgen würde ich dann ausgeruht im Nordosten ankommen und könnte mir für mein Buch erst recht den Arsch aufreißen. In Rio würde ich endlich damit anfangen, eins nach dem anderen zu tun, ganz systematisch, genau wie meine Mutter es sich immer gewünscht hat.

Ich wüsste nicht zu sagen, ob wir mit dem Flirten bereits auf der Fahrt über die Schnellstraße und durch die Tunnel zum Strand oder erst später angefangen haben. Ich glaube, wir versuchten beide, es cool anzugehen; sie erzählte von ihren Dienstflügen zwischen Deutschland und Nordafrika, ich von meinen Erfahrungen als Reiseleiter in Costa Rica und Ecuador. Wir sprachen über Länder, die wir irgendwann einmal besuchen wollten. Libyen, Albanien, Surinam, Mosambik. Währenddessen raste die *Cidade Maravilhosa* an uns vorüber – Rio, die Stadt der Wunder, mit ihrer unvergleichlichen Lage – in einer Flut von gleißenden Bürogebäuden, gigantischen Wohnblocks, von tropischem Grün überzogenen konischen Kegeln und ärmlichen *favelas*.

Zwischen Inga und mir war etwas möglich – aber wir unterhielten uns völlig unverbindlich, bis wir zu der heruntergekommenen *Villa Copacabana* kamen.

Wir zeigten Sueli, dem Mädchen, das die kleine fensterlose Rezeption betreute, unsere Pässe. Sie plauderte ganz selbstverständlich mit den Gästen und erzählte uns genau wie allen anderen ihre Lebensgeschichte und dass sie immer zwei Wochen am Stück in der *Villa* arbeitet und dann zwei Tage frei hat. Sie war erstaunt, einen Amerikaner vor sich zu haben – nach Rio kämen nicht so viele amerikanische Backpacker, ich sei nun der zweite, der in der *Villa* absteigt, also eine echte Rarität.

Und dann stellte Sueli mir die Frage, auf die ich mich hätte vorbereiten müssen.

»Wollt ihr im Schlafsaal schlafen oder im Doppelzimmer?«

Stille.

Ich hörte, wie ich Luft holte. »Vielleicht eher im Schlafsaal ... Ich weiß nicht ...« Ich sah Inga an. »Was meinst du?«

»Das ist mir egal.«

»Okay. Bist du sicher?«

»Ja.«

»Hm, dann nehmen wir zusammen ein Zimmer. Das spart Geld. Außerdem, weißt du, im Schlafsaal ist das manchmal so eine Sache mit den Wertgegenständen ...« Ich hielt Augenkontakt mit Sueli.

Wir unterschrieben die Anmeldezettel, und ich beglich die Rechnung. Inga sagte, sobald sie auf der Bank Geld bekommen hätte, würde sie mir die Hälfte zurückgeben.

Wir gingen durch den verrauchten, gewundenen Korridor, vorbei an einem fensterlosen Gemeinschaftsraum, einer verdreckten Küche mit drei vergnügten Surfern aus Australien, die in verrußten Töpfen Instantsuppe kochten, vorbei an Etagenbädern und Schlafsälen, die aussahen, als stammten sie aus einem Heim für Schwererziehbare.

Im hinteren Teil des Gebäudes gab es ein paar Doppelzimmer, die um eine betonierte Gemeinschaftsterrasse herum angeordnet waren – ein Albtraum aus Eisenträgern, die aus bröckelndem Beton herausragten, begrenzt von einer Mauer mit einem Regenbogen aus Flaschenböden, die uns vor Einbrechern schützen sollten. Wir bezogen unser Zimmer: zwei schmale Feldbetten mit Kunstledermatratzen, die am Bettgestell befestigt waren, ein schiefer, muffiger Schrank und Holzfensterläden, die mit blauer Farbe gestrichen waren, die inzwischen abblätterte. Der Ventilator an der Decke kämpfte sich durch die feuchte Luft.

Wir öffneten die Fenster, um etwas Leben in den Raum zu lassen, und packten geschäftig unsere Sachen in den Schrank, als wären wir frischgebackene Hausbesitzer. Wir räumten erst ein, dann räumten wir den ganzen Kram hin und her. Ich legte einen Stapel T-Shirts auf ein Bett und wartete ab, wo sie ihre Sachen hinlegte. Auf das andere Bett ... Hatte nun jeder *sein* Bett belegt, oder dachte sie nur, ich würde bereits Anspruch auf das eine erheben? Ich wusste nicht, was ich als Nächstes tun sollte, also faltete ich ein paar Jeans neu zusammen. Eigentlich geschah überhaupt nichts Außergewöhnliches. Würden wir irgendwann miteinander schlafen oder waren wir nur zwei fortschrittlich denkende Reisende, die sich ein Zimmer teilten und sich bereitwillig gegenseitig halfen? Schließlich war sie Österreicherin, wobei ich nicht so genau wusste, was das bedeutete. Aber bestimmt waren Österreicher aufgeklärt genug, dass Männer und Frauen gemeinsam reisen konnten, ohne notwendigerweise Sex miteinander zu haben. Oder vielleicht waren sie noch viel weiter und hatten so selbstverständlich Sex, wie sie sich die Zehennägel schnitten; vielleicht betrachteten sie es einfach als ganz normales Verhalten, das emotionalen Stress gar nicht lohnt. Sollten Inga und ich uns küssen? Händchen halten? Vielleicht erforderte diese Situation etwas Raffinesse – dass ich ihr langsam mit dem Handrücken eine Strähne aus der Stirn strich oder so etwas ...

Vor Jahren war ich einmal auf der englischsprachigen Karibikinsel Bastimentos vor der Küste Panamas. Ich hatte gerade das College hinter mir und war zwei Tage mit einer Studentin aus Chapel Hill unterwegs. Wir schliefen in getrennten Zimmern, zwischen uns war überhaupt nichts, aber sie war eine tolle Reisebegleiterin. Einer der älteren Jungs in der Stadt fragte mich, was ich für eine Beziehung zu dem Mädchen hätte, und als ich ihm wahrheitsgemäß geantwortet hatte, fuhr er mich an: »Was ist eigentlich los mit euch weißen Jungs? Nennt ihr das etwa kultiviert? Wenn ich mit einem Mädchen im selben Hotel wohne und keinen Sex mit ihr habe, kann ich die ganze Nacht nicht schlafen. Ich kriege kein Auge zu, Mann.« Er war richtig wütend auf mich. Ich sagte ihm, dass ich keine Lust auf das Mädchen hätte, dass unsere Beziehung rein platonisch sei.

Er wich zurück. »Platonisch?! Willst du etwa sagen, du bist …«

»Nein, nur mit ihr. Sie interessiert mich sexuell nicht. Wir sind bloß Freunde.«

»Soll das heißen, ihr seid zusammen hier auf der Insel, und du willst nicht mit ihr schlafen, weil ihr Freunde seid? Da heißt es immer, die Weißen wären so klug und wir sollten sie uns zum Vorbild nehmen. Aber in Wirklichkeit sind sie einfach nur komplett verrückt.«

Inga und ich standen noch eine Weile im Zimmer und sprachen ganz allgemein darüber, wie aufregend es war, in Rio zu sein, dabei zupfte sie an ihrer Nagelhaut herum, und ich sah aus dem Fenster auf die Mauer des Nachbargrundstücks. Wir beschlossen, irgendwo ihre Bankkarte auszuprobieren und dann nach Ipanema zu gehen, etwas zu trinken und die Sonne zu genießen. In der Herrentoilette auf dem Flur zog ich meine Board-Shorts an, sie zog sich im Zimmer um: Shorts und ein T-Shirt, darunter einen Bikini. Ich wechselte von Tennisschuhen auf Badelatschen, und weg waren wir.

Die *Villa* lag nur ein paar Häuserblocks vom Copacabana-Strand entfernt. Die Copacabana ist so was wie die 8th Avenue am Wendekreis des Steinbocks – 3400 Menschen pro Quadratkilometer, überall liegt Sex in der Luft, es ist zwielichtig, alles ist möglich. Und ob ihr's glaubt oder nicht – das ist noch nicht alles: Das Viertel liegt zwischen steil aufragenden Granitfelsen und einem vier Kilometer langen Strand mit pudrigem Sand. Die Mischung aus tropischer Landschaft und Großstadtflair ergibt eine spannungsgeladene, aber doch einigermaßen funktionierende Kombination.

Wir schlenderten die Promenade hinunter, den *calçadão*, der sich über die ganze Länge des Strands im Süden von Rio hinzieht. Der *calçadão* mit seinen Steinmosaiken und den *barracas*, den Kiosken, wo es Kokosnüsse, Eis am Stiel und eisgekühltes Bier gibt, ist die Hauptschlagader der Strände von Rio. Über den Pflasterstreifen strömt ständig eine Flut von Touristen, Joggern, Strandspaziergängern, Drogendealern, Straßenkünstlern, Nutten, Sextouristen, Familien, Straßenkindern, Sportlern, Models, Leuten, die lieber keinen Bikini und keine Badehose tragen sollten, österreichischen Stewardessen und deplatzierten Amerikanern, die so tun, als wären sie Reiseschriftsteller.

Inga und ich kamen schließlich an den berühmten Strand von Ipanema, zuvor war allerdings ihre Bankkarte von vier Geldautomaten zurückgewiesen worden, ob nun ein *CIRRUS*-, ein *Plus*- oder ein *ATM*-Symbol für internationale Karten der *Banco do Brasil* neben dem Schlitz angebracht war. Einmal baten wir sogar einen Englisch sprechenden Filialleiter um Hilfe, aber es war nichts zu machen.

Vor dem Fenster des klimatisierten Bankgebäudes ging die gleißende Mittagssonne in schimmernden Glanz über. So wie man auf dem Weg ins Bad das Wasser halten kann, bis man die Kloschüssel sieht, dann aber fast die Kontrolle verliert, so fühlte ich mich, als ich auf der anderen Seite der Straße den Strand sah. Ich wollte nur noch raus aus diesem Bankgebäude, ich konnte es nicht mehr erwarten, aber ich konnte Inga ja schließlich nicht allein lassen, zumal wir ja noch gar keinen Sex gehabt hatten. Also tat ich, was jeder vernünftige Mann tun würde, der ohnehin schon die Hälfte seines Vorschusses für ein Projekt, das er praktisch noch nicht einmal in Angriff genommen hatte, auf den Kopf geschlagen hat: Ich lieh ihr Geld. Eine beträchtliche Summe. Natürlich nur, bis sie das Problem mit ihrer Geldkarte gelöst hätte oder ihre Eltern ihr Geld überwiesen hätten.

Dann war es an der Zeit, zu entspannen, den nordamerikanischen Stress von sich abfallen zu lassen, Rio zu genießen und mit einer Stewardess auszugehen, die einen knappen, roten Bikini mit goldenen Nadelstreifen trug. Nur so konnte ich mir die Sicht des Reisenden zu eigen machen. Für mein Buch brauchte ich genau die – und nicht den Blick eines komischen, durchgeknallten Bürohengstes aus Manhattan, der frisch aus dem Flugzeug gestiegen war.

Der goldene Sand von Ipanema drückte sich zwischen meinen Zehen hindurch, während die weiterhin starke Nachmittagssonne auf meine fahle Winterhaut herabbrannte. Die legendären Zwillingsfelsen Dois Irmãos (»zwei Brüder«) thronten am Rand von Ipanema und warfen immer längere Schatten auf den Strand. Wir tranken Bier aus der Dose, redeten übers Reisen, über alles und nichts und flirteten unschuldig: sie ließ Sand auf meine Brust rieseln, und wir taten so, als wäre das süß. Die Sonne verschwand hinter den Felsen, das Bier linderte die Müdigkeit und den Kater, und wir küssten uns zur Krönung eines neuen Anfangs in einem neuen Land.

Ich wollte, dass dies der Tag eins in einem Leben ohne Vergangenheit wäre.

Vom Strand gingen wir zurück zur *Villa* und gerieten im Korridor in eine lärmende Fete, die auch auf den Hinterhof übergriff. Urlauber – einige sonnengebräunt, andere sonnenverbrannt, aber alle verschwitzt und in Shorts, T-Shirts oder Badekleidung – gossen aus großen *Skol*-Flaschen Bier in kleine Plastikbecher. Es gab auch ein, zwei Flaschen Cachaça, das ähnlich wie Rum aus Zuckerrohr destilliert wird, aber nur halb so viel kostet und doppelt so stark dröhnt. Ein scharfer Duft von Dope stieg aus der Menge auf.

Südamerikanisches Dope hat einen unverwechselbaren Geruch. Das Zeug wird schwer mit Chemikalien behandelt (manche behaupten sogar, mit Petroleum), dann wird es unter einem Lastwagen oder einer hydraulischen Maschine zu dünnen Ziegeln gepresst und von Paraguay oder dem brasilianischen Hinterland aus zwischen Landwirtschaftserzeugnissen in ganz normalen Trucks in die Städte geschmuggelt. Es enthält normalerweise 25 Prozent Samen und Stängel, ist aber besser als gar nichts.

In den meisten Hostels ist die Verkehrssprache Englisch. Man hört hier auch Portuñol – ein Pidgin aus Portugiesisch und Spanisch, die hiesige Mischsprache –, namentlich bei Typen, die versuchen, die wenigen, spärlich gekleideten und mit eindrucksvollen Haarverlängerungen geschmückten Brasilianerinnen zu beeindrucken. Nur der Vollständigkeit halber: Ich selbst spreche ebenfalls eine Variante des Portuñol. Eigentlich hätte mein Portugiesisch besser sein müssen, und vielleicht war es das auch mal, nachdem ich vor Jahren einige Monate in Rio verbracht hatte, aber Portugiesisch hat sich bei mir seither wieder mit Spanisch vermischt. Wenn mir ein portugiesischer Begriff nicht einfällt, switche ich zu Spanisch; ich habe ohnehin einen leichten spanischen Akzent, wenn ich Portugiesisch spreche. Vermutlich klinge ich in etwa so wie Walter Mercado, der puertoricanische Astrologe, der sich in Brasilien mit seinen »*Ligue já!*«-Werbesendungen («Ruf jetzt an!«) zum Affen gemacht hat.

Abgesehen von den aufreizend gekleideten Frauen, gab es nur noch zwei weitere Einheimische, nämlich ein Pärchen aus São Paulo, beide Brillenträger, die ihren Abschluss an der Technischen Hochschule feierten. Der Rest war eine bunt zusammengewürfelte Mannschaft von Backpackern aus aller Welt, hängen gebliebenen Karnevalsbesuchern und einer merkwürdigen Ansammlung drogensüchtiger Langzeitgäste, die von Gott weiß woher kamen und hier gestrandet waren.

Jemand hatte einen alten gelben *Sony-Sports*-Walkman an zwei kleine batteriebetriebene Lautsprecher angeschlossen, es liefen brasilianische Drum-'n'-Bass-Kassetten mit ziemlich viel Geknister. Von den gezackten Flaschenböden auf der Trennmauer strahlten zwei grelle Scheinwerfer herunter.

Für Low-Budget-Traveller sind die Strände von Rio nicht gerade die erste Adresse. Ipanema hat die etwas schöneren Hotels und die höheren Preise. Copacabana verstrahlt einen verblassten Glanz, seine einst teuren Hotels werden nun von Pauschaltouristen bevölkert, die immer mit offenem Mund atmen und meist wenig mehr suchen als Sex, billigen Alk und Drogen.

Die meisten Hostels für Backpacker wurden vom vermutlich größten Straßenstrich Amerikas ins Hinterland abgedrängt. Ein so preiswertes Hostel wie die *Villa* mitten in Copacabana wird dann natürlich zum Anziehungspunkt für eine wechselnde Horde total abgedrehter Typen und Aussteiger.

Inga und ich tauchten in die Menge unter und lernten in den nächsten ein, zwei Stunden eine bunte Mischung von Freaks kennen. Ein Norweger, Knut, drückte mir ein Bier in die Hand und fragte, woher ich käme, gefolgt von, wo überall ich schon gewesen sei und wohin ich wolle. Das Übliche. Er war jung, sah aus wie eine Art skandinavischer Elf und war völlig aufgekratzt, weil er in Rio war.

»Das hier ist genau die richtige Stadt für mich«, sagte er. »Von der Highschool aus war ich ein Jahr lang Austauschschüler in Los Angeles. Das war klasse. Die Sonne. Die Mädchen. Die Drogen. Rio ist wie LA, nur erschwinglich – und ohne große Highways und beschissene amerikanische Gesetze. Und es ist definitiv anders als Oslo!«

In Los Angeles hatte sich Knut eine Welt jenseits der skandinavischen Gleichmacherei aufgetan, er war mit einem Mädchen aus Salvador zusammen gewesen und hatte die Freuden der Methamphetamin-Kristalle kennengelernt. Darüber sprach er mit derselben Begeisterung wie ein Aficionado von einer Havanna oder ein Gourmet von Gänseleberpastete.

»Morgens vor der Schule haben wir das Zeug direkt in der Giftküche in West Hollywood gekauft, es war praktisch noch ofenwarm. Das war Wahnsinn, Mann.«

Mir kamen Bilder von Keebler Elves in den Sinn, wie er mit weißen Handschuhen Backtabletts voller Ecstasy-Pillen aus dem Ofen zog. Ich verriet Knut, dass man über alles, was mit Crystal Meth zu tun hat, in den USA normalerweise eher hinter vorgehaltener Hand spricht. Man behält es für sich wie Warzen im Genitalbereich oder einen Führerscheinentzug wegen Alkoholkonsums. Doch Knut ließ sich nicht beirren.

Hier in der *Villa* war er zusammen mit einem Aussie, den er vor zwei Wochen in Bolivien getroffen hatte. Seinen richtigen Namen kannte ich nicht, ich nannte ihn Mr. Yay wegen seiner Manie, alles einzuwerfen, was er in die Finger bekam. Die anderen Australier in der *Villa* waren kernige, junge Typen, die offenbar genauso viel Zeit auf den Wellen verbrachten wie an Land. Die kleinen Augen und der blasse Teint von Mr. Yay zeugten hingegen von schlaflosen Nächten, wenig Essen und chronischer Masturbation.

»Hast du das Koks hier schon probiert?«, fragte mich Mr. Yay. »Der Hammer! Du kannst nach Stärke wählen – heftiger Stoff, milder Stoff, was du willst. Du kriegst es überall. Hey, du bekommst es sogar von dem Kerl, der Nachtdienst an der Rezeption schiebt. Das nenne ich Service, Mann!«

Allmählich begriff ich, warum er und Knut sich angefreundet hatten. Wenn ihr glaubt, vor allem Amerikaner und Europäer seien geil auf Koks, dann fragt erst mal Aussies! Koks in Australien aufzutreiben ist anscheinend ungefähr so, wie in Kalifornien ein wildes Wallaby zu sichten.

Wie die meisten Aussies und Kiwis hatte Mr. Yay ein Rund-um-die-Welt-Ticket. Wenn man Australien schon verlässt, soll es sich auch lohnen, und dann muss man so viele Orte wie nur möglich bereisen. Mr. Yay war auf dem Weg nach Westen und hatte bereits Nordafrika (Dope) und Spanien bereist (Dope und hübsche Frauen), dann hatte er einen Direktflug nach Bolivien genommen (Koks), und nun war er in Rio (Koks und hübsche Frauen). Er war nun seit über einer Woche in Copacabana und noch nie bei Tag am Strand gewesen. Er prahlte damit, er habe den Atlantik nur aus dem Flugzeug gesehen.

Die lustvolle Energie der Party in der *Villa* war an sich schon berauschend. Niemand musste sich um Chefs,

Eltern, Nachbarn oder sonst jemanden kümmern, niemand musste den Wecker stellen. Kaum einer wusste überhaupt noch, welchen Wochentag wir hatten. Wir waren alle aus freien Stücken in Rio und hatten dafür eine Menge Geld bezahlt. Wir waren geradezu verpflichtet, uns zu amüsieren. Bei mir war das natürlich etwas ganz anderes, ich sollte recherchieren und schreiben, aber damit würde ich mich morgen auseinandersetzen. Ich hatte mal ein paar Anthropologieseminare belegt, also konnte ich mein derzeitiges Tun einfach »teilnehmende Beobachtung« nennen.

Einige Gäste der *Villa* waren schon zu lange unterwegs. Wer viel mit dem Rucksack reist, kennt solche Typen: In ihrer Heimat wären sie wahrscheinlich abgebrannt und obdachlos, in einem Entwicklungsland konnten sie jedoch mit kleinen Finanzspritzen von zu Hause auskommen, entweder durch Zuwendungen der Eltern oder durch Ersparnisse aus kurzen Zeitspannen mit profitabler Arbeit.

Andreu, ein spindeldürrer Katalane in den Vierzigern, lebte seit zehn Jahren in Südamerika, hauptsächlich in Bogotá, Caracas und nun in Rio. Er sagte, er hätte einmal eine Wohnung in Ipanema gehabt, dann aber all sein Hab und Gut verscherbelt. Seit anderthalb Jahren schlief er nun im Schlafsaal der *Villa*. Er hatte diesen drahtigen, sehnigen Körper von Männern, die sich, statt zu essen, lieber ins Nachtleben stürzen. Ich bemerkte Reste von Eyeliner an seinen Lidern, wahrscheinlich noch von der vorigen Nacht. Einem verzweifelten Fremden, der zu Potte kommen will, bietet diese Stadt sicher viele Möglichkeiten.

Inga machte mich mit Max bekannt, einem angehenden Model aus Hamburg. Er war ursprünglich zum Karneval gekommen und hatte sich dann spontan entschlossen, noch eine Weile zu bleiben. Die beiden unterhielten sich schnellzüngig auf Deutsch, während sie seine Bildmappe durchgingen, die er ganz zufällig auf der Party dabeihatte. Ich fragte ihn, was die chinesischen Schriftzeichen zu bedeuten hatten, die er auf seine Achseln tätowiert hatte.

»Ich glaube Frieden, oder Liebe«, sagte er. »Das Om habe ich auf dem Rücken. Hab ich in Berlin machen lassen. Cool, was?«

Er hatte hier eine Argentinierin namens Sylvia kennengelernt, dunkle Haut, schwarze Haare – vorne kurz, hinten lang – und ein Tattoo auf dem Oberarm. Sie war mit ihren Eltern hier im Urlaub und wohnte in einem großen Hotel. Dass sie sich in einer Absteige um die Ecke auf einem Schlafsaalbett von einem Europäer ficken ließ, machte den Eltern offenbar nichts aus. Sie sprach nur Spanisch, er nur Deutsch und Englisch, aber sie schienen sich prächtig zu verstehen.

Im Ausland versuche ich normalerweise anderen Amerikanern aus dem Weg zu gehen – nicht, weil ich einen Überlegenheitskomplex hätte oder mich für etwas Besseres hielte. Ich glaube auch nicht, dass Amis grundsätzlich blöder sind als andere (ich habe auf Reisen schon die größten Arschlöcher aus aller Herren Länder getroffen). Aber in Ländern wie Costa Rica, wo es von Amerikanern nur so wimmelt, verpasst man möglicherweise was, wenn man ständig nur mit Leuten zusammen ist, die man genauso gut zu Hause treffen könnte. Aber da nach Brasilien nur wenige Amerikaner kommen, habe ich mich gefreut, in der *Villa* einen kennenzulernen. Er stellte sich vor: »Bob. Bob Fishman aus LA.«

Bob war klein und dünn, er hatte einen dunklen Ziegenbart, traurige Kuhaugen und lockige Haare, die er mit einem schwarzen Kopftuch zurückband. Ein paar graue Strähnen in seinem Bart und kleine Augenfalten verrieten sein Alter, doch er trug dicke Skaterschuhe und knielange Board-Shorts mit Blumenmuster, und auch insgesamt wirkte er so Peter-Pan-mäßig, dass ich ihn einfach Bobby nennen musste, auch wenn er schon fast vierzig war.

Am Anfang hielt ich ihn für ganz still und harmlos – eine Fehleinschätzung –, aber er war die ganze Zeit mit einer philippinischen Fotojournalistin zusammen, die hier für das Mitteilungsblatt einer französischen Hilfsorganisation unterwegs war. Bobby und diese Frau waren seit drei Tagen zusammen und benahmen sich, als ob sie in den Flitterwochen wären. Als sie rausging, um Getränke zu holen, sagte er zu mir:

»Sie hat zu mir gesagt, ich sei ein schöner Mann ... Das hat noch keine zu mir gesagt. Und: Sie hat mir die Füße massiert! Die Frau ist wirklich ein Knaller.«

Sie sprach nicht so gut Englisch, daher fragte ich mich, ob ihr vielleicht bloß kein passenderes Adjektiv eingefallen war als »schön«, aber nichtsdestotrotz freute ich mich für Bobby.

Bobby war seit fünfzehn Jahren nicht mehr in Kalifornien gewesen – seit er wegen irgendwelcher Spielschulden Stress mit einem ukrainischen Buchmacher gehabt hatte.

»Ich sage immer, ich hätte auf Basketball gesetzt, aber in Wirklichkeit ...«, er dämpfte die Stimme, »in Wirklichkeit war es Damentennis. Diese verfluchte Navratilova hat mein Leben zerstört, Mann. Ich habe alles auf Zina Garrison aus Texas gesetzt, nachdem sie gerade erst Steffi Graf so eine Niederlage beigebracht hatte. Dann hat Zina verloren, und ich bin mitten in der Nacht mit einem Rucksack auf dem Buckel nach Seoul abgedüst. Zehn Jahre war ich da insgesamt, dann hab ich so ein paar Probleme bekommen und bin weiter zum Arbeiten nach Dubai gegangen. Momentan habe ich in Chile einen Vertrieb für Verkaufsautomaten. Weißt du, in den neuen Bürogebäuden in Santiago gibt es überall diese Automaten. Wir liefern sie, dann bezahle ich jemanden, der sie wieder befüllt, ich bekomme meine Provision, und das war's. Gutes Geld für so gut wie null Arbeit. Aber Santiago ist zum Kotzen – lauter Spießer, genau wie Pinochet es gewollt hat.«

Bobby trat von einem Fuß auf den anderen, zwischendurch trank er Cachaça pur aus einem Plastikbecher.

»Wenn du zurückwillst, könntest du doch auch in einen anderen Bundesstaat gehen, oder? New York zum Beispiel«, sagte ich.

Er sah mich über seinen Becher hinweg mit festem Blick an. »Willst du mich verarschen? Ich hasse New York, verdammt! Eher würde ich nach LA zurückgehen und mir von diesem fetten Buchmacher den Kopf abschlagen lassen! NY ist die einzige Stadt der Welt, wo es immer weniger Kriminalität gibt und es sich immer besser leben lässt, aber die Leute sich trotzdem immer mehr beklagen. Eine Stadt voller zorniger, kleiner Gnome! Santiago ist wahrlich kein Paradies, aber um Geld zu verdienen, ist es okay. Nur deshalb lebe ich dort. Aber ich würde mein Geschäft gern nach Rio ausdehnen, darum stelle ich hier ein paar Erkundigungen an. Das ist Arbeit, kein Vergnügen, Mann!«

»Wie lange willst du …?«

»Keine Ahnung. Mir gefällt es im Ausland. Hier ist alles noch so offen. Schau dir nur diese Favelas rund um Rio an – was meinst du, was du von dort oben für eine Aussicht hast? Ich will hier ins Immobiliengeschäft einsteigen. New York – vergiss es, Mann! Die USA sind wie

Europa – da ist schon längst der Zug abgefahren. In den Staaten kannst du froh sein, wenn von den reichlich gedeckten Tischen irgendwelche Reste für dich abfallen. Hier kann man noch selbst was ins Rollen bringen.«

Inga und ich wurden langsam betrunken und machten vage Pläne, am nächsten Tag mit der Seilbahn auf den Zuckerhut zu fahren und uns im Maracanã-Stadion vielleicht ein Fußballspiel anzusehen – das Standard-Touriprogramm eben. Aber sie wollte es so, und einer so betörenden Stewardess wollte ich natürlich keinen Wunsch abschlagen. Wir schlossen uns zwei Mädchen aus Irland mit roten Wangen an, denen die Bierbecher in der Hand festklebten, und gingen zusammen mit ein paar Israelis und einem Ungarn in irgendeine namenlose Kellerdisco. Bobby kam nicht mit, weil er und die Fotojournalistin Zeit für sich brauchten. Knut und Mr. Yay meinten, sie hätten mit dem Kerl an der Rezeption noch etwas zu besprechen, würden aber in einer Stunde oder so zu uns stoßen.

Während wir uns in dem Club noch ein paar Kurze hinter die Binde kippten, wurden wir ständig gefragt, ob Inga und ich in den Staaten oder in Österreich lebten und wie lange wir schon zusammen seien. Wir mussten zugeben, dass wir uns erst seit fünf Stunden kannten; das war uns ein wenig peinlich, aber trotzdem – der Alk und die Stimmung halfen uns leicht darüber hinweg. Ich holte eine Runde, die nächste schmiss Knut, schließlich ergriff Max die Initiative und kam danach mit einem Tablett voller klirrender Gläser wieder. Dann weiß ich nur noch, dass Inga und ich in einer Nische heftig knutschten.

Und dass wir später in der *Villa* Sex hatten – Haut, Silhouetten in einem dunklen Zimmer. Momentaufnahmen. Es war leidenschaftlich, es war auch irgendwie vertraut. Ihren Nachnamen habe ich nie erfahren.

Ich wälze mich aus dem Bett und hocke mich nackt auf den Boden, um die Kondome wegzuschaffen. Mein Rücken schält sich von dem Kunstlederbezug wie Gaze von einer alten Wunde. Der Inhalt dieser Kondome ist ein Teil von mir, ich will ihn nicht mit einer ganzen Kolonie tropischer Ameisen teilen. Als ich die Gummis aufhebe, läuft ein Faden wohltemperierten Spermas zwischen meinem Daumen und Zeigefinger hindurch und tropft auf den Boden, in der Pfütze schwimmen kleine Ameisen. Ich muss würgen, kann die Kotze aber gerade noch im Mund behalten, bekomme alles wieder unter Kontrolle und schlucke sie hinunter.

Ich werfe die Präser in einen kleinen Plastikmülleimer, wische meine Hand am Laken ab, stemme einen Fensterladen auf und blicke auf ein Labyrinth aus Beton- und Hohlziegelmauern. Inga liegt quer auf dem schmalen Bett. Ihre Muschi ist rasiert, mit den kleinen Rasierpickeln sieht das Ganze aus wie eine gespaltene, gerupfte Hühnerbrust. Ich frage mich, wann eigentlich die Intimrasur in Mode gekommen ist. 2001 oder 2002? In Österreich vielleicht noch früher.

Planmäßig

Noch 59 Tage bis zum Abgabetermin

Als »Parachute Artist« bezeichnet man einen bestimmten Typus von Reisenden, namentlich vagabundierende Reiseführer-Autoren. Tony Wheeler, der Gründer von *Lonely Planet,* definiert einen Parachute Artist als »jemanden, der irgendwo ankommt und dort sofort zu Hause ist, sodass er über jeden beliebigen Ort etwas schreiben kann«. Ob man im thailändischen Hügelland, in Kaliningrad, am Gangesdelta, in Tegucigalpa, Mombasa oder Port Moresby aufwacht – man muss den Ort sogleich in sich aufzunehmen verstehen, seinen Charakter und sein sogenanntes Flair auf eine Weise erfassen, dass man ihn in einer allgemeinen Einleitung von einer Seite und in einer knapp einseitigen Einführung über die Stadt und Umgebung abhandeln kann, auch wenn man zuvor noch nie einen Fuß an diesen Ort gesetzt hat. Man muss so schnell wie möglich die besten Unterkünfte, Lokale und Freizeitangebote finden, pseudoclevere und zugleich ausgewogene Angaben dazu machen und praktische Hinweise geben. Dann muss man umschalten und ans nächste Ziel reisen, wo man wieder dasselbe tut. Das Schlüsselwort ist Effizienz.

Ich weiß, dass Backpacker anders ticken; der Begriff Effizienz gehört nicht zu ihrem Wortschatz. Obwohl ich also über und für Backpacker schreiben soll, darf ich mich doch nicht ganz mit ihnen identifizieren. Um mich zu akklimatisieren und die Beziehung mit Inga zu klären, kann ich noch ein, zwei weitere Urlaubstage rechtfertigen, dann aber muss ich mich ausschließlich der Arbeit widmen.

Als Inga aufwacht, ist die Situation alles andere als entspannt. Es fällt uns schwer, miteinander zu sprechen. Ich bin nicht sicher, ob es am Kater liegt oder einfach an der Feststellung, dass wir im Grunde nicht viel gemein haben. In New York hätte ich mir jetzt einen schönen Tag gemacht, mir eine DVD angesehen, 800 mg *Ibuprofen* und ein wenig *Nox vomica* eingeworfen. Ich hätte mich jedenfalls keine Sekunde von der Couch entfernt … Unser schäbiges Zimmer hier ist hingegen heiß und schwül und macht den Hangover nur noch schlimmer. Wir werden heute nicht zum Zuckerhut gehen. Wir werden auch nicht ins Maracanã-Stadion gehen. Ich bin noch nicht mal sicher, ob ich diesen Morgen überhaupt überlebe.

Ich gehe in ein Internetcafé und checke meine Mails. Die Lektorin scheint *incommunicado* zu sein, zumindest antwortet sie nicht auf meine Fragen. Wahrscheinlich halten sie sich im Verlag an den Grundsatz, einem Autor bei seinem ersten Projekt nicht zu sehr das Händchen zu halten. Sie wollen wohl gar nicht erst irgendwelche Abhängigkeiten entstehen lassen. Der Doc hat mir eine Fünf-Kilobyte-Mail geschickt. Er diagnostiziert ein psychologisches Defizit bei meinem Umgang mit Aggressionen. Außerdem schreibt er, ich sei ein Sadist, und erklärt, er werde nie wieder ein Wort mit mir reden. Ich schlendere langsam zum Hostel zurück. Inga sitzt mit ein paar Deutschen im Gemeinschaftsraum und sieht fern. Nach einem kurzen Hallo lege ich mich noch einmal ins Bett und döse ein paar Stunden unruhig vor mich hin.

Richtig schlafen kann ich nicht, aber bevor ich es mich versehe, geht die Sonne schon wieder unter und vor meinem Fenster steigt erneut die Party. Inga hängt mit einer Flasche Wasser in der Hand in einer Ecke und sieht aus, als hätte man sie gerade mit dem Defibrillator wiederbelebt. Ein Großteil der Leute, mit denen wir gestern schon unterwegs waren, beschließen, zusammen essen zu gehen. Inga und ich überlegen kurz, ob wir nicht lieber schnell ein Sandwich zu uns nehmen und gleich wieder ins Bett schlüpfen sollen, raffen uns dann aber doch auf und gehen mit den anderen in ein Tourilokal an der Avenida Atlântica, gleich hinter dem Calçadão der Copacabana.

Wir sitzen uns an einem langen Tisch gegenüber. Rechts und links von mir schwirren die Gesprächsfetzen über den Tisch. Mr. Yay erzählt Inga von seiner Zeit in Bolivien:

»Immer wenn auf der Plaza die Kirchenglocke läutete, ließen wir ein großes Tablett mit vorbereiteten Lines rumgehen. Wir hatten ein silbernes Röhrchen und alles, was man sonst noch braucht. Zwei Tage lang haben wir uns rund um die Uhr Koks gezogen, und das kostete kaum mehr als bei uns ein Abendessen im Restaurant! Ich würde am liebsten sofort wieder nach Bolivien gehen und den Rest meines Lebens in diesem Hostel verbringen. Ein irres Land! Großartig!«

»Klingt gut. Wie sind die Leute dort?«, fragt Inga

»Keine Ahnung. Mein Dealer war Franzose, er hat auch in dem Hostel gewohnt. Der hat's echt drauf, sag ich dir!«

Aus Versehen schüttet ein Kellner Sauce Hollandaise über die Jacke einer Frau am Nebentisch. Ich sehe es, wie in Zeitlupe geschehen, bin aber unfähig zu jeder Reaktion. Um nicht einzuschlafen, nippe ich an einem Bier, aber es hilft nicht. Das Essen ist der übliche, pseudoitalienische Touristenfraß wie überall auf der Welt, Pizza, Pasta, typisch Brasilianisches ist nicht dabei. Ich stochere geistesabwesend in meinen Linguini mit Meeresfrüchten herum – ein paar Shrimps und Tintenfischringe in Olivenöl.

Die Unterhaltung ist in vollem Gange, sie dreht sich um Sport, Essen, Drinks, Drogen und DJs in den einzelnen Ländern. Unfähig, daran teilzunehmen, starre ich auf die Promenade hinaus, zu den vielen Leuten, die am Strand auf und ab gehen, rufen, lachen, shoppen, trinken. Dann erscheint eine Capoeira-Gruppe auf der Bildfläche und stellt sich im Kreis auf, der *roda*. Capoeira ist ein Kampftanz, der von afrikanischen Sklaven während der Kolonialzeit entwickelt wurde. Normalerweise sind es jeweils nur zwei »Spieler« die gegeneinander kämpfen, die Show hier auf der Straße ist aber mit zusätzlicher Akrobatik und Handstandüberschlägen angereichert, um mehr Eindruck auf die Passanten zu machen. Die Kleidung der Capoeiristas ist hingegen alles andere als traditionell: Turnschuhe von *Adidas* und Trainingshosen. Sie greifen spielerisch mit Fußschlägen und Tritten an, parieren oder weichen aus, dann springen sie mit gezücktem Küchenmesser hoch in die Luft, wobei sie über einen Partner hinwegsetzen. Mit Capoeira hat das alles wenig zu tun, aber den Leuten gefällt es.

Überall um mich herum tobt das Leben, aber ich bekomme kaum etwas davon mit. Zudem bin ich mir nicht sicher, ob ich Inga wirklich mag. Sie macht mich an, ja, aber mehr empfinde ich, glaub ich, nicht für sie. Ich weiß auch nicht ... – wahrscheinlich bin ich einfach zu negativ. Vielleicht ist es nur eine Reaktion darauf, dass sie mir bei meiner Arbeit im Weg steht. Am Rand meines Tellers liegt eine große, rot-weiße Tablette, ein riesiges Dragée, direkt neben meinen Nudeln. Meine Erinnerung ist zwar ein wenig verschwommen, aber ich bin sicher, dass sie nicht auf der Speisekarte stand und vor einer Minute auch noch nicht dort lag. Ich blicke in die Runde, alle unterhalten sich angeregt.

Mr. Yay, der mir schräg gegenübersitzt, fängt meinen Blick auf und nickt mir ermunternd zu.

»Was ist das?«, frage ich leise.

»Nimm's einfach. Hab ich in Ägypten aufgetrieben. Ist wie Kaffee, nur besser«, flüstert er mir zu.

Mr. Yay ist sicher nicht die vertrauenswürdigste Person, die ich kenne, aber er scheint ein ziemlich qualifizierter Hobbypharmazeut zu sein. Ich spüle das Ding mit Bier runter, schiebe ein paar Nudeln hinterher und bemühe mich, wach zu bleiben.

Nach dem Essen gehen die meisten ins Hostel zurück. Gegen meine bleierne Müdigkeit kommt auch die Pille nicht an. Inga geht ins Bett und ist schon nach wenigen Minuten tief und fest eingeschlafen. Ich gehe mir die Zähne putzen und lande irgendwie im Hinterhof, wo ich mit Knut und Karla, einem Mädchen aus Israel, ins Gespräch komme.

Karla wirkt, als hätte sie nach ihrem Militärdienst die meiste Zeit mit Reisen und Yoga verbracht. Sie ist braun gebrannt und durchtrainiert, kräftige Arm- und Bauchmuskeln, aber nicht der Typ, der ins Fitnessstudio geht. Über die Knöchel ihrer linken Hand windet sich eine Narbe, an den Armen hat sie mehrere südpazifische Tribal-Tattoos; sie säuft ordentlich Tequila und kann bei einem Gespräch über die Feinheiten der Motorradpflege ohne Probleme mithalten. Mein eigenes technisches Verständnis reicht kaum aus, um einen Wecker zu stellen.

Karlas weite Hosen und das bauchfreie Topp mit dem unvermeidlichen Om-Symbol lassen darauf schließen, dass sie mal in einem indischen Ashram war. Sie ist entschlossen, nach Australien auszuwandern und den Nahen Osten hinter sich zu lassen.

Mir wird etwas flau im Magen. Ich sollte nichts mehr trinken. Mein Kiefer schmerzt. Ich täte wirklich besser daran, schlafen zu gehen, aber ich bin so unruhig – ständig mache ich mir Sorgen wegen meiner Arbeit, wegen dem Geld, wegen meiner Lektorin, wegen Inga, wegen Sydney. Ständig geht mir so viel durch den Kopf. Was mach ich eigentlich noch immer hier in Rio? Ich sage Mr. Yay, dass die Pille bei mir nicht gewirkt habe.

»Wenn du meinst, ...« Er lacht und gibt mir noch eine. »Ein wenig kribbelig wirkst du aber schon. Pass auf dich auf – nicht, dass ich dich nachher von der Decke kratzen muss.«

»Danke, du bist schwer in Ordnung, Alter.«

Ich will das Ding gerade einwerfen, als der unternehmungslustige Bobby Fishman auf den Hof gestürmt kommt. Er ist sichtlich aus der Fassung.

»Hey, Mann, sie hat mit mir Schluss gemacht! Ich weiß gar nicht, warum!« Er ist den Tränen nah, schlägt die Hände vors Gesicht. »Ich dachte, diesmal wäre es etwas Ernstes. Sie sagt, sie will sich nicht binden, ich würde das nicht locker genug sehen, es ginge ihr alles zu schnell. Und das sagt ein Mädchen?!«

»Nimm's nicht so schwer«, sage ich. »Bei mir und Inga wird's wohl auf dasselbe rauslaufen. Gestern, da dachte ich ..., ich meine, ich wusste nicht, was ich tat ... Reg dich ab, das geht vorbei.«

»Warte mal – wo bist du denn gerade drauf, Junge? Du hast dir doch nicht etwa von Quigley Down Under eine von seinen ägyptischen Spezialitäten andrehen lassen?«

»Hm, na ja ... Hat aber nicht viel gebracht. Ich wollte gerade noch eine nehmen, ich muss mich entspannen, ein paar Dinge durchdenken, verstehst du? Tut mir leid, das mit dir und dem Mädchen, so was ist tückisch, Mann. Genau wie mit Inga, sie war auch ...«

»Zieh uns jetzt bitte nicht auf das Niveau von deinem Stewardessenfick runter! Die nächste Frau, die sich mit mir einlässt, wird wahrscheinlich die Suppe auslöffeln müssen, die diese Tussi mir eingebrockt hat. Das Leben ist eben ungerecht, kann ich doch nichts für.«

»Bob, komm mal wieder runter!«, unterbricht Karla seine Tirade. »In meinen Ohren klingt das alles wie ein Hilfeschrei.«

»In meinen Ohren klingt das, als solltest du dich dringend um deinen eigenen Kram kümmern!« Er mustert Karla von Kopf bis Fuß. Ein angespanntes, verlegenes Schweigen breitet sich aus. Bestimmt könnte Karla ihm mit ein paar geübten Krav-maga-Schlägen windelweich prügeln, und ich nehme an, Bobby weiß das auch. Also steht er auf, kickt eine Bierflasche von der Terrasse, stürmt durch den Korridor zur Tür hinaus in die Nacht.

Karla schaut ihm nach, schweigt eine Weile und sagt schließlich, er habe wohl einen Moment der Schwäche und des Schmerzes erfahren und brauche nun Vergebung und Hilfe. Nach einigem Hin und Her beschließen wir, ihn zu suchen und zur *Villa* zurückzubringen. Wir nehmen an, dass er zum Strand gegangen sein wird, und in Rio ist man in so einem Zustand besser nicht allein unterwegs.

Wir schlendern zum Meer, Bobby ist aber nirgends zu entdecken. Mit einer Flasche Tequila, die wir von Mund zu Mund gehen lassen, suchen wir fast die ganze Promenade der Copacabana ab, aber wir haben kein Glück.

Die Menschenmenge auf dem Calçadão hat sich zerstreut, übrig geblieben sind vereinzelte Nachtschwärmer, die am Strand trinken, Nutten auf der Suche nach Freiern und ein paar versprengte Passanten. Der Tequila läuft mir mit jedem Schluck ein bisschen glatter die Kehle herunter. Ich bin überhaupt nicht mehr müde, ich habe das Gefühl, ich könnte die ganze Nacht herumlaufen, allerdings scheine ich der Einzige zu sein. Schließlich setzen wir uns zwischen der Promenade und der Straße zur *Villa* an einen Plastiktisch, der zu einem Straßenkiosk gehört. So können wir Bobby nicht verfehlen, falls er vorbeikommen sollte.

Ich frage Mr. Yay, ob er selbst auch so eine Pille genommen hat.

»Um Himmels willen! Dieses Zeug rühre ich nicht mehr an. Was glaubst du wohl, warum ich sie alle dir gebe?«

Wir sprechen über Strände, Bikinis, Elastan. Karla schimpft über die angeblich geschmacklose Mode der Brasilianerinnen.

»Kleidungsstücke, die bequem und weit wären, kennen die Frauen hier gar nicht. Alles ist eng und körperbetont.«

Ich weiß nicht, wo da das Problem sein soll, zumal am Nebentisch ein attraktives, schwarzes Mädchen sitzt, das in ihrem engen, körperbetonten Outfit verdammt geil aussieht. Wir haben ein paar Mal Blickkontakt. Wobei wir beide jeweils schnell die Augen abwenden, um im nächsten Moment doch wieder verstohlen hinüberzuspähen.

»Ich red mal mit dem Mädchen dort drüben«, sage ich.

Mr. Yay hat seine Hose bis zu den Knien hochgekrempelt und geht in der Dunkelheit zum Meer hinunter: sein erster Kontakt mit dem Atlantik. Karla und Knut sind jedes Mal, wenn ich hinsehe, etwas enger zusammengerückt.

Ich setze mich zu dem Mädchen an den Tisch – meine Verwegenheit erstaunt mich fast selbst, aber ihre entwaffnenden Blicke und ihre breites Lächeln haben mich ermutigt. Wir reden und flirten. Sie heißt Gabriela und stammt aus Catete, dem Viertel auf der anderen Seite des Tunnels. Mein Portugiesisch ist etwas eingerostet, leistet aber gute Dienste, und der Alkohol erleichtert die Sache in gewisser Weise sogar. Gabriela ist mit ihrer Kusine hier, die beiden haben auch schon ein paar Bierchen intus. Eigentlich wollten sie gerade nach Hause, es sei denn natürlich, wir würden noch gemeinsam etwas auf die Beine stellen …

Beiläufig fragt sie: »Hast du zufällig ein wenig … Koks?« Sie lacht verlegen.

»Nein, aber so was Ähnliches.« Ich gebe ihr die zweite Pille von Mr. Yay.

»Was ist das?«

»Wie Kaffee, nur besser.«

Sie schluckt das Ding runter, ohne weitere Fragen zu stellen. Eine Seelenverwandte.

Mr. Yay kommt zurück. Seine Jeans sind nass und voller Sand.

»Was ist denn mit dir passiert?«, fragen wir.

»Da sind ja Riesenwellen. Ich dachte, der Atlantik wäre so eine kleine Pfütze, aber, Scheiße, Mann, ich bin nass bis auf die Knochen.« Er stöhnt. »Wenn das Natur ist, kann ich drauf verzichten …« Er will zurück ins Hostel und sich umziehen.

Auch Knut und Karla wollen zurück. Aber aus anderen Gründen. Bobby muss eben allein klarkommen.

Wieder einmal ist Ritterlichkeit gefragt, und wie immer erweise ich mich als ein Kavalier. Nachdem wir ihre Kusine zum Bus gebracht haben, biete ich Gabriela für weitere nächtliche Strandabenteuer meine Begleitung an.

Die Kusine ist noch nicht mal in den Bus eingestiegen, da zerrt Gabriela bereits so heftig am Kragen meines T-Shirts, dass der Ausschnitt doppelt so groß wird, und knabbert an meiner Zunge. Nachdem der Bus abgefahren ist, gehen wir wieder zum Strand in der Hoffnung, dort auf irgendeine gute Party zu stoßen. Mein Portugiesisch kommt allmählich wieder auf Touren. Auf dem Calçadão stehen etwa fünfzehn Brasilianer um einen Bierkiosk herum. Gabriela unterhält sich so mit einem Typen, jedenfalls kommt es mir ziemlich lang vor, vielleicht sind es aber auch nur ein, zwei Minuten. Vermutlich spricht er besser Portugiesisch als ich. Und er ist braun gebrannter. Ich überlege, ob ich gehen soll, ich brauche ein bisschen Bewegung. Schließlich muss ich morgen arbeiten. Doch dann dreht sich Gabriela gerade noch rechtzeitig um, nimmt mich an der Hand und führt mich zum Strand zurück. Sie zieht sich aus, bis auf BH und Slip, und fragt, ob ich mit ihr schwimmen gehen will. Die Wertgegenstände, einschließlich meiner Brieftasche, verstecken wir am Ende der Copacabana unter einem Ruderboot.

Sie fragt, ob ich ein Kondom dabeihabe. Klar. Ich bin der verantwortungsbewusste Typ.

»Nimm's mal mit«, sagt sie.

Wir schwimmen ein paar Meter ins Meer hinaus und fangen mit salzigen Mündern wieder zu knutschen an. Unsere Beine haken sich zapplig ineinander. Als sie ein leeres Ruderboot entdeckt hat, das hier vor Anker liegt, klettert sie hinein und winkt mich zu sich.

Wir kommen gleich zur Sache, ich ziehe ihr die nasse Unterwäsche aus und stürze mich auf sie. Ich war nie ein großer Freund von Speed, aber die Kombi mit Sex ist eine lohnende Erfahrung. Es fängt an wie ein Ringkampf, griechisch-römisch, und wird dann immer schneller, bis es fast an einen Porno im Schnelldurchlauf herankommt.

Erst versuchen wir uns noch zu beherrschen und uns nicht zu heftig zu bewegen, doch bald schon drehen und winden wir uns, um zwischen den beiden Bänken des Ruderboots überhaupt auf unsere Kosten zu kommen. Gabriela ist aggressiv, ja fast schon gewalttätig, sie zerrt heftig an meinem Kopf, meinen Schultern, kratzt mir den Rücken auf und schlägt mir sogar mehrmals ins Gesicht.

Ich halte mich an der Riemendolle fest. Mein nackter Arsch hüpft über der Reling auf und ab. Ich schaue hoch. Am Ufer stehen ein paar Rentner in Trainingsanzügen und Turnschuhen. Sie haben ihren Morgenspaziergang unterbrochen, um das Schauspiel eines in einem Boot auf und ab hüpfenden weißen Hinterns zu genießen. Als unsere Blicke sich begegnen, klatschen sie Beifall. Soll ich Gabriela darauf aufmerksam machen oder nicht? Lieber nicht. Das ist zwar unfair, aber durch die Situation gerechtfertigt.

Im selben Augenblick sehe ich einen Mann auf einem Surfbrett. Er kommt auf unser Boot zugepaddelt. Ich rapple mich auf und taste nach meiner Unterwäsche, aber es ist zu spät – er streckt den Arm aus und packt mich am Knöchel. »*Porra!* Scheiße, was macht ihr hier? Das ist kein Puff, das ist mein Boot! *Que saco!*« Wir schlüpfen rasch in unsere Klamotten und schwimmen wieder an Land, gefolgt von dem wütenden Bootseigner auf dem Surfbrett, der uns ebenso wenig aus den Augen lässt, wie das Rentnerrudel am Strand. Unsere Habseligkeiten sind zum Glück alle noch da. Der Bootseigner will umgerechnet 50 Dollar für die Benutzung seines Stundenbootes.

Gabriela erweist sich als ziemlich gerissenes Verhandlungstalent und handelt ihn auf eine Dose kaltes *Skol* runter. Als wir ihm sogar noch ein zweites Bier spendieren, ist er überglücklich. Wir setzen uns zu dritt zusammen, trinken und lachen über die Sache. Dass wir nackt in seinem Boot waren, findet er mit der Zeit immer weniger dramatisch, ja im Grunde sogar komisch. »*Puta que pareu*«, sagt er, »ich habe dieses Boot schon seit Jahren und hatte dort noch nie Sex!« Er holt eine Tüte Popcorn, ich eine weitere Runde Bier. Inzwischen ist endgültig der neue Tag angebrochen, die Sonne verbrennt mir immer mehr das Gesicht.

Ich bringe Gabriela zum Bus, sie gibt mir ihre Telefonnummer und einen überraschend süßen Abschiedskuss. Ein Traum von einer Beziehung – Anfang, Mitte und Ende, und doch so kurz, dass nichts schieflaufen oder unangenehm werden kann. Ich hätte mich glatt in das Mädchen verlieben können.

Als ich in die *Villa* zurückkomme, ist Inga ausgegangen. Ich lege mich hin und versuche erfolglos, ein paar Stunden zu schlafen. Am Nachmittag geht auf der Terrasse die Party wieder los. Inga ist auch dabei, behandelt mich aber wie Luft. Vermutlich muss ich also bald in ein anderes Zimmer umziehen, aber vorher muss ich noch ins Bad. Beim Pissen, höre ich jemanden stöhnen. Ich drehe mich um – aus der Dusche ragt ein Fuß heraus. Hinter dem stockfleckigen Duschvorhang liegt Mr. Yay auf dem Boden – bewusstlos; mit vollgekotzem T-Shirt, auch an den Wänden klebt Kotze. Er hat eine blutige Nase, zwischen seinen Beinen liegt eine fast leere Flasche Tequila. Er liegt zwar mit offenem Mund auf den kalten, schmutzigen Fliesen, sieht aber gar nicht so aus, als würde er sich sonderlich unwohl fühlen.

Ich versuche, ihm auf die Beine zu helfen, aber er ist einfach nur ein schlaffes Stück Fleisch, und ich kann mich inzwischen selbst kaum mehr aufrechthalten. Auf der Suche nach Hilfe laufen mir Karla und Knut über den Weg. Er strahlt mich an und legt mir den Arm um die Schulter. »Die Kleine war eine Wucht, was?«, sagt er mit gefaktem LA-Akzent. Es ist gut, Freunde wie Knut zu haben: egal, wie unmöglich man sich aufführt, sie stehen einem immer moralisch bei. Karla findet meine Aktion trotzdem »taktlos und krass«, wie sie es formuliert. Ich sage, ich hätte unter dem Einfluss des Eros gestanden, sodass man mir kaum die Schuld daran geben könne. »Ich glaube, du hast unter einem ganz anderem Einfluss gestanden«, gibt sie zurück, »es ist allein deine Schuld.« Dumm ist sie nicht. Knut und ich holen Max, und zu dritt ziehen wir Yay aus der Dusche. Wir legen ihn im unteren Teil eines Stockbetts auf die Seite und stellen ihm einen Mülleimer vor die Nase.

Ich wanke wieder zu den anderen hinüber, aber die Party, die Leute, der Alkohol, alles widert mich gerade an. Inga steht mit einem Kerl zusammen, raucht und quatscht irgendeinen Mist. Erst tut sie so, als hätte sie mich gar nicht bemerkt, doch dann fängt sie mich an der Zimmertür ab. »Wenn Karla mir nicht gesagt hätte, dass du mit einer Nutte losgezogen bist, hätte ich mir sogar noch Sorgen um dich gemacht«, sagt sie.

»Es war keine Nutte.«

»Das ist mir egal. Ich habe auch jemanden kennengelernt.«

»Glückwunsch.«

»Willst du wissen, wen?«

»Eigentlich nicht. Darf ich jetzt ins Zimmer?«

»Klar. Tu, was du willst. Und fick dich!«

Ich packe mein Zeug zusammen. So werde ich wohl für

die letzte Nacht noch mal in ein anderes Zimmer ziehen müssen. Ich hätte gleich ein Bett im Schlafsaal nehmen sollen. Sich mit einer Zufallsbekanntschaft einzulassen ist das eine, aber mit Fremden im selben Raum zusammenzuwohnen, ist noch mal was ganz anderes. Morgen früh reise ich sofort nach Norden weiter, koste es, was es wolle. Und wenn ich meine Kreditkarte überziehe. Während ich meine Kleider zusammenlege und sie aus dem Schrank in den Rucksack packe, kommt Inga hereingerauscht.

»Du willst weg? Ist ja interessant!« Sie lacht.

»Ich dachte, es wäre klar, dass das mit uns nicht funktioniert. Außerdem muss ich sowieso weiter, ich dürfte eigentlich schon längst nicht mehr in Rio sein.«

»Gut. Ich wollte dir nur sagen, dass ich jemand anderen getroffen habe.«

»Das hast du schon gesagt.«

»Fredrick und ich waren heute den ganzen Tag zusammen am Strand, falls dir das entgangen sein sollte. Er ist viel eher mein Typ als du.«

»Hatte ich schon mal das Vergnügen mit diesem Fredrick?«

»Ja, gestern Nacht warst du mit ihm am Strand, er ist aus Australien.«

»Mr. Yay? Heißt der Fredrick? Na dann, herzlichen Glückwunsch. Da hast du wirklich einen guten Fang gemacht!« Ich packe fieberhaft weiter.

»Weißt du, was dein Problem ist?«

»Nein. Was denn?«

»Du meinst, es geht immer nur um dich, um dich und deine blöden, kleinen Problemchen. Und du glaubst, du bist cool, so cool, dass dir alles am Arsch vorbeigeht, aber in Wirklichkeit bist du nur ein kleiner Junge, der vor seinen Problemen davonrennt. Und vor dem Erwachsenwerden.«

»Sag mal, was ist mit dem Geld, das ich dir geborgt habe? Kann ich das zurückhaben? Fredrick hat sicher auch welches, und meins brauche ich echt für meine Arbeit.«

Sie lacht. »Vergiss es. Was willst du denn tun, du Arschloch? Nichts.«

»Du hast vollkommen recht. Nichts.«

Vor wenigen Minuten habe ich beim Packen den Großteil des Bargelds, das wir abgehoben hatten, im Schrank gefunden und eingesteckt. Wenn sie bereit gewesen wäre, mir mein Geld zurückzugeben, hätte ich es ihr gelassen, aber nachdem sie nun Stress macht, habe ich ein moralisches Recht darauf.

»Ich dachte, du wärst anders, ich dachte, mit uns beiden wäre es ein neuer Anfang. Aber du bist genauso mies wie mein Exfreund.«

»Tut mir leid, wenn ich dich enttäuscht habe. Aber ich bin ja noch nicht mal dein Freund. Hör zu, ich wollte dich wirklich nicht ...«

»Mein Gott, du bist so megacool! Der Unberührbare.«

Ich packe schnell und chaotisch. Nichts hasse ich mehr als einen schlecht gepackten Rucksack. Ich quetsche den Inhalt zusammen, damit die restlichen Schuhe und Klamotten sowie die Notizbücher noch hineinpassen. »Wusst ich's doch – ich hätte mich nie mit einer Zweiundzwanzigjährigen einlassen sollen«, murmele ich.

Damit hatte ich das Fass zum Überlaufen gebracht. Sie ging auf mich los. Ihr Missfallen über das Ende unserer Beziehung bringt sie mit einem Hieb zum Ausdruck, der mich genau zwischen den Augen trifft. Der zweite Schlag geht daneben, der dritte landet fahrig, wenn auch nicht schmerzlos auf meiner Wange. Ich falle rücklings aufs Bett, sie stürzt sich auf mich und holt wieder aus, doch ich packe sie an den Handgelenken.

»Nimm deine dreckigen Pfoten weg! Lass mich verdammt noch mal los!«, brüllt sie.

»Erst, wenn du dich beruhigt hast.«

Ihre Augen rollen in den Höhlen, als wäre sie durch zu viel Alkohol und Adrenalin in eine Art psychotische Trance geraten. Gleich werde ich wegen Gewalt, Missbrauch, Nötigung, Diebstahl, Charakterschwäche und moralischen Fehlverhaltens hinausgeworfen.

Im Prinzip bin ich Feminist: Ich bin für die Gleichheit von Männern und Frauen. Wenn man jedoch von einer Frau mit Fäusten traktiert wird, wäre es diskriminierend, sich nicht wehren zu dürfen. Allerdings hat sich die Situation nur meinetwegen so zugespitzt, und auf keinen Fall will ich in einem brasilianischen Gefängnis landen. Und Stewardessen schlag ich sowieso nur im äußersten Notfall. Also halte ich stattdessen ihre Handgelenke noch ein paar Sekunden fest, bis ich davon ausgehen kann, dass Ingas Adrenalinpegel wieder gesunken ist. Dann schnappe ich mir meinen überquellenden Rucksack und renne damit zum Ausgang.

In der Verfilmung kommt es leider nicht vor, aber *Der Strand* von Alex Garland handelt zu einem Großteil von der Suche eines jungen Mannes nach Authentizität jenseits seines eigenen Kulturkreises. Der Ich-Erzähler Richard geht aus Neugier darauf, wie brutale Armut aussieht, ins Ausland. Er wünscht sich ein unverfälschtes Erlebnis, wie es in der Zivilisation, in der man rundum abgesichert ist, nicht verfügbar zu sein scheint. *Der Strand* ist auch eine Kritik am Reiseführertourismus – Richard sucht vergeblich nach seinem Utopia, einem vom Tourismus noch völlig unberührten Winkel. Doch außer mit den Thais, die ihm in den Hostels »Bananenpfannkuchen« zum Frühstück servieren, hat er mit der Bevölkerung so gut wie keinen Kontakt. Er trifft zwei französische Rucksacktouristen und macht sich mit ihnen auf den Weg zu einem Nationalpark, wo sie sich einer Aussteigerkommune anschließen. Ein Game Boy, ein Motorboot und unerschöpfliche Hanfvorräte gehören zu diesem Ursprünglichkeitsidyll ganz selbstverständlich dazu.

Die Botschaft des Romans ist offenbar, dass Richard, genau wie viele andere Backpacker, ganz leicht in die Falle gegangen ist. Man reist in ein anderes Land, und am Ende verbringt man seinen Urlaub doch nur mit irgendwelchen Leuten, die genauso durch die Gegend ziehen wie man selbst, anstatt zu versuchen, sich auf die fremde Kultur einzulassen. Diese Rucksackfuzzis kann man alle in der Pfeife rauchen. Selbst Leute, die sich für erfahrene Weltenbummler halten und schon überall auf der Welt in irgendwelchen Hostels waren, sind oft nur neokolonialistische Einfaltspinsel. Sie wollen lediglich ihre Dollar, Euro, Yen oder Schekel in Billighotels, Bier und leicht zugängliche Drogen investieren und dann behaupten, sie wären intensiver, extremer oder authentischer unterwegs als alle anderen. Gut, dass ich hier endlich wegkomme.

Vor der Tür des Hostels treffe ich eine dunkle, große Brasilianerin in weißem Rock, weißem ärmellosem T-Shirt und mit weißer Strickmütze. Sie ist attraktiv, hat lange, schlanke Glieder und schokoladenbraune Haut, die unter der nackten Glühbirne des Vordachs richtig zu schimmern scheint.

»Warum so eilig, *maluco*?«, fragt sie und hebt einen Schuh auf, der mir aus dem Rucksack gefallen ist.

»Wegen einer Frau.«

»Hast du sie betrogen?« Sie kneift die Augen zusammen.

»Nein, das heißt …, na ja, in gewisser Weise.« Daraufhin spüre ich sofort, wie mir eine gewisse Verachtung entgegenschlägt. Die Schwesternschaft betrogener Frauen ist untereinander immer solidarisch.«Aber ich kannte sie erst einen Tag, und es war gar nicht viel zwischen uns. Dann habe ich eine nette Brasilianerin getroffen, wir bekamen Zoff, und sie hat mich ins Gesicht geschlagen.«

»Die erste war keine Brasilianerin, oder?«

»Nein, sie war aus Österreich.«

Sie lächelt. »Brasilianerinnen sind auch ziemlich eifersüchtig und machen gern ein Drama aus allem, wie in den Telenovelas. Aber bei euch Gringos wird immer gleich Kampf und Krieg draus.«

»Wenigstens langweilen wir uns nicht.«

»Langweilen tun wir uns hier auch nicht, mit all der Gewalt, der Armut und den Drogen. Aber wir kommen damit klar. Wir halten uns über Wasser. Ihr Gringos habt alles, was man sich nur wünschen kann, aber ihr macht aus allem ein Riesentheater.«

»Das liegt wohl in der menschlichen Natur.«

»Nein, das liegt nur in der Natur der Gringos. Amerika ist gut, um Geld zu machen, aber wenn man eure Kinofilme und eure Fernsehsendungen sieht – lauter Serienkiller und Vergewaltiger, Sexualmörder, Kinderficker und Kindermörder, und dann braucht ihr immer Kommissare mit Spezialausbildung, um die Fälle zu lösen. Da bleib ich lieber in Rio und riskiere, dass ich irgendwann mal eine verirrte Kugel abbekomme. Wir haben auch unsere Probleme, aber hier geht es viel lockerer zu.«

»Bist du hier aus Rio?«

»Nein, aus dem Nordosten. Ich habe dort als Model zu tun.«

»Ach ja?«, frage ich nach. Ich habe aktuell zwar keinen Bedarf an Frauen mehr, aber die hier fängt an mich zu interessieren. »Ich fliege morgen entweder nach Fortaleza oder nach Recife, je nachdem, welchen Flug ich bekomme. Vielleicht laufen wir uns ja noch mal über den Weg.«

Wir tauschen schnell unsere E-Mail-Adressen aus. Sie hilft mir, meine Sachen in einem Taxi zu verstauen, tätschelt mir den Kopf und rät mir, mich künftig von Gringas fernzuhalten.

Der Taxifahrer und ich fahren quasi um jeden einzelnen Häuserblock von Copacabana herum und checken alle Hotels, die ich mir möglicherweise leisten kann, nacheinander ab. An diesem Wochenende findet irgendein Festival statt, das noch irgendwie mit dem Karneval zu tun hat, weshalb einfach keine bezahlbare Unterkunft zu finden ist. Schließlich steige ich im Motel *Caligula* ab, wo jede Menge Gäste ein und aus zu gehen scheinen. Es wirkt schäbig genug für mein Budget.

»Wollen Sie ein einfaches Zimmer oder das Deluxe?«, fragt mich die matronenhafte Frau an der Rezeption.

»Wie sehen denn die Preise aus?«

»Es sind Stundentarife. Wenn Sie die ganze Nacht bleiben, müssen Sie die Stunden bis zum Checkout bezahlen. Preise für die ganze Nacht gibt es nur im Deluxe.«

Neunzig Dollar soll die Übernachtung kosten – sehr viel mehr, als ich einkalkuliert hatte. Dennoch, in Anbetracht der Ereignisse ist das eindeutig ein Notfall, den ich auf meine Kreditkarte zu nehmen beschließe. Ich wühle in meinem Rucksack nach der Karte, die ich zwischen meinen Socken versteckt habe.

Nicht zu finden.

Ich sehe noch einmal nach.

Ich sehe noch ein drittes Mal nach.

Touché! Inga war durchtriebener, als ich dachte. Sie muss die Karte abgegriffen haben, kurz bevor ich mein Geld wieder an mich genommen hatte.

Ich kratze mein restliches Bargeld zusammen und bekomme den Zimmerschlüssel ausgehändigt, der an einem Schlüsselring mit einer drehbaren, streichholzgroßen dorischen Säule hängt. Das Zimmer riecht nach Wäschebleiche, es gibt ein rundes Bett mit einem weißen Laken, einen Fernseher mit vier Pornokanälen, eine verspiegelte Decke und eine in den Boden eingelassene Dusche mit herzförmiger, roter Seife. Das Kopfkissen mit dem vergilbten Bezug riecht nach Kopfschweiß wie eine alte, wollene Baseballmütze.

Ich beschließe, zum Strand zu gehen und meine Gedanken zu ordnen. Von einem Münzfernsprecher aus tätige ich ein kurzes Ferngespräch, um meine Kreditkarte sperren zu lassen. Der Atlantik bei Mondschein ist einzigartig. Ich atme die frische Luft ein, bohre meine Zehen in den Sand und nehme die ganze Atmosphäre tief in mich auf. Ich sollte mir einfach nicht so viel Stress machen. Über den Strand kommen ein paar Kinder auf mich zu. Wie schön, rein und unkompliziert es doch ist, jung zu sein!

Neben mir schnieft ein Typ, der aussieht wie ein Obdachloser, etwa fünf Gramm Koks. Die Lines hat er unregelmäßig auf einem abgerissenen Stück Pappe gezogen. Ein Jammer, dass die Kids das mit ansehen müssen, dadurch verlieren sie ihre Unschuld, ihren Optimismus und ihre positive Lebenseinstellung. Sie sind jetzt nur noch wenige Meter entfernt. Bevor ich noch eingreifen kann, sprechen sie den Mann an und schnupfen ein paar von seinen langen Lines. Augenblicklich beamt es sie so gewaltig weg, als hätten sie olympisches Gold gewonnen.

Einer der kleineren Jungen, er ist vielleicht neun Jahre alt, trägt ein Luftballontier auf dem Kopf – so ein Ding, wie Clowns es beim Kindergeburtstag aus einem länglichen Luftballon basteln. Er kommt zu mir, in der Hand eine Plastiktüte voll leerer Dosen, und fragt, ob ich Lust hätte, ein wenig Capoeira zu lernen. Zwischendurch schnüffelt er an einer Literflasche *Pepsi,* in der etwa drei Zentimeter einer klaren Flüssigkeit hin und her schwappen. Ich sage, Capoeira bräuchte ich nicht zu lernen, ich hätte es schon vor ein paar Jahren in Kalifornien gelernt. Aber um ihn ein wenig aufzumuntern, machen wir trotzdem zusammen eine *ginga,* den Grundschritt: Der rechte Fuß wird nach hinten gestellt, der linke Arm angehoben, um das Gesicht zu schützen. Dann wird der rechte Fuß wieder vorgezogen, während der linke zurückgesetzt und der rechte Arm zur Verteidigung gehoben wird. Der Junge ist ziemlich zombiemäßig drauf – ein Neunjähriger auf Koks und Verdünner, ohne Hemd und mit einem gelben Luftballontier auf dem Kopf.

»Ist das ein Hund auf deinem Kopf, Kleiner?«

»Nein, das ist ein Riesenpuma-Roboter. Und jetzt musst du mir ein Bier kaufen.«

»Wie wär's mit einer Limo?«

»Ein Bier oder fünf Real für den Capoeira-Unterricht.«

»Jetzt kauf dem Jungen doch ein Bier, du Scheißyankee!«, sagt jemand hinter mir auf Englisch. Ich drehe mich um. An einem Tisch, auf dem ein halbes Dutzend leerer Bierdosen stehen, fläzt sich Bobby.

»Komm, wir trinken einen auf Amerika und darauf, dass wir endlich raus sind aus den beschissenen USA!« Bobby öffnet eine neue Dose Bier und reicht sie mir.

Ich schildere ihm in groben Zügen das Debakel mit Inga. »Ich weiß auch nicht, was mit den Frauen los ist«, meint er. »Wenn du scharf auf sie bist, zeigen sie dir die kalte Schulter, und wenn du dich dann abwendest, laufen sie dir nach. Man sollte sich am besten gar nicht auf sie einlassen.«

Ich sage, dass vielleicht Verkaufsautomaten und Romantik einfach nicht so gut zusammenpassen.

»Warum nicht. Man muss über seinen eigenen Tellerrand hinausblicken, Mann. Was meinst du, warum ich ständig in irgendwelchen beschissenen Backpacker-Hostels wohne?«

»Damit du junge philippinische Fotojournalistinnen kennenlernst?«

»Nein. Ich sondiere neue Märkte. Rate mal.«

»Verkaufsautomaten für Hostels?«

»Kalt.«

»Du willst eine Franchisekette für Jugendherbergen gründen ... Oder nein, warte – es geht um internationale Telefonkarten.«

»Eiskalt.«

»Amateurpornos?«

»Da habe ich mal reingeschnuppert, aber die Profitmargen geben nichts her. Nein, ich bin ein Geschäftsmann. Ein Künstler, nur dass mein Medium nicht die Leinwand, sondern das Business ist. Mein kreativer Schwerpunkt ist die Entwicklung des MDMA-Geschäfts.«

»Du verkaufst Ecstasy?«

»Hör mal, ich bin kein schmieriger Unicampus-Dealer, und ich drücke mich auch beim Rave in der Ecke herum. Ich ziehe diesen ganzen Scheiß global auf.« Er starrt ins Leere. »Ich habe überall meine Verkäufer. Die gesamte mittlere Ebene des Handels kann effizient über Post und Mail abgewickelt werden. Ecstasy sieht aus wie jede andere Pille, *Tylenol* beispielsweise. Die Drogenhunde sind nicht darauf abgerichtet, und in den Millionen Päckchen, die jeden Tag mit der Post versendet werden, stoßen sie so gut wie nie drauf. Anders als auf dem Koksmarkt hat man fast keinerlei Konkurrenz, aber eine sehr viel kultiviertere Klientel. Und die Drogenbanden hier in den Favelas haben mit dem Zeug nichts am Hut. Jedenfalls noch nicht.«

»Aber so groß können die Gewinnmargen doch nicht sein. In Rio oder Santiago kannst du den Leuten doch keine zwanzig Dollar für eine Pille abknöpfen wie in den Staaten, oder?«

»Die Einheimischen interessieren mich nicht, sagt er. Meine Kunden sind Backpacker und Aussteiger, die fressen das Zeug zu Hause auch und bezahlen dafür genau so viel wie hier, wenn nicht mehr. Die Typen laufen zur Not einen ganzen Tag durch die Gegend, bis sie ein Hostel gefunden haben, das nur zehn statt 14 Dollar kostet, aber für eine Handvoll Pillen oder für einen Fick unterm Wasserfall mit ein paar Weibern aus Schweden geben sie das Geld mit vollen Händen aus. Mit guten Drogen prassen die Leute im Urlaub immer gern, das gehört dazu, so nach dem Motto: Man muss im Leben alles mal ausprobieren. Mein Markt ist der *Gringo Trail,* du weißt schon, die *Lonely-Planet*-Generation.«

Er holt in der Barraca neues Bier. »Ich habe eine Marktnische für ein pharmazeutisches Produkt gefunden, für das es hier in Lateinamerika eine starke Nachfrage, aber ein kleines Angebot gibt. Ich will die Sache auch nicht zu groß aufziehen, ich hab's gern klein und übersichtlich. Und selbst verkaufe ich das Zeug ohnehin nicht. Ich arbeite mit ausgesuchten Kontaktleuten, die ihre Kundschaft persönlich kennen. Da wird niemand erstochen oder ausgeraubt oder so. Ich suche hier in Rio Vertreter, ich baue ein Franchisingunternehmen auf, genauso wie man das in anderen Branchen auch tut.«

Bobby trägt keinen pastellfarbenen Leinenanzug, im Hintergrund läuft auch nicht der *Miami-Vice*-Soundtrack von Jan Hammer. Er ist eher der hagere, aufgekratzte Kerl mit einem alten Gangsta-Rap-T-Shirt, der bei Feten neben dem Kühlschrank in der Küche steht und über den Niedergang der Popmusik lamentiert.

»Und das Mädchen? Hat nicht in deine Welt gepasst, was?«, frage ich.

»Ein Mann braucht schließlich auch ein wenig Privatleben. Pass auf, das Ganze soll so laufen: Ich fliege ein paar Mal im Jahr nach Amsterdam und kaufe das Zeug en gros direkt im Chemielabor. Das betreiben sehr gebildete, nette Leute. Freunde von mir – nicht irgendwelche Mudjaheddin oder Ganoven vom Leuchtenden Pfad, wie sie sonst oft auf den H- oder Koksquellen draufsitzen. Dann verkaufe ich das Zeug in mittelgroßen Posten an meine Vertreter weiter, für zehn Dollar, oder ein bisschen weniger, je nach Qualität, und sie können es dann zu ihrem eigenen Preis weiterverticken. Ich werde die ganze Backpackerszene in Santiago, Rio und Buenos Aires versorgen. Vielleicht probiere ich es auch in Cuzco, aber da sind schon die Israelis und Franzosen im Geschäft. Und in São Paulo gibt es nicht genügend Touristen, außerdem ist das ein elender Klüngel da.«

Er mahlt geschäftig mit den Kiefern, sein Kinn ruckelt hin und her, und ich erkundige mich nach Einzelheiten über die Vertriebswege.

»Alles postalisch, Alter. Wenn ich über die Grenze gehe, habe ich niemals auch nur einzige Pille dabei. Nie. Ich lasse das Zeug von Amsterdam nach Santiago schicken und vergewissere mich, dass alles in meinem Warenlager angekommen ist, bevor ich wieder einen Fuß auf chilenischen Boden setze. Wenn es Probleme gibt, baue ich eben ein neues Lager woanders auf. So war das im Grunde auch in Seoul. Außer über die Verkaufsautomaten habe ich keine Bindung an Chile, und das ist für mich lediglich eine gute Möglichkeit, risikolos Geld zu waschen, ohne viel dafür tun zu müssen. Die Kommunikation wickle ich komplett über E-Mail ab, natürlich unter falschem Namen, und meine Vertreter bestellen dann Urlaubsfotos bei mir – ich weiß, ihr Jungspunde verschickt eure Bilder immer per Mail –, aber bei mir entspricht ein Foto fünfundzwanzig Pillen. Vier Fotos sind hundert Pillen und so weiter. So viel du willst.«

»Und wie packst du die Pillen ein? In gemahlenen Kaffee? Zwischen Löschpapier?«

»Es ist ja kein Gras oder Koks, Mann. Ich nehme ganz normale, gefütterte Umschläge, die Pillen klebe ich wie *Smarties* auf ein Blatt Papier. Das Ganze sieht dann aus wie eine ganz normale Postsendung. Manchmal zerbrechen ein paar Pillen oder zerbröseln, aber das Pulver kann man dann in Gelkapseln füllen. Ich empfehle es zwar nicht, aber man kann sie auch mit Ephedrin, Mannitol, Maisstärke oder sonst was verschneiden.«

»Vielleicht sollte ich ins Drogengeschäft einsteigen«, denke ich laut.

»Na klar!«, bestätigt er mir. »Scheiße, bleib einfach hier, wir könnten zusammen mehr Geld machen als mit tausend Reiseführern. Im Ernst, sieh dir diese Stadt nur an – wie sinnlich sie ist. Musik, Strände, Frauen, es gibt hier sogar ein paar gute DJs. Rio könnte der beste Markt für Ecstasy auf der ganzen Welt werden. Bleib hier. In einem Jahr, vielleicht auch zwei, werden Reiseführer sowieso komplett vom Internet abgelöst. Das ist pure Zeitverschwendung, wenn du mich fragst.«

»Aber ich habe in meinem ganzen Leben noch nie etwas verkauft, abgesehen von ein paar Tüten Studentenfutter bei den Pfadfindern ... Ich habe kein Problem mit Drogenhandel an und für sich, aber, weißt du, meine Lebensphilosophie ist jeder Verkaufsstrategie diametral entgegengesetzt. Es widerspricht meinem Wesen. Außerdem will ich eigentlich ernsthaft Reiseautor werden, verstehst du? Im Nordosten liegt ein Mordshaufen Arbeit vor mir. Ich muss mich jetzt auf die Socken machen.«

»Erstens, mein Junge, bist du immer noch zugedröhnt – du musst erst mal wieder runterkommen. Zweitens, illegaler Stoff ist sehr viel leichter zu verkaufen als Studentenfutter. Der verkauft sich praktisch von selbst; das ist eine Tatsache. Vor allem aber bist du jetzt hier in Rio. Genieß es, lass uns zusammen in die Stadt gehen. Warum hast du's denn so eilig?«

Bobby legt seine verschwitzten Hände um meine Rechte, schüttelt sie und zerquetscht sie dabei fast. Er hat eher schlanke Hände, ist aber so benebelt und zugedröhnt, dass er viel zu fest zudrückt. Er will meine Hand gar nicht mehr loslassen, das MDMA blockiert anscheinend seine Muskeln. Er durchbohrt mir mit seinem Blick den Schädel. »Komm, wir amüsieren uns!«

Normalerweise kann ich im Flugzeug wunderbar schlafen – mit dem Kopf auf dem Klapptischchen; darin bin ich Weltmeister. Aber diesmal kriege ich kein Auge zu. Schleichende Paranoia. Nagende Beklommenheit. Drohender Durchfall. Um nur die wichtigsten Symptome zu nennen.

Bobby hatte mich zwar nicht dazu überreden können, in seine kriminellen Geschäfte einzusteigen, aber immerhin dazu, ihm bei so vielen Drinks Gesellschaft zu leisten, dass ich nicht mehr weiß, wie ich überhaupt ins Motel *Caligula* zurückgekommen bin. Als wir uns voneinander verabschiedeten, war schon die Sonne aufgegangen. Ich habe nur schnell meine Sachen geholt und dann gleich ein Taxi zum Flughafen genommen. Ansonsten wäre ich wohl noch ewig hier hängen geblieben, genau wie die anderen in der *Villa Copacabana,* die in den Betten über die alten Backpackerzeiten plaudern, während ihnen noch die Schminke der letzten Nacht an den Lidern klebt.

Als ich am Flughafen ankam, wurde die Stadt gerade erst wach. Nach einer etwas hektischen Verhandlung konnte ich ein Stand-by-Ticket nach Fortaleza organisieren. Das Gebiet, das ich für den Reiseführer abdecken muss, reicht von Recife nach Norden und dann die Küste entlang nach Osten bis São Luís; Fortaleza liegt genau in der Mitte. Ich hatte mir überlegt, dort mein Basislager aufzuschlagen, statt die ganze Strecke an einem Stück abzufahren; sonst hätte ich zu viele Fahrten ins Hinterland unternehmen müssen, und die hätten meinen Zeitplan endgültig durcheinandergebracht. In Fortaleza konnte ich meine Unterlagen und den größten Teil meines Gepäcks zwischenlagern und musste dann nicht immer alles mit mir herumschleppen. Außerdem kannte ich die Stadt schon.

Der Flug hätte eigentlich nicht so lange dauern sollen. Die Maschine ist bereits zweimal zwischengelandet und hat neue Passagiere aufgenommen, wie ein Schulbus. Da es vorher schon ewig gedauert hatte, bis ich am Flughafen ein Ticket aufgetrieben und bar bezahlt hatte, ganz zu schweigen von der Wartezeit bis zum Abflug, nimmt dieser Trip nun einen ganzen Tag in Anspruch. Als die Maschine zum ersten Mal in den Sinkflug ging, um auf einem kleinen Flugplatz zu landen, hegte ich keinen Zweifel, dass es sich nur um eine Notlandung handeln konnte. So weit der Blick durchs Fenster reichte, erstreckte sich eine Wüste oder ein Sumpf oder so was. Ich versuchte, mein Herzrasen unter Kontrolle zu kriegen, weil ich dachte, mein letztes Stündlein hätte geschlagen. Doch stattdessen stiegen ein paar Passagiere aus und andere ein, dann flogen wir weiter. Ich hätte es mir eigentlich denken können, ich hatte schon früher solche Flüge mit

Zwischenstopps erlebt, aber das spielte nun auch keine Rolle mehr, denn wir flogen direkt auf eine unheimliche, düstere Gewitterfront zu. Neben mir saß ein Typ mit manikürten Fingernägeln und trank Cachaça. Schon allein von dem Geruch des Alkohols wurde mir speiübel. Also verschanzte ich mich auf der Toilette.

Immer wieder klopft jemand an die Tür und fragt auf Englisch, ob mit mir alles okay sei da drin. Sieht eher nicht so aus. Ich beuge mich vor und drücke meine Stirn an den kalten Spiegel. Ziehe mein schweißdurchtränktes T-Shirt aus, wasche mir an dem Miniwaschbecken Gesicht und Brust mit lauwarmem Wasser und versuche schließlich, mich mit Papierhandtüchern abzutrocknen, aber das Wasser ist mir an der Seite hinuntergelaufen, in den Bund meiner Unterhose. Ich rolle Klopapier ab und stopfe es hinter den Gummizug meiner Boxershorts. So müsste es gehen.

Ich blicke mich im Spiegel an und schüttle den Kopf, lache, starre auf das Spiegelbild. Meine Pupillen sind geweitet, ich kann jede Pore in meinem Gesicht erkennen, jede Kapillare im blutunterlaufenen Weiß meiner Augen, jedes sprießende Barthaar. Sandreste hängen mir im Haar zwischen den Zehen kann ich sie auch spüren. Von dem rosa Sonnenbrand, der über meine Nase und meine Wangen gesiegt hat, heben sich pflaumenblau die Blutergüsse ab.

Unamoscaenmisopa@xxx.com steht mit Filzstift auf meinen Handrücken gekritzelt. Einefliegeinmeinersuppe@xxx.com. Die Tinte verzweigt sich in den Poren zu winzigen, azurblauen Seesternen. Ich hatte Bobby versprechen müssen, seine E-Mail-Adresse auswendig zu lernen und sie an niemanden weiterzugeben. Ich sollte sie auf keinen Fall auf einen Zettel schreiben, hatte er mir eingeschärft …

Kurz nach Mitternacht landen wir in Fortaleza. An den tropischen Landeplatz, der hier 1996 noch war, erinnert der Flughafen überhaupt nicht mehr. Stattdessen gibt es eine Fressmeile, einen Duty-free-Shop, verschiedene Autoverleiher, eine Touristeninformation. Soll ich mich im Tourist Office vorstellen? Ob die auf mich gewartet haben? Anscheinend nicht, denn das Büro ist geschlossen, also muss ich mich wohl später mal dort blicken lassen.

Ich haste zu einem Taxi, denn zu dieser nächtlichen Stunde würde ich mich für kein Geld der Welt in ein öffentliches Verkehrsmittel setzen, und schon gar nicht in meinen Zustand völliger Erschöpfung. Direkt hinter dem Flughafen mit seinem supermodernen Terminal beginnt die Stadt. Das Taxi braust über erst teilweise fertiggestellte Schnellstraßen hinweg und an nichtssagenden Vierteln mit niedrigen, schachtelartigen Gebäuden vorbei. In der Ferne tut sich ein bereits weiterentwickelter Bezirk auf – ein Konglomerat aus verglasten Hochhäusern, deren Glitzerfassaden verraten, dass diese Stadt fest entschlossen ist, aus dem Morast der unkontrollierten urbanen Expansion in der Dritten Welt herauszukommen. Dank sei den Touristen, den wahren Bauherren dieser Türme. Unwillkürlich muss ich an Miami oder Puerto Rico denken. Dort war es vor zwanzig Jahren nicht anders.

Glücklicherweise kann ich in einem ordentlichen Hotel im Stadtteil Meireles, nahe am Strand, Prozente herausschinden. Nach ein paar kurzen Telefonaten, die ich auf dem Flughafen in Rio von der Wartehalle aus getätigt habe, hatte mir ein alter Freund die Telefonnummer eines brasilianischen Freundes gegeben, dessen Familie ein Reisebüro in der Nähe von Salvador hat. Er hat dann für mich ein Zimmer in einem Businesshotel reserviert, wo ich zum

Sonderpreis für »Freunde und Verwandte« wohnen kann. Ich hatte zwar ursprünglich von Einladungen auf Spesen und gratis Hotelzimmern geträumt, nach der Verlagspolitik dürfen Autoren aber keine Rabatte annehmen und schon gar nichts umsonst bekommen. Das Markenzeichen *Lonely Planet* steht für Integrität und Unbestechlichkeit. Das wird in den Bänden auch ausdrücklich gesagt:

»Warum gelten unsere Reiseführer als die besten der Welt? Ganz einfach: Unsere Autoren sind unabhängige und leidenschaftliche Globetrotter. Sie recherchieren nicht nur übers Internet oder Telefon, und sie lassen sich nicht mit Werbegeschenken für positive Berichterstattung schmieren. Sie reisen um den Globus, zu den touristischen Brennpunkten, aber auch darüber hinaus, querfeldein. Sie besuchen persönlich Tausende von Hotels, Restaurants, Cafés, Bars, Galerien, Schlösser, Museen und mehr – und schildern ihre Eindrücke gnadenlos ehrlich, ohne Schönfärberei.«

Aber wenn ich über einen Freund einen Rabatt bekomme, hat das nicht direkt etwas mit meiner Arbeit für LP zu tun, finde ich, und stellt daher keinen Verstoß gegen diese Regel dar. Und in meiner knallharten Objektivität wird es mich auch nicht beeinflussen. Meine finanzielle Situation ist jetzt schon so trostlos, dass mir dieser Rabatt eine enorme Hilfe ist. Außerdem kann ich dieses Hotel als Ausgangsbasis für meine Touren nehmen und von hier aus die nächste Etappe meines Projekts planen.

Ich komme an der gesicherten Gittertür des Hotels an. Der Nachtportier überprüft meine Daten. Die kleine Lobby ist mit quadratischen blauen Fliesen gekachelt, wie man sie normalerweise im Badezimmer hat.

Meine Reservierung liege ihm nicht vor, teilt mir der Nachtportier mit, und es seien leider auch keine Zimmer mehr frei. Ich bitte ihn, noch einmal auf der Liste und im Computer nachzusehen. Irgendwo muss meine Buchung doch vermerkt sein.

Nichts.

Ich wäre ja lieber undercover geblieben, wie *LP* es verlangt, aber jetzt ziehe ich doch meinen Trumpf aus dem Ärmel: »Ich schreibe für *Lonely Planet* über Fortaleza und über Hotels in Fortaleza. Würden Sie bitte noch mal nachschauen? Die Sache ist ziemlich wichtig.« Fortaleza ist eine Touristenstadt, und *Lonely Planet* ist ein maßgeblicher Führer. Ich kann Hotels empfehlen, ich kann sie aber auch verreißen. Ich weiß das, er weiß es auch. Ich sehe ihm fest in die Augen.

Gerne hätte ich auch in Bezug auf dieses Hotel Objektivität walten lassen, aber manchmal muss man eben die Klingen kreuzen. Zumindest soll der Hotelangestellte wissen, mit wem er es zu tun hat. In diesem Stadium der Übermüdung lasse ich für mich selbst mildernde Umstände gelten. Ich warte auf seine Antwort, darauf, dass er sich entschuldigt und mir ein Zimmer anbietet.

Er sieht mich mit roten Augen unter schweren Lidern an. »Nie gehört. Was ist das?«

»Reiseführer. Sie sind sehr wichtig für den Fremdenverkehr.«

»Nun, wenn sie ein kleines Trinkgeld übrig hätten, kann ich Ihnen vielleicht für diese Nacht noch ein Zimmer besorgen. Oder Sie versuchen es woanders. Ich kann Ihnen allerdings nicht empfehlen, nachts allein hier herumzulaufen. Wenn Sie länger bleiben wollen, muss ich das morgen sowieso erst mit der Hotelleitung besprechen.«

Am nächsten Morgen reißt mich ein schrilles Klingeln aus meinem Dämmerschlaf.

Es ist die Rezeption. Meine Uhr zeigt 9.00 an. Das kann

nicht sein. Ich bin doch gerade erst eingeschlafen. Ich sage, sie sollen das Zimmer einfach für eine weitere Nacht auf meinen Namen buchen. Er sagt, das geht nicht, sie brauchen mein Zimmer, weil ein paar Geschäftsleute aus Teresina ankommen. Und die haben reserviert.

Ich verlange den Hotelmanager.

Am Apparat.

»Ich habe eine Reservierung!«, quengle ich. Eigentlich hätte ich sogar einen Rabatt bekommen sollen. »Ich will ja nicht unhöflich sein, aber ich bin der *Lonely-Planet*-Autor, der Ihnen avisiert wurde.«

»Rabatte geben wir nur für Gruppen ab drei Personen oder bei Langzeitaufenthalt. Sind Sie sicher, dass Sie im richtigen Hotel sind?«

Ich bin momentan einfach nicht in der Lage, mich herumzustreiten. Um elf Uhr wäre ich draußen, sage ich. Mit der kleinen Kaffeemaschine auf dem Zimmer mache ich mir Instantkaffee. Es wird wohl das letzte Mal sein, dass ich so viel Komfort habe, und ich will diesen Luxus voll auskosten. Im Fernsehen redet ein Moderator im Jeansanzug mit Don-Pardo-Stimme auf Portugiesisch über Jesus. Gleichzeitig wirbt er für Handys, und sein Studiopublikum singt brasilianische Schlager in Karaoke, flankiert von einer Reihe sich in Stringbikinis rekelnder Frauen. Sie sind geschminkt wie Katzen mit dicken Barthaaren. Ob diese Show wohl das derzeitige brasilianische Lebensgefühl repräsentiert?

Ich trinke meinen Kaffee und packe wieder meinen Rucksack. In einer Schachtel mit Kondomen finde ich meine Kreditkarte wieder, die ich kürzlich erst gesperrt habe. Jetzt fällt mir auch wieder ein, dass ich sie für den Fall, dass Inga versuchen sollte, sie zu klauen, dort versteckt hatte. Anscheinend war sie doch nicht so gerissen, wie ich geglaubt hatte. Auf der anderen Straßenseite gibt es einen etwas abgewrackten Rummelplatz. Die Luft ist feucht und salzig. Auf dem Rummel dröhnt gerade zum zweiten Mal Britney Spears' *Toxic* aus dem Lautsprecher, wozu kreischende Kinder auf der orangefarbenen Hüpfburg herumtollen, auf der ein riesiger Löwenkopf prangt. Ich trinke meinen Kaffee aus und schwöre mir, dass ab sofort alles anders wird.

Ich beschließe, mich an der letzten Auflage des *Lonely Planet*-Bandes zu orientieren und mir am Strand von Iracema eine Unterkunft zu suchen, die ich für eine Woche am Stück mieten kann. *Lonely Planet* zufolge ist Iracema das traditionelle Künstlerviertel von Fortaleza. Die einstige Heimstatt von Dichtern und Intellektuellen ist mit ihrer schönen Strandpromenade, wo abends der Bär tobt, heutzutage ein Treffpunkt für Backpacker. Ich weiß noch, wie ich dort abgefeiert habe, als ich zum letzten Mal in der Stadt war.

Ich gehe zur Avenida Beira Mar hinunter, der Uferstraße, und schlendere nach Iracema. Die morgendliche Hitze macht mir zu schaffen, der Rucksack scheuert schmerzhaft an meiner verschwitzten Haut. Einem Hitzschlag nahe, suche ich kurz vor dem Strand Zuflucht in einer Kneipe und esse eine Schüssel *açai* – nahrhafte, vitaminreiche, dunkelviolette Beeren einer Palme aus dem Amazonasgebiet. In pürierter Form sehen sie fast aus wie ein schwarzer Smoothie. Das Püree wird gefroren, dann kommt ein Schuss Guaraná-Sirup hinein, manchmal auch Bananen oder andere Früchte, es wird mit Granola überstreut und in einer Schüssel serviert. Es schmeckt süß, herzhaft und erfrischend – die ideale Ergänzung zum Guaraná-Koffein, man ist auf einen Schlag hellwach. Ich beuge mich auf dem Stuhl vor, um mein durchgeschwitztes Shirt ein bisschen auszulüften.

Schließlich raffe ich mich wieder auf und ziehe weiter nach Iracema, durchstreife das Viertel und gehe hinunter zum englischen Pier, der Ponte Metálica. Daneben reiten ein paar Surfer auf den sandbraunen Wellen. Zu Fuß mache ich mich auf die Suche nach einem Hotel. Bin ich am falschen Strand gelandet? Ist der Autor des alten *Lonely Planet*-Bandes in den letzten zwanzig Jahren überhaupt mal hier gewesen? Oder will er mich für dumm verkaufen? Die Letzten, die hier gesoffen und gedichtet haben, waren wohl irgendwann in den Fünfzigern Milton Dias und Luís Assunção – im letzten halben Jahrhundert ist dieses Viertel zu einem Touristengetto verkommen. Iracema als beschaulichen Künstlerwinkel zu beschreiben ist jedenfalls schwer übertrieben.

Benannt ist das Viertel nach dem Roman *Iracema* von José de Alencar von 1865. Dessen Protagonistin ist eine schöne, unschuldige Prinzessin vom Stamm der Tabajara, Iracema, der Name bedeutet »Honiglippen« (vielleicht ist es aber auch ein Anagramm von »America«). Sie heiratet den portugiesischen Eroberer Martim und schenkt dem ersten Brasilianer das Leben, Moacir.

Iracema war das erste Buch, das ich bei meinen Lateinamerikastudien im Seminar Vergleichende Literaturwissenschaften gelesen habe. Anscheinend war es dem Autor auch gelungen, den letzten *Lonely-Planet*-Autor mit seiner Begeisterung anzustecken. Dass sonst noch jemand *Iracema* toll fand, schien schwer vorstellbar.

Ratten am Strand. Minderjährige Nutten in hautengen Badeanzügen. Hafenarbeiter aus Italien, Sextouristen. Discos für jeden Musikgeschmack, zugekleistert mit Bierreklame. Unerträglich.

Die beliebten Küstenstädtchen Jericoacoara und Canoa Quebrada liegen nur eine Tagesreise von Fortaleza entfernt. Ich könnte jetzt direkt zur Bushaltestelle gehen und wäre bei Einbruch der Dunkelheit dort und könnte mich unter die Freaks am Strand mischen. Aber ich wollte den Freaks und Backpackern ja gerade entkommen. Vielleicht sollte ich lieber in ein Dorf oben im Norden fahren, wo es keinen Tourismus gibt, ein malerisches Fischerdorf mit Dünen und einer Kirche im Kolonialstil, bonbonfarben gestrichen. Ein Ort, wo es nur eine Pension gibt, und die ist ganz ruhig, und die Besitzer haben eine hübsche Tochter mit kaffeebrauner Haut, strahlendem Lächeln und kräftigem Rücken. Aber nein, ich muss mich zusammenreißen und meine Arbeit machen. Fortaleza ist der Dreh- und Angelpunkt dieser Region. Ich brauche schließlich eine Operationsbasis.

An einer Straßenecke stehend, schreibe ich in mein Tagebuch.

> Schwitze entsetzlich. Brauche Hilfe. Brauche Schlaf.
> Dringend herausfinden, wie ich es anpacken soll.
> Fortaleza = das Daytona der Dritten Welt.
> Alencar hat sich geirrt, außer in einem: Europäer stehen auf einheimische Frauen.
> Strände mittlerweile bevölkert von fetten Touristen aus São Paulo. Schwelgen in Bier, Fritten und Brustimplantaten.
> War der letzte LP-Autor wirklich hier? Warum bin ich hier?
> War Manhattan so schlimm?

Wählerisch zu sein kann ich mir derzeit nicht leisten. Ich stoße auf ein billiges Hostel, das im aktuellen *Lonely Planet* gar nicht gelistet ist. Wenn ich in einem Hostel wohne, das noch nicht beschrieben ist, trage ich zumindest etwas Neues zu dem Buch bei. Und das ist längst überfällig. Heute ist der dritte Tag – oder bereits der vierte? –, und ich habe noch nichts getan.

Das Zimmer im Hostel ist klein und verfügt nur über

das Nötigste. Das Alufenster, das auf die Straße hinausgeht, ist verschlossen. An der einen Wand Kommoden und Schränke, an der anderen ein Doppelbett mit Schaumstoffmatratze. Nicht gerade das, was ich mir erhofft hatte, aber ich bin erleichtert, dass ich wenigstens meine eigenen vier Wände habe und endlich den Rucksack absetzen kann.

In diesem Zimmer kann ich jetzt arbeiten. Ich kann die Kapitel gliedern, kann mich mit der Formatierung des Textes auseinandersetzen und endlich anfangen zu schreiben. Tagsüber recherchieren, abends schreiben: Das könnte funktionieren. Ich freue mich schon auf meinen ersten Schreibabend und den anschließenden tiefen Schlaf, nachdem ich mittlerweile halbwegs zur Ruhe gekommen bin.

Ich hätte nicht übel Lust, gleich ins Bett zu gehen und mich auszuschlafen, beschließe dann aber doch, noch mal rauszugehen, etwas Koffein zu mir zu nehmen und ein bisschen zu arbeiten. Ich kippe ein paar Tassen Kaffee hinunter und sitze den halben Nachmittag in einem Rattansessel in einem kubanischen Café, über das ich später etwas schreiben werde. Ich mache mir Notizen, nenne es »reell«, sprich, es hat »Charakter«, »das Ambiente ist cool und locker«, ich suche nach weiteren Worthülsen. Aber ich komme nicht weiter. Ich muss mir erst mal einen Schlachtplan zurechtlegen. Ich blättere in stapelweise ausgedruckten Dateien, die ich für das *Lonely-Planet*-Projekt mitgenommen habe. Allein Hunderte Seiten Leserzuschriften muss ich durchsehen – alle möglichen Mails, die in den vergangenen vier Jahren beim Verlag eingegangen sind – und diejenigen heraussuchen, die in mein Reisegebiet fallen und denen ich vielleicht nachgehen sollte. Viele drehen sich um irgendwelche Lokale in Kolumbien, in irgendeinem chilenischen Hostel ist jemand beim Geldwechseln übers Ohr gehauen worden und so weiter. Ein Haufen Mist, den der Kundenservice aufs Geratewohl aus der Mailbox herausgefischt hat. Einige Briefe sind auch hilfreich, Hotel- oder Restaurantgeheimtipps, die man als Autor durchaus prüfen sollte, aber größtenteils sind es alberne Beschwerden über das eine oder andere empfohlene Hotel, Schimpftiraden über veraltetes Material oder lange Bettelbriefe von Leuten, die unbedingt Autor bei *Lonely Planet* werden wollen.

Lonely Planet hat sich für die Reihe ein neues Format ausgedacht, also muss auch der gesamte Text neu formatiert werden. Ich konnte schon mit der alten Formatvorlage nicht umgehen; jetzt gibt es eine neue namens »Felix« für *Microsoft Word*. Ich muss herausfinden, welche Überschriften als *Heading 3* oder *Heading 4* formatiert werden, welche Aufzählungen als *List A* oder *List B* und welche Schrifttypen die Absätze mit praktischen Infos im Gegensatz zu denen über Sehenswürdigkeiten verwendet werden. Über die neuen Richtlinien für die Kartierung lasse ich mich lieber gar nicht erst aus …

Was von mir erwartet wird, ist nicht nur eine Überarbeitung nach dem Motto: Ist dieses oder jenes Restaurant noch geöffnet? Sind die Zimmerpreise in diesem oder jenem Hotel gleich geblieben? Lohnt es, dieses oder jenes Hostel neu aufzunehmen? Ich muss vielmehr eine vollständige Revision des Inhalts vornehmen und die verschiedenen Bereiche des Buches nach ihrer Wichtigkeit neu gliedern. Ich muss Beschreibungen, Einführungen sowie praktische Hinweise in einen neuen Style überführen, und ich will verschiedene Icons für die Unterkünfte vergeben. Es ist ja nicht so, dass ich mich in Brasilien auf den Hosenboden setze und gemütlich einen Roman von A bis Z herunterschreibe, sondern es wird eher sein, als würde ich dreihundert Seiten im HTML-Code für eine

Website schreiben. Mir rauscht das Blut in den Ohren, und mir wird zunehmend mulmig zumute.

Je mehr ich lese, desto mehr Überarbeitungsbedarf entdecke ich. Die Einleitungskapitel müssen allesamt neu angelegt und umgeschrieben werden. Die Texte in den Kästchen müssen ersetzt werden. Das Gesicht des ganzen Buches muss verändert werden. Früher richtete sich *Lonely Planet* nur an Backpacker, heute werden die Führer vor allem von jungen englischen und amerikanischen Paaren gekauft, die Vollzeit arbeiten und nur zwei, drei Wochen Jahresurlaub haben. Trotzdem will der Verlag weiterhin auch Backpacker ansprechen – und den einen oder anderen Individualreisenden mit Anspruch, wobei es sich häufig um frühere Backpacker handelt, die mittlerweile Geschäftsleute sind, auf Reisen aber immer noch ihre eigenen Wege gehen wollen. Das heißt, ich muss Sehenswürdigkeiten und Orte beschreiben die bei ganz verschiedenen Typen von Reisenden den jeweiligen Geschmack treffen, und dasselbe gilt für Hotel- und Hostelkategorien, Resorts, B&Bs, Busverbindungen, Autovermietungen, Charterflüge, Mitfahrgelegenheiten und so weiter.

Nach den Vorstellungen von *Lonely Planet* soll sich der Reiseführer zu 20 Prozent an Backpacker richten, zu 60 Prozent an die breite Masse und zu weiteren 20 Prozent an wohlhabende Individualtouristen. Aber auch die Bedürfnisse von allein reisenden Frauen, Behinderten, Vegetariern und Veganern, Schwulen, Lesben, Bi- und Transsexuellen dürfen nicht außen vor bleiben. Außerdem muss ich darauf achten, nicht aus einer typisch amerikanischen Perspektive zu berichten. Dass diese Rücksichtnahme in alle Richtungen womöglich den Inhalt verwässern könnte, scheint der Verlag nicht zu befürchten. Aber bis es so weit ist, steht mir noch viel Arbeit bevor, denn im vorliegenden Fall beinhaltet die letzte Ausgabe zu 70 Prozent Tipps für Backpacker. Internetcafés, Websites oder E-Mail-Adressen sind so gut wie überhaupt nicht aufgelistet, und die Preise sind völlig veraltet.

Okay, es wird schon irgendwie klappen. Ich muss mich halt ein bisschen ranhalten. Ich verlasse das Café und spaziere eine Weile durchs Viertel, während ich mir einzureden versuche, dass ich schon noch den Dreh kriegen werde. Nach einer Weile gelingt es mir tatsächlich, den Stress in Motivation umzuwandeln. Ich bin so voll guter Vorsätze und Ehrgeiz, dass ich aufs Abendessen verzichte und stattdessen ins Hostel zurückgehe. Ich ordne meine Unterlagen, mache mir Notizen, unterstreiche ein paar Stellen, dann schalte ich den Laptop an. Ich will die PDFs durchgehen, mich mit *Felix* beschäftigen und vielleicht sogar schon ein paar Kapiteleinleitungen schreiben. Nach ein bis zwei Stunden Lektüre und Nachdenken bin ich wieder so weit runtergekommen, dass ich mit dem Schreiben beginnen kann.

Nach einer Stunde bin ich echt in Schwung und bekomme langsam eine Vorstellung von der ganzen Sache. Dann kommt von draußen plötzlich ein Krachen, im nächsten Augenblick betritt ein Mann das Hostel, brüllt etwas in unverständlichem, genuscheltem Portugiesisch und schlägt die Tür hinter sich zu. Er geht ins Zimmer nebenan, wo er so deutlich zu hören ist, als wäre er mit mir im selben Raum – ich höre seine Schritte und wie er auf den Boden spuckt. Als er sich hinlegt, quietscht das Bett, und dann höre ich ihn furzen, husten, noch mal spucken, schließlich verebbt alles zu einem steten Schnarchen.

Was ist hier los, verflucht? Ich gehe zu der Wand mit den Schränken und sehe, dass es gar keine Wand ist, sondern ein Möbelsystem. Zwischen Decke und Schrank hängt ein Vorhang. Kurz verstummt das Schnarchen, dann dreht mein neuer Mitbewohner sich um, räuspert sich und schnarcht weiter.

Ich habe auch schon früher in ziemlich heruntergekommenen Quartieren übernachtet. Krabben im Siphon; Fledermäuse, die mir auf die Laken geschissen haben; ein Bett, das mitten in der Nacht zusammengebrochen ist; eine Ratte im Rucksack, alles Mögliche eben – aber wenn man arbeiten muss, ist das alles noch sehr viel unerträglicher.

Ich habe etwa drei Sätze geschrieben, da fängt das Licht in meinem Zimmer zu flackern an und erlischt. Im Schein des Laptopmonitors suche ich die Tür und werfe einen Blick in den Flur. Anscheinend ist im ganzen Haus der Strom ausgefallen.

Das ist ein Zeichen. Ich fahre den Laptop herunter, ziehe mir das Kissen über den Kopf und lege mich für die nächsten zwölf Stunden aufs Ohr. Der dritte Reisetag ging zu Ende. Oder war es schon der vierte?

Ein Tag im Leben

Noch 57 Tage bis zum Abgabetermin

Einsam oder deprimiert bin ich nur selten, wenn ich allein reise – außer morgens beim Aufwachen. Während meine Augen sich allmählich an das Licht gewöhnen, überlege ich, wo ich bin und was ich hier tue. Die eine weiße Zimmerdecke mit abblätternder Farbe ist wie die andere, und so hänge ich beim Aufwachen gern meinen Gedanken nach. Es kann eine Stunde oder länger dauern, bis ich mich endlich aufraffe und dem Chaos stelle, das mich erwartet.

Derzeit habe ich allerdings vor allem mit der ungeheuerlichen Hitze zu kämpfen. Die Wasserflasche, die ich immer in Reichweite neben dem Bett stehen habe, ist längst leer. Bevor ich infolge der Austrocknung in Depressionen verfalle, schleppe ich mich unter die Dusche. Nach dem Abtrocknen bin ich sofort wieder schweißgebadet.

Ich schlinge mir das kleine, raue Handtuch um die Hüften und knote die beiden Zipfel zusammen. Ich setze mich auf die Bettkante und lese noch einmal das Fortaleza-Kapitel in dem alten *Lonely-Planet*-Band nach. Was ist das Besondere an dieser Stadt? Warum reist jemand nach Fortaleza? Okay, es ist eine Großstadt und die Hauptstadt des Bundesstaates Ceará – aber hat es die wertvollen Zeilenspalten und den einen prominenten Platz auf der *Lonely-Planet*-Route tatsächlich verdient? Ich war jahrelang nicht mehr hier, aber ich habe das Gefühl, dass das Kapitel auch schon lange nicht mehr überarbeitet wurde.

Umso besser, los geht's! Ich reiße die entsprechenden Seiten aus dem Reiseführer heraus. Die Straßenkarte trenne ich vorsichtig mit der Nagelfeile ab. Als glotzender Touri mit einem dicken Reiseführer in der Hand durch die Straßen stolpern; das machen nur Amateure.

Mein erster richtiger Recherchetag. Ich ziehe ein weites, gemustertes Kubahemd, weite Shorts und Leder-Flip-Flops an und setze eine getönte *Persol*-Pilotenbrille auf – meine Arbeitskleidung. Die Klamotten sind so weit, dass sie mir in der Hitze nicht am Leib kleben und genügend Platz für meine Unterlagen, Stifte und mein Moleskin-Notizbuch bieten. Unter den Shorts trage ich eine Badehose – für den Fall, dass ich irgendwann am Strand lande.

Zeit für mein »Morgenritual«. Ich staple meine Sachen rund um meinen Rucksack (um rasch einpacken zu können, falls ich schnell aufbrechen muss) und stecke mir die herausgerissenen Seiten aus dem Reiseführer, eine Kopie des Stadtplans und mein Moleskin in die Hosentaschen. Den Laptop vertäue ich am Bettpfosten und verstecke ihn unter der Matratze. Ich atme tief durch, denke an meinen Schutzpatron D. B. Cooper, und weg bin ich.

Auf dem Weg zum Strand, versuche ich, mein Gehirn auf Reiseführerrecherchemodus zu schalten. Mit offenen Augen muss ich alles in mich aufnehmen, herausfinden, wie man am besten von einem Ort zum anderen kommt und wie man das alles so kurz und knapp wie möglich formulieren kann. Ein Restaurant ist heute für mich nicht nur ein Ort, wo man etwas zu essen bekommt, sondern es trägt einen *Namen*, gefolgt von einer *Telefonnummer* (sofern es eine gibt), einer *E-Mail-Adresse* oder *Website* (sofern es eine gibt), *Öffnungszeiten* (sofern sie bekannt sind), *Spezialitäten, Service,* dem *Durchschnittspreis* für eine für dieses Lokal typische *Vorspeise* und ein *Hauptgericht* sowie einer *markigen Kernaussage* über das Restaurant. Möglichst originell oder lustig, vor allem aber aussagekräftig. Ich muss funktionieren wie eine Maschine. Ich muss jedes Restaurant, jedes Hotel, jede Touristenattraktion gegen andere am selben und an anderen Orten abwägen und entscheiden, welche ich im Buch erwähne. Habe ich schon eine Pizza-Connection in diesem Viertel? Gibt es hier nicht noch bessere Restaurants? Vielleicht welche mit mehr Lokalkolorit?

Viele dieser Läden werde ich nur ein einziges Mal aufsuchen können, also muss ich alle wichtigen Informationen auf einen Schlag zusammenbekommen. Und permanent muss ich das Gesamtbild im Kopf haben.

Ich fange mit den leichten Sachen an. Ich kämme ein paar Lebensmittelläden durch, um Informationen für den »Selbstversorger«-Bereich zu sammeln, eine Reminiszenz an die echte, unverwüstliche Backpackerszene, die früher einmal die Hauptleserschaft von *Lonely Planet* ausmachte. Supermärkte sind eigentlich leicht zu erkennen – große, hell erleuchtete Gebäude mit riesigen Leuchtreklamen, die auf eine Flotte Einkaufswagen herabstrahlen. Um sie zu finden, braucht man eigentlich keinen Reiseführer, aber der Verlag will, dass ich sie auflliste, also liste ich sie auf.

Ich gehe in einen Riesenladen, mit einem riesigen Parkplatz vor der Tür. Nur wo der Haupteingang ist, finde ich nicht heraus – es scheint drei zu geben, an drei verschiedenen Straßen, und ich muss ja die Adresse notieren. Eine Telefonnummer oder Öffnungszeiten sind auch nirgends zu finden. Ich frage eine Kassiererin, die ebenfalls weder die Adresse noch die Öffnungszeiten kennt, dafür weiß, dass der Supermarkt sechs Telefonnummern hat. Ich werde an den Filialleiter verwiesen, der im Getränkebereich gerade Rum- und Whiskyflaschen abstaubt. Er mustert mich von Kopf bis Fuß, wahrscheinlich denkt er, dass ich einen Raubüberfall plane. Wenn offen ist, ist offen, und wenn zu ist, ist zu. Schließlich rückt er doch noch mit den Öffnungszeiten heraus, fügt aber hinzu, sie würden sowieso nie pünktlich öffnen und oft auch später schließen, wenn noch Kunden da seien. Ich werde mich jetzt nicht auch noch damit herumschlagen, herauszufinden, welche der sechs Telefonnummern die Hauptleitung ist.

Nach einer zweiten, ähnlichen Supermarkterfahrung schreite ich vom Selbstversorgerbereich zum Essenssektor unter der Rubrik *Restaurants* weiter. Es ist Mittagszeit, also mache ich mich auf den Weg zu ein paar hoffentlich belebten Lokalen. Tourilokale und solche, die schon im alten *Lonely-Planet* aufgeführt sind, will ich nur wenige aufsuchen. Bei diesem Kapitel werde ich mir große Mühe geben und es radikal überarbeiten – neue Restaurants, neues Flair, alles neu. In San Francisco braucht man keinen Reiseführer, um herauszufinden, wo es Fisherman's Wharf, Chowder in Sauerteig oder überteuerte Pasta am North Beach gibt. Touristenfallen sind schwerer zu umgehen als aufzuspüren. Also braucht man einen Tipp, wo man in der Gegend die besten Burritos bekommt, in Noe Valley den besten Kaffee oder wo dieses Chinalokal ist, in dem der schrullige Besitzer seinen Gästen vorsetzt, was er will.

Schwer zu sagen, wie viele Restaurants ich abklappern muss, bis ich genügend empfehlenswerte zusammenhabe. Im Grunde müsste ich in jedem Einzelnen essen, aber wie soll ich das anstellen? Im Buch habe ich Platz für plus/minus zwölf Restaurants, und die sollten möglichst positiv besprochen werden. Nachdem Reiseführer in den letzten Jahren immer noch zu sperrigen Schwarten mit einer Flut von Informationen geworden sind, wird nun in der ganzen Branche gekürzt und noch mal gekürzt, schließlich hat kein Mensch Lust, zusätzliche drei Pfund Papier im Gepäck mitzuschleppen. Aber das heißt nicht, dass ich einfach in zwölf beliebige Lokale gehen und dann sagen kann, »Das hier ist gut, dieses mittel und jenes ist schlecht«. Ich muss weit mehr Restaurants aufsuchen, um zu entscheiden, welches die besten sind, und zwar nicht nur in Bezug aufs Essen, sondern auch hinsichtlich des Preis-Leistungs-Verhältnisses, wie schnell man bedient wird, ob es sich für Familien mit Kindern eignet und so weiter.

Ich habe ein Lokal entdeckt, das nach einer vielversprechenden Neuerung in der Sparte *Restaurants* aussieht. Es liegt direkt gegenüber dem Strand von Meireles, wo sich genau die gesellschaftliche Mittelschicht tummelt, die Zielgruppe der *Lonely-Planet*-Reiseführer ist. Das Restaurant sieht von außen nicht gerade hochpreisig aus, und nach einem Tag am Strand ist es leicht zu erreichen. Perfekt. Ich lese die Speisekarte, die neben der Tür aushängt und schreibe die Adresse auf. Ein Schild mit Öffnungszeiten sehe ich nirgends. Zwei Kellner in weißen Jacketts manövrieren um mich Reihen weißer Plastikstühle und Tische mit rot-weiß karierten Tischdecken herum. Drinnen kommt gerade ein Kellner mit einem Tablett voll eisgekühlter Bierflaschen aus der Küche. Bevor die Tür zuschwingt, kann ich gerade noch einen Blick in die Küche erhaschen, die aussieht wie eine Umkleidekabine in einem öffentlichen Freibad. Sieht soweit ganz hygienisch aus.

Ich setze mich an einen Tisch in der Ecke, wo ich mit scharfem Blick die Passanten beobachte, wie ein Tierfotograf im Dschungel. Ein nordischer Silberrücken streift mit einem juvenilen Weibchen vorbei. Um seine potenzielle Partnerin anzubalzen, hat er sich mit abgeschnittenen Jeansshorts, Bauarbeiterstiefeln mit offenen Schnürsenkeln und einem ärmellosen Shirt ausstaffiert, auf dem *Hard Rock Café Bangkok* steht. Gekrönt wird diese Aufmachung von einer langen, prachtvollen, sich jedoch bereits lichtenden Vokuhila-Mähne. Das Weibchen demonstriert ihre Paarungswilligkeit mit dick aufgetragenem schimmerndem Lipgloss. Ein Tattoo – Jesus am Kreuz – ziert ihre Schulter, mit ihr ist nicht zu spaßen. Sie kuschelt sich an ihren Begleiter und verweist damit auf den bevorstehenden Koitus. Und so geht das Pärchen zu seinem mutmaßlichen Paarungsplatz weiter.

Nachdem ich solcherart wildes Strandleben noch eine Weile verfolgt habe, kommt endlich ein Kellner an meinen Tisch. Ich habe richtig Hunger, und einen Teller Nudeln kann ich mir leisten; ob ich eine Vorspeise nehmen soll, weiß ich noch nicht. Ich frage den Kellner, ob es eine Hausspezialität gibt oder ein besonders beliebtes Gericht.

Er empfiehlt mir »Spaghetti nach Art des Hauses«. Schließlich bekomme ich eine ganz normale Bolognese, die genauso aussieht wie an den Nachbartischen auch. Die Nudeln sind versalzen und liegen wie Blei im Magen, aber immerhin sind sie essbar. Das ölige Fett des Rinderhacks sammelt sich in schimmernden Lachen auf der Soße. Umso besser, darüber kann ich schreiben, aber ich brauche mehr Details, illustrative Details, mit »Farbe und

Flair«. Und ich brauche praktische Infos: Öffnungszeiten, Telefonnummer, Getränkepreise et cetera.

Ich stelle dem Kellner ein paar Fragen zur Speisekarte. Er ist ein stoischer Typ, seinen Antworten ist so gut wie nichts zu entnehmen. Ich sehe mich um – vielleicht finde ich irgendeinen Anhaltspunkt: die Gäste, die Einrichtung, die Musik, irgendwas eben ... Der betonierte Raum hat das Flair eines Bunkers aus dem Zweiten Weltkrieg, hier und da mit einem Touch *Pizza Hut* aufgepeppt. Ich überlege, ob ich nach dem Geschäftsführer fragen soll, will den Kellner aber nicht aufschrecken. Vielleicht gibt es ja gar keinen Geschäftführer. Den Koch? Ich könnte mit dem Koch sprechen, aber wie soll ich das dem Kellner klarmachen, der gerade ein Dutzend Tische im Alleingang bedienen muss?

Ich wollte mich eigentlich nicht outen, sehe aber keine andere Möglichkeit, als meine Visitenkarte zu zücken, auf der steht: *Thomas Kohnstamm, Autor. Lonely Planet.* Damit die Karten überhaupt noch rechtzeitig vor meinem Aufbruch in New York ankamen, musste ich im Sekretariat des Verlags in Australien jemanden schmieren. Hoffentlich kommt mir das jetzt zugute. Das Restaurant ist ein mittel- bis hochtouristisches Lokal. Im letzten *Lonely-Planet*-Band war es nicht drin, also springen sie wahrscheinlich vor Begeisterung an die Decke, wenn sie hören, dass sie diesmal erwähnt werden sollen. Ich winke dem Kellner und reiche ihm meine Visitenkarte mit der Bitte, sie dem Geschäftsführer oder dem Koch zu geben.

Ich warte. In Manhattan hatte ich einmal Gelegenheit, mit ein paar anderen Leuten und einer Restaurantkritikerin essen zu gehen. Sie wollte inkognito bleiben, doch irgendwann fiel dem Ober auf, dass sie für den gesamten Vierertisch mitbestellte, für jeden jeweils eine andere Speise, die sie dann auch immer selbst kostete. Plötzlich bekamen wir erst eine Runde Sorbet, dann eine breite Auswahl an Desserts und schließlich ein paar Flaschen Prosecco aufs Haus. So etwas erwarte ich hier gar nicht, aber vielleicht bekomme ich auf diese Art und Weise wenigstens die nötigen Infos.

Mein Kellner kommt nicht mit dem Geschäftsführer zurück. Er kommt auch nicht und sagt: »Sie sind eingeladen.« Es gibt kein Sorbet und auch keinen Prosecco. Er kommt überhaupt nicht mehr zurück.

Nach einer guten Viertelstunde winke ich ihm wieder.

»Noch ein Bier?«

»Nein, danke. Haben Sie dem Geschäftsführer meine Karte gegeben?«

»Nein.«

»Jemand anderem?«

»Dem Koch.«

»Wissen Sie, ich schreibe Restaurantkritiken für einen auflagenstarken Reiseführer und würde gern kurz mit dem Koch über das Restaurant sprechen.«

»Okay.« Er geht.

Ein paar Minuten später kommt er mit der Rechnung wieder.

»Haben Sie noch mal mit dem Koch gesprochen?«

»Ja.«

»Und?«

»Er kocht.« Er gibt mir ein Blatt Papier, eine Kopie der Speisekarte, in einem Schutzumschlag. »Hier steht alles drauf.«

Ich geb's auf. Ich muss noch ein paar andere Restaurants besuchen, und die Mittagessenszeit ist schon fast vorbei. Ich schiele zum Nebentisch hinüber – brasilianische Touristen, die Bier trinken, über gemeinsame Unternehmungen und Insiderwitze lachen. Alle essen hier Spaghetti nach Art des Hauses oder andere Gerichte, die genauso aussehen. Ich komme mir plötzlich wieder einsam vor, wie ein kompletter Außenseiter, aber darum darf ich mich jetzt nicht kümmern. Ich muss weiterziehen. Ich bezahle und breche zum nächsten Restaurant auf. Wenn ich später etwas über dieses Lokal schreibe, muss ich das spärliche Material eben etwas ausbauen.

Es geht auf zwei Uhr zu. Ich ziehe drei, vier Häuserblocks weiter zu einem großen Touri-Seafood-Restaurant am Strand. Ich schreibe ein paar Zeilen von der Speisekarte ab, die an der Tür hängt. Das Lokal ist bereits im Reiseführer erwähnt, aber Adresse und Telefonnummer stimmen nicht. Die Preise in diesem Restaurant kann ich mir nicht leisten, und nach diesen Spaghetti bekomme ich sowieso nichts mehr herunter, aber ich weiß, dass ich da rein muss, dass ich diesem Restaurant Gerechtigkeit widerfahren lassen muss.

Also gut. Ich bestelle eine Vorspeise. Krabben. Die Portion ist so klein, dass ich mir vorkomme wie in einer Tapas-Bar. Wie die Küche ist, weiß ich danach immer noch nicht, also bestelle ich widerwillig noch ein Entree. Es ist zwar ein Fischrestaurant (auf der Speisekarte und auf der Markise prangt eine riesiger Fisch), aber der Kellner sagt, heute hätten sie keinen frischen Fang. Gar keinen, sie hätten Probleme mit der Kühlung. Ich bestelle meine vierte Wahl – es schmeckt nicht besonders frisch, ich kriege bloß ein paar Bissen runter. Vielleicht sollte ich ein paar Stammkunden interviewen; oder zum Abendessen zurückkommen, um dem Lokal noch eine zweite Chance zu geben. Alles in allem kam ich den Laden nicht gerade empfehlen, aber wäre es wirklich fair, das Lokal aus der Liste zu streichen? Das Restaurant scheint vom Tourismus zu leben; wenn man es aus dem Buch streicht, könnte das ein echter Tiefschlag für die Betreiber sein.

Ich beschließe, später noch einmal wiederzukommen, in ein, zwei Tagen.

Nach vier weiteren Lokalen beschränke ich mich darauf, nur noch die Speisekarte zu lesen, und kurz durch den Raum zu gehen, um unauffällig einen Blick auf die Teller der Gäste zu werfen. Ich bekomme Krämpfe in den Beinen, ich bin der einzige Verrückte, der hier in der Nachmittagshitze durch die Gegend läuft, und ich habe an diesem einen Tag schon mehr Geld fürs Essen ausgegeben, als ich für eine ganze Woche eingeplant hatte. Dabei bin ich nicht mal sicher, ob mein ganzes Gekritzel überhaupt irgendetwas gebracht hat. Aber ich habe keine Zeit, mir darüber länger Gedanken zu machen.

Zurück in meinem Zimmer, vergleiche ich die Hotelliste mit den Empfehlungen im alten *Lonely-Planet*-Band, kontrolliere die Stadtpläne und suche mir ein Viertel aus, das ich mir nach dem Abendessen ansehen will. Etwa eine Stunde lang versuche ich zu schreiben, dann checke ich in einem Internetcafé um die Ecke meine Mails und besorge mir an einem Kiosk Kaffee und ein Käsebrot – mehr kann ich mir nach den vielen Mittagessen in verschiedenen Restaurants nicht leisten. Dann gehe ich wieder ins Hostel, ziehe eine lange Hose an und mache mich auf den Weg, um die Mittelklasse- und Luxushotels zu prüfen.

Es sind vier, und der Ablauf ist immer gleich:
– Ich sage, ich suche ein Zimmer für zwei Personen für eine Nacht, und erkundige mich nach den Preisen. Die imaginäre zweite Person kann mir von da an als Ausrede dienen. Etwa wenn ich frage: »Kann ich noch ein anderes Zimmer sehen? Ich will sicher sein, dass es meiner Freundin auch gefällt«, oder: »Ich muss das erst mit meinem Freund besprechen. Ich komme später noch mal vorbei.«

- Ich frage nach den Preisen in der Hochsaison.
- Ich bitte um einen Flyer oder eine Broschüre mit den wichtigsten Informationen.
- Ich lasse mir ein Zimmer zeigen.
- Ich drücke auf die Matratze, besehe mir die Laken genauer, gehe ins Bad, stelle die Dusche an, schalte den Ventilator oder die Klimaanlage ein – soweit vorhanden.
- Dann lasse ich mir auf dieselbe Weise noch ein zweites und drittes Zimmer zeigen. Notizen mache ich nicht, weil die Leute nicht misstrauisch werden sollen.
- Dann stelle ich mich eine Weile vor das Hotel und warte, bis ein Hotelgast aufkreuzt, mit dem ich ins Gespräch kommen kann, am liebsten mit einem Nordamerikaner oder einem Westeuropäer, also jemandem, der zur Zielgruppe von *Lonely Planet* gehört. Attraktive Frauen würde ich natürlich auch ansprechen. Ich bin Autor und schreibe Hotelkritiken, sage ich, und ob sie mir etwas über ihre Erfahrung mit diesem Hotel erzählen können.
- Ich flitze um die Ecke und halte alles in meinem Notizbuch fest.
- Falls ich eine Broschüre oder einen Flyer bekommen habe, übertrage ich die Daten ebenfalls in mein Notizbuch. Um zur Not später noch einmal nachzuschlagen, stecke ich die Prospekte trotzdem ein.

Die Hotels sind alle ganz nett. Sauber. Kühl. Ruhig. Teuer. Auf diesem Niveau würde ich auch gern mal übernachten, aber das kann ich mir nicht leisten, und als *Lonely Planet*-Autor darf ich schließlich keine Vergünstigungen in Anspruch nehmen, denn das würde ja meine Objektivität untergraben.

Beim vierten und teuersten Hotel komme ich bereits verschwitzt und mit zerzaustem Haar an, außerdem muss ich dringend aufs Klo. Beim Verlassen des Hostels habe ich noch ziemlich präsentabel ausgesehen, aber die Stunden auf der Straße haben mir sichtlich zugesetzt. Ich betrete die Lobby und begebe mich direkt zu den Toiletten. Dabei bemerke ich, dass ich jemanden im Schlepptau habe: Ein Mann im Anzug heftet sich an meine Fersen und macht sich am Handtuchspender zu schaffen, während er mich misstrauisch mustert. Ich habe keine Zeit für so einen Quatsch. Ich will in Ruhe pissen und dann das Hotel checken – was diesem Haus schließlich Gäste einbringen kann. Ich wasche meine Hände und gehe zurück zur Rezeption. Ein Schild auf Englisch weist darauf hin, dass man hier Reiseschecks einlösen kann. Eine gute Gelegenheit, und danach lasse ich mir ein Zimmer zeigen.

Die Dame mit Föhnfrisur hinter dem Tresen mustert mich von Kopf bis Fuß und fragt auf Englisch: »Sie sind aber nicht Gast hier, oder?«

»Nein, ich wollte nur diesen Scheck einlösen und nach einem Zimmer fragen«, sage ich und ziehe den Scheck aus der Brieftasche.

»Verstehe. Aber, dieser Service ist eigentlich nur für die Gäste des Hauses.«

Ich sehe, dass sie kurz Augenkontakt mit meinem Freund aus dem Klo aufnimmt, der nun hinten in der Lobby steht.

»Auch wenn ich ein Zimmer suche?«

»Sir, bitte werden Sie nicht laut.«

»Ich werde nicht laut«, sage ich laut. Drei junge brasilianische Geschäftsleute, die ein paar Meter entfernt in Sesseln sitzen, schauen zu uns herüber.

»Sie belästigen unsere Gäste, Sir. Ich muss Sie bitten zu

gehen.« Sie sieht wieder meinen Freund an, und ich höre das Klacken seiner Lederschuhe auf dem Marmorboden näher kommen.

Ich spiele mit dem Gedanken, etwas zu erwidern wie: »Wissen Sie eigentlich, mit wem Sie es hier zu tun haben«, weiß aber auch, dass es sinnlos ist, und ich will mir nicht noch mehr Ärger einhandeln. Ich stecke den Scheck wieder ein und gehe mit gesenktem Blick zur Tür.

Ich kehre in mein baufälliges Hostel in Iracema zurück. Im Innenhof feiern ein paar Franzosen mit Dreadlocks eine Party. Ich schleiche mich vorbei auf mein Zimmer, um die Ausbeute des heutigen Tages in den Laptop zu hacken, bevor ich wieder alles vergessen habe. Ich tippe die Hotelnamen in die Vorlage. Vielleicht ersetze ich sie später, falls ich noch bessere Hotels finde. Ein paar Restaurants gebe ich auch ein, aber auf dem Gebiet stehen mir noch einige Recherchen bevor. Dann sehe ich mein heutiges Tagewerk noch einmal durch und rechne mir aus, dass es etwa ein Zwanzigstel dessen ist, was mir noch bevorsteht – nicht ein Zwanzigstel des ganzen Buches, sondern ein Zwanzigstel der Infos über Fortaleza.

Ich bin wieder auf dem harten Boden der Realität angekommen: Wenn ich in diesem Tempo weitermache, brauche ich fast drei Wochen, nur um diese Stadt abzudecken, und ich muss noch sechzig weitere bereisen. Schlimmer: Spätestens in zwei oder drei Wochen bin ich blank, selbst wenn ich nur in den billigsten Unterkünften hause. Die eingehende Restaurantrecherche hat ein Loch in meinem Geldbeutel hinterlassen. Ich reiße mich zusammen und konzentriere all meine Energie aufs Schreiben, um endlich weiterzukommen.

Wieder flackert das Licht in meinem Zimmer. Als ich zur Glühbirne aufschaue, fällt der Strom plötzlich ganz aus. Im Flur treffe ich auf jemanden mit einer Taschenlampe.

»Weißt du, was mit der Elektrizität los ist?«, frage ich auf Portugiesisch.

»Es ist immer derselbe Scheiß, das ist jeden Abend so«, sagt er. In der einen Hand die Taschenlampe, in der anderen eine fast leere Flasche Cachaça, sucht er nach seinem Schlüssel, während mir klar wird, dass es sich um meinen furzenden und schnarchenden Nachbarn handelt.

Ich gehe wieder in mein Zimmer und versuche, mit dem Licht meines akkubetriebenen Laptops auszukommen. Wenn ich mein Notizbuch vor den Monitor halte und von hinten draufschaue, kann ich meine Notizen lesen und häppchenweise eintippen. Etwa eine halbe Stunde arbeite ich auf diese Weise, dann wird das Schnarchen nebenan so laut, dass ich mich nicht mehr konzentrieren kann.

Vielleicht sollte ich die Barrecherche anfangen, aber ich bin nicht in geselliger Stimmung. Im Gegenteil, ich bin zu schlapp, um mir auch nur die Schuhe wieder anzuziehen.

Ich beschließe, alles auf morgen zu verschieben. Im Umkreis von Fortaleza gibt es eine Reihe kleinerer Städte und Dörfer, die ich auch noch besuchen muss. Einige davon sind im Buch bereits kurz erwähnt, in anderen muss ich noch eine gründlichere Hotel- und Restaurantrecherche betreiben. Die Versuchung ist groß, überhaupt nirgends hinzufahren, aber ich möchte auf keinen Fall, dass irgendwann eine Mail beim Verlag eingeht, wie sie der Schrecken eines jeden Reiseführer-Autors ist: »Auf Ihre Empfehlung wollte ich im Hotel XXX in XXX übernachten, aber leider war es schon seit fünf Jahren geschlossen.«

Ich frage mich, warum Pacatuba, Maranguape, Canindé und noch ein paar andere Städte in der Nähe zwar auf der Landkarte verzeichnet sind, im Text aber nicht vorkommen. Wieso ist eine Küstenstadt wie Mundaú erwähnt, eine andere aber nicht? In meinem anfänglichen E-Mail-Verkehr mit der Lektorin habe ich gefragt, ob ich auch weitere, andere Orte ins Buch aufnehmen sollte, und bekam zur Antwort, dass es angesichts des Zeitdrucks das Beste sei, wenn ich mich einfach an den alten Führer hielte und meinen Ehrgeiz nicht auf zu viele weitere Orte richtete, es sei denn, ein bestimmter Ort würde von der Reiseführerkonkurrenz in den höchsten Tönen besungen. So könnte ich zum Beispiel drei, vier Seiten von Fortaleza abziehen und einer anderen Stadt zuschlagen, wenn es wirklich nötig sei, mehr aber sei nicht drin.

Ich überlege, ob ich mir einen Wagen mieten und einen Tagestrip nach Baturité machen soll, aber nach einem Blick auf die Landkarte und das Straßenknäuel vor den Toren der Stadt schrecke ich als eher unerfahrener Autofahrer davor zurück und nehme den Bus. Ich muss für das Buch ja sowieso die öffentlichen Verkehrsmittel und Abfahrtszeiten prüfen. Also warum nicht gleich den Praxistest?

Ich fahre mit dem Stadtbus zum Überlandterminal. Bis ich dort angekommen bin, habe ich wegen der vielen Zwischenstopps bereits eine Stunde Verspätung. Ich beschließe also, den Bus nach Paracuru zu nehmen, denn das ist näher als Baturité. In der Wartezeit kann ich ja die Busfahrpläne abschreiben. Eine Tafel, wo alle Linien verzeichnet wären, ist nicht zu entdecken. In ganz Brasilien und überhaupt in Lateinamerika werden viele Strecken von privaten Busunternehmen abgedeckt, die alle ihre jeweils eigenen Fahrpläne haben. Wenn es einen Fahrkartenschalter gibt, stimmen die Informationen, die man dort erhält, mit denen auf eventuell angeschlagenen

Fahrplänen nicht überein, und die Busfahrer haben noch einen eigenen, dritten Fahrplan, der wieder ganz anders aussieht.

Schließlich fährt mein Bus ab, er ist überfüllt, und es herrscht eine stickige Hitze. Die meiste Zeit hängt mir ein kleiner Junge im Nacken. Der Bus kriecht durch Außenbezirke, die aussehen, als seien sie direkt aus dem Busch gestampft worden, als hätten dann aber die Bauarbeiter keine Lust mehr gehabt weiterzubauen. Viele Häuser haben kein Dach, sondern nur Fundamente wie in Machu Picchu oder Pompeji. Die Wände sind aus Wellblech, Hohlblöcken und Stahlbetonplatten zusammengeschustert. Robuste Pflanzen und Gestrüpp sind mittlerweile aus Sand und Dreck emporgewachsen und haben das aufgelassene Gemäuer überwuchert. Im Norden liegt das Meer. Man kann es von der Landstraße aus nicht sehen, aber man spürt, dass es da ist.

Nach drei Stunden sind wir in Paracuru, die Sonne hat ihren Zenit bereits überschritten. Um mich von der Fahrt zu erholen und einen Eindruck von der Stadt zu bekommen, setze ich mich in ein Lokal, das *Formula 1* heißt. Nach einem Gang zum Strand, einem schnellen Restaurantdurchlauf und ein paar Hotelchecks ist es wieder an der Zeit, den Bus zurück nach Fortaleza zu nehmen. Drei Stunden später bin ich wieder am Terminal. Dort vertilge ich zum Abendessen schnell ein paar *coxinhas* mit Catupiry: Kroketten aus zerhacktem Hühnerfleisch mit brasilianischem Schmelzkäse. Das Ganze wird paniert und frittiert und sieht aus wie ein Chicken Wing, nur dass statt des Knochens, ein Zahnstocher drinsteckt. Eine Coxinha kostet nicht mal einen Dollar, das gibt mein Budget gerade noch her. Die Kroketten werden einzeln in kleinen Papierservietten gereicht, die sich mit dem Öl derart vollsaugen, dass ich noch nicht fertig gegessen habe, da sind sie schon ganz durchsichtig geworden. Mit den Servietten wische ich mir die Öltropfen und die Panade von den Lippen. Ich sehe schnell das Material durch, das ich mir unterwegs eingesteckt habe, und nehme den Stadtbus zurück zum Hostel. Wieder ein Tag vorbei. Ich bin total erschöpft, dabei habe ich von einem ganzen Dutzend Städten in der Umgebung Fortalezas, die noch im Buch erwähnt werden sollen, erst eine einzige besucht.

Wie gesagt, ich bin nicht zum ersten Mal in Fortaleza. 1996 war ich schon mal in diesen Breiten und hatte im Wesentlichen die gleichen Probleme wie jetzt, doch damals meisterte ich sie alle spielerisch. Damals war ich allerdings ein sorgloser Tourist, jetzt ist diese Reise ein Job, und Arbeit ist eben Arbeit und kein Vergnügen, auch wenn ich anderen Leuten dazu verhelfen soll, sich zu amüsieren. Im Dezember 1996 bin ich nach einer wilden Abschiedsfete mit meiner damaligen Freundin Meg nach Fortaleza geflogen, nachdem ich gerade als Austauschstudent in Buenos Aires meine Examina in Geschichte, Sprachwissenschaft und Politik gemacht hatte. Buenos Aires war alles in allem phantastisch, aber wir sehnten uns nach Sonne und Strand und einer gastfreundlichen Herzlichkeit, die wir in der argentinischen Hauptstadt vermissten. Wir wollten nicht Beton, Discos und Lederschuhe, sondern Sand, Reggae und Badelatschen.

Studenten, die eifrig Cervantes, Borges und Neruda gelesen und sich mit der Geschichte und Rhetorik von Allende, Fidel Castro und Che Guevara auseinandergesetzt hatten: so kamen wir in Fortaleza an. Wir waren spontan und offen für alles, wir wollten am Strand schlafen und die panamerikanische Kultur des gegenseitigen Verständnisses und der gegenseitigen Freundschaft live und in Farbe erleben. Dann aber mussten wir feststellen, dass niemand unser Portuñol verstand und dass es so gut wie unmöglich war, einen Geldautomaten zu finden oder Reiseschecks einzulösen. Unser Traum, an friedlichen, tropischen Stränden zu schlafen, wurde vom matten Leuchten eines *McDonald's*-Schilds, vorbeihuschenden Ratten und Jugendlichen, die den Strand nach Getränkedosen absuchten, zunichte gemacht. Und damals war es hier noch weit ursprünglicher, weit weniger von Sextouristen überlaufen und von Hochhäusern zugebaut als heute.

Meg und ich aßen fast nur an Straßenständen – wenn wir überhaupt essen konnten. Wir hatten beide schrecklichen Sonnenbrand, sind beim Versuch, einen Fluss zu überqueren, ohne dabei unsere Rucksäcke nass werden zu lassen, fast ertrunken; und wir rauchten Joints, die wir mit Wachspapier drehten, weil wir keine Papers hatten. Wir schliefen am Strand in den Dünen, wir bekamen Durchfall und Darminfekte, und wir wurden von Moskitos fast aufgefressen, aber wir haben jede Minute genossen. Roner Davies und Mack Hardison, meine amerikanischen Kommilitonen aus Buenos Aires, sind auf dieser Reise zeitweise zu uns gestoßen und haben mir zum ersten Mal den *Lonely Planet Brazil* unter die Nase gehalten. Es war erst ein Prototyp dessen, was das Buch heute ist, aber in ein paar Großstädten der Region hat uns das Ding ziemlich weitergeholfen. Nachdem Meg auf dem Parkplatz des Busterminals von Maceió von einer Schlange gebissen worden war, nahm unsere Reise ein vorzeitiges Ende, doch all das konnte unserer Euphorie keinen Dämpfer versetzen.

Nun gehe ich so ziemlich dieselben Wege wie damals vor fast zehn Jahren mit Meg, Roner und Mack, nur bin ich doppelt so erschöpft und doppelt so pleite wie damals.

Bevor ich in mein einsames, unbequemes Bett zurückkehre, checke ich in einem Internetcafé meine Mails für den Fall, dass meine Lektorin von sich hat hören lassen. Ich bin mir noch immer nicht ganz darüber im Klaren, wie zum Teufel ich diesen Reiseführer eigentlich angehen soll, und habe ihr ein paar Fragen geschickt, aber noch keine Antwort bekommen.

Von meiner Lektorin ist nichts in der Mailbox, ansonsten nur Spam und eine Mail mit dem Betreff »Recife?« Ich öffne sie und lese (auf Portugiesisch):

Thomas,

erinnerst Du Dich an mich? Ich habe Dich in Rio ins Taxi gesetzt, nachdem Dich die Gringa verprügelt hatte. Wo bist Du? In den nächsten Wochen habe ich in Recife und Olinda zu tun und habe mir dort ein Apartment gemietet. Ich suche noch einen Mitbewohner. Wenn Du zufällig in der Gegend bist, melde Dich doch bitte.

Kuss,
Inara

Der Gringo Trail

Noch 54 Tage bis zum Abgabetermin

Auf Reisen gibt es kaum etwas Schöneres als eine nächtliche Überlandfahrt. Zu Hause würde man es als Zumutung empfinden, aber auf Reisen ist eine vierundzwanzigstündige Busfahrt nicht das Schlechteste, vorausgesetzt, man kann einen Videofilm anschauen, falls man nicht schlafen kann, und es gibt eine Klimaanlage, denn nur so kann man überhaupt schlafen. Außerdem spart man das Geld für eine Übernachtung.

Ich habe schon Busmarathons in Indien, Peru und Kolumbien hinter mir. In völlig überladenen Bussen bin ich über Straßen voller Schlaglöcher, Ochsenkarren, Rikschas und Busse, die sich alle gegenseitig überholen, gerast. In den Anden sah ich durchs Fenster verbrannte Buswracks unten im Tal liegen, und an paramilitärischen Straßensperren wurde ich von schwitzenden Schwerbewaffneten vom Scheitel bis zur Sohle gefilzt.

Was Überlandfahrten im Ausland angeht, bin ich also Profi. Jeder erfahrene Busreisende weiß, dass fürs Überleben einer langen Nachtfahrt vor allem zwei Faktoren wichtig sind:
– der Klappwinkel der Rückenlehne und

- rezeptfreie Sedativa (ich bin kein Arzt, aber bei einer Endung auf *-pam* oder *-zepam* ist man meistens gut bedient).

Beide Schlüsselfaktoren waren in Ordnung, nur an meinen Magen hatte ich diesmal nicht gedacht. Anfangs war es nur ein leichtes Schaudern, doch als wir zum zweiten Mal Brian Bosworth in *Kalt wie Stein* mit portugiesischen Untertiteln vorgesetzt bekamen, wurden meine Magenkrämpfe unerträglich. Lag es womöglich an den Cornflakes, die ich am Morgen vor meiner Abfahrt in Fortaleza mit unbehandeltem Leitungswasser gegessen hatte? Oder an der gebratenen Leber in dieser gräulichen Soße, die ich in der Cafeteria des Terminals aus Versehen gegessen hatte, weil ich überzeugt war, es sei Rindfleisch? Wie auch immer, Boz als Undercover-Cop Joe Hoff gab mir den Rest. Erst hatte ich gehofft, dass die Sache nach ein, zwei Toilettenbesuchen hinten im Bus erledigt gewesen wäre, aber nun saß ich schon stundenlang mit dem Kopf auf den Knien und der Hose um die Knöchel auf diesem schwülen, dämpfigen kleinen Scheißhaus. Eingeschlossen in einem winzigen Klo, wird die Übelkeit in Verbindung mit der Hitze und meiner Erschöpfung schon bald stärker als der Schmerz.

Aber mit Durchfall und Magenschmerzen muss man klarkommen, wenn man lange Reisen unternimmt. Manche Leute lassen nichts an sich ran, sie putzen sich die Zähne mit Tafelwasser, essen nur in amerikanisch ausgerichteten Hotelrestaurants, tragen unter der Dusche Schwimmbrille und Badeschuhe und waschen sich neurotisch die Hände mit Desinfektionsmittel. Doch wenn man wirklich eine fremde Kultur kennenlernen will und länger als ein, zwei Wochen unterwegs ist, sind Magenprobleme etwa so unvermeidlich wie Ausschläge, Sonnenbrand und Wanzenbisse; das gehört quasi zum Berufsrisiko. Man muss eben lernen, sich zusammenzureißen. »Der Geist siegt über die Materie« – zu dieser Erkenntnis bin ich nicht in irgendeinem Ashram gelangt, sondern als ich einmal in einem Bus ohne Toilette saß und etwas, das sich wie ein Frettchen anfühlte, sich aus meinem Dickdarm herauszubeißen versuchte. Man gewöhnt sich dran. Was auch sonst.

Als ich endlich wieder zu meinen Platz zurückgehen und es mir einigermaßen bequem machen kann, indem ich mich in dem halb zurückgeklappten Sitz in Embryostellung auf die Seite lege, läuft auf dem Bildschirm eine argentinische Comedyserie mit einem Typen, der aussieht wie Sonny Bono in Frauenkleidern.

Ich habe nichts gegen Herausforderungen. Ich habe auch nichts dagegen, ein Risiko einzugehen, wenn dabei möglicherweise eine einzigartige Erfahrung herausspringt, sei sie auch mit Schmerzen verbunden. Wenn man neue Erfahrungen machen will, muss man Grenzen überschreiten und seine Bequemlichkeit überwinden. Nur so findet man heraus, wo die eigenen körperlichen und seelischen Limits sind.

Als ich in meinem dunklen Zimmer lag und dem Gefurze und Geschnarche meines Nachbarn lauschte, sah ich plötzlich deutlich vor mir, wie es weitergehen würde, wenn ich jetzt kein Risiko einging: Ich würde meine Recherche in Fortaleza pflichtbewusst fortführen und den Rest meiner Jungfernfahrt als professioneller Reiseautor ohne Sex verbringen. Das ist dasselbe wie ein Abschlussball ohne Mädchen oder Silvester ohne Alkohol. Also beschloss ich, über die Stränge zu schlagen. Ich stand auf, ging zum Busterminal und kaufte eine Fahrkarte für die nächste Nachtfahrt nach Recife.

Immerhin war ich eingeladen, ein paar Wochen mit einem brasilianischen Model die Wohnung zu teilen. Reisen besteht ja nicht daraus, in einem blöden Hostel rumzuhängen oder »unberührte« Strände zu finden, die in Wirklichkeit gar nicht unberührt sind. Reisen heißt, andere Kulturen und Länder so kennenzulernen, wie sie wirklich sind – einzutauchen, teilzuhaben, zu leben. Das rede ich mir jedenfalls ein.

Ich werde also losziehen und ein paar Wochen mit einem Model zusammenleben, denn das passt genau zu *Lonely Planet*. Wenn man immer nur die altbekannten Backpackerrouten auf und ab wandert, wird man weder der Gegend noch dem Autor, noch dem Leser gerecht. Man trägt dann nur zur Herausbildung einer Touriroute bei, auf der Tausende Leute immer dieselben Wege gehen, dieselben Küstenorte besuchen, in immer denselben Hotels übernachten und in denselben Lokalen essen, weil sie sich strikt an die Empfehlungen des Buches halten. Der *Lonely Planet Trail*, das ist ein feststehender Begriff. Genau wie *LPification*: wenn ein Ort in einem *Lonely-Planet*-Band erwähnt und daraufhin von Touristen überrannt, wenn nicht gar in ein Touristengetto verwandelt wird. Vielleicht kann ich durch eine abenteuerlustigere Recherche solche Auswirkungen abschwächen.

Ich nehme es also auf mich, über die normalen Touristenerwartungen hinauszugehen und etwas anderes, Aufregenderes, Authentischeres zu suchen. Etwas für den harten Kern der *Lonely-Planet*-Leser, die einen Blick hinter die Kulissen werfen wollen. Was genau ich entdecken werde, weiß ich noch nicht. Hoffentlich zumindest reiseführerunabhängigen Sex.

Von dem mehrstöckigen Beton-Busterminal von Recife breche ich zu Inaras freiwilligem Exil auf, dem nur wenige Kilometer entfernten Kolonialstädtchen Olinda. Früher waren Recife und Olinda rivalisierende Städte, heute ist Olinda praktisch eine Vorstadt im Norden von Recife. Hier gibt es kein mehrstöckiges Terminal aus Beton, man steigt einfach auf der Straße unterhalb der Altstadt aus. In Olinda lebt nur ein Bruchteil der Bevölkerung von Recife, und es gibt auch viel weniger Industrie, aber die Stadt hat einen unvergleichlichen Charme. Die von bunten Kolonialbauten gesäumten Kopfsteinpflasterstraßen ziehen sich wie Adern über einen großen Hügel am Meer. Von der Hügelkuppe aus sieht man im Osten den Atlantik und im Süden den Moloch von Recife, Olindas große Schwester.

Auf dem Weg von der Bushaltestelle in die Stadt werde ich ständig von irgendwelchen selbst ernannten Führern belästigt, die mir die historischen Gebäude zeigen wollen. Ganz offensichtlich ist Olinda ein wichtiges Touristenzentrum, aber ich will den Ort aus meiner eigenen Perspektive betrachten und sehen, was hier sonst noch geboten wird. In Paris gibt es schließlich auch mehr als Notre-Dame. Es ist alles eine Frage des Blickwinkels. Ich schleppe mich die steile Gasse hinauf zur Oberstadt, der Anhöhe Alto da Sé. In einer Bar schlage ich noch ein paar Stunden tot, bevor ich mich mit Inara bei einer gewissen Beatriz zu Hause treffe.

Bei einem Glas eiskalten Bier fange ich die Einleitung für das Olinda-Kapitel zu schreiben an:

Die Stadt Olinda ist touristisch, aber ...

Das muss ich besser verkaufen. Ich bohre die Spitze des Stifts in mein Notizbuch hinein, während ich mein nächstes Bier pichele. Dann lese ich das entsprechende Kapitel in der früheren Auflage noch einmal nach und beschließe, den ersten Abschnitt in die Mitte, den mittleren ans Ende und den letzten an den Anfang zu stellen. Ich probiere verschiedene Adjektive aus, füge am Ende noch ein paar Sätze hinzu, und schließlich liest sich das Ganze so:

Während Recife ein wichtiger Wirtschafts- und Industriestandort ist, ist Olinda das kulturelle Zentrum: eine lebendige Stadt mit Künstlerviertel, Galerien und Museen. Von der schönen Altstadt blickt man auf Recife und den Atlantik. Olinda ist eine der größten und besterhaltenen Kolonialstädte Brasiliens [prüfen: stimmt das?], mit gewundenen Gassen, alten, bunten Häusern und vielen malerischen Kirchen in unterschiedlichen Verfalls- und Restaurationsstadien. Es ist ein Touristenziel, aber voller Charme und Gastlichkeit und ein sehr lebhafter Ort.

Das reicht. Wahrscheinlich ist es wirklich so einfach mit der Überarbeitung. Später kann ich, wenn nötig, mehr darüber schreiben. Ich gehe von Bier zu Kaffee über, damit ich bis zu meinem Date mit Inara wach bleibe. Auf der Toilette putze ich mir die Zähne, wobei ich den Rucksack mitnehme, denn ihn stehen zu lassen, traue ich mich doch nicht. Ich könnte jetzt gut ein Bett gebrauchen. Eine Tür, die ich hinter mir zumachen kann. Mein eigenes Bad.

Um die Nebenstraße zu finden, wo ich mit Inara verabredet bin, muss ich ein paar Einheimische fragen. Das Haus befindet sich hinter einer dicken Betonmauer an der Ecke einer Sackgasse: eine bemalte und mit Schweißnieten besetzte Alutür. Sieht aus wie eine Festung. Sofort überlege ich, wie ich das im Buch rüberbringen würde, wenn ich Anlass dazu hätte. Die Holländer haben 1631 die Stadt niedergebrannt. Wäre dies eine Pension oder ein Apartmenthotel, könnte ich schreiben, es sei für einen erneuten holländischen Angriff gut gewappnet, und dann könnte ich extemporieren: »Von außen sieht die bewehrte Pension schrecklich aus, innen aber überrascht sie mit familiärem Charme und gastlicher Atmosphäre.« Das ist so dumm wie die Nacht schwarz, aber genau das dilettantische, einsilbige Geschmiere, das in Reiseführern als Humor durchgeht und zeigen soll, dass man mit »Flair« schreibt.

Ich bin ein bisschen spät dran, und da Irina nicht vor der Tür steht, hoffe ich, dass sie schon im Haus ist. Ich klingle und warte. Eine übergewichtige Hausangestellte im weißen Kittel, mit kurzen, blond gebleichten Haaren und einer Schneidezahnlücke öffnet die Tür. Sie stellt mir ein paar Fragen und führt mich in den Innenhof. Nachdem ich dort zehn Minuten lang mit meinem Rucksack herumgestanden habe, werde ich Beatriz vorgestellt, einer teigigen, aufgedunsenen brünetten Frau: eindeutig eine Biertrinkerin. Sie trägt eine Brille mit Drahtgestell und einen so straff zurückgebundenen Pferdeschwanz, dass es schon beim Hinsehen schmerzt. Sie trägt schwarze Stretchshorts, über den Gummizug am Bund quellen ihre Hüften, unten ragen ihre Knie heraus. Über den üppigen Busen spannt sich ein weites, weißes T-Shirt »Beatriz Fernandes Academy, Personal Trainer«, steht darauf.

Sie erzählt, dass sie das muffige, verschachtelte Haus von ihrem Vater geerbt hat, einem Rechtsanwalt, der es seinerseits von seinem Vater geerbt hatte, welcher, wie sie betont, in Lissabon geboren wurde, nicht in Brasilien. Sein Porträt hängt vorne in der Diele, ein Mann mit Koteletten und buschigen Augenbrauen, der nun kühl und mit krauser Stirn die Vorbeigehenden mustert. Er hat den Charme eines Sklavenhalters aus dem 19. Jahrhundert. Im Haus liegen überall Gymnastikmatten und kleine Hanteln, umgeben von leeren Bierflaschen und stapelweise verschimmelten, brasilianischen Klatschblättern und Ernährungsmagazinen.

Ich spreche sie auf ihr T-Shirt an, und sie erzählt, sie sei Personal Trainer, habe aber kaum Arbeit, weil potenzielle Klienten den weiten Weg scheuten. Die Leute seien heutzutage faul. Und sie selbst hat auch keine Lust mehr, aus dem Haus zu gehen: zu viel Kriminalität. Recife und Olinda platzten aus allen Nähten. »Diese Stadt hat keine Zukunft«, sagt sie, »wahrscheinlich hat ganz Brasilien keine.« Mir kommt Olinda zwar vor wie ein Schmuckstück, aber laut Beatriz ist das nur Fassade, hinter der sich Chaos, Drogen, Prostitution, Kriminalität und dunkle Machenschaften verbergen. Am besten verhält man sich ruhig und bleibt daheim.

»Ihr habt euch also in Rio kennengelernt?«, fragt sie.

»Ja, genau. Und ihr seid befreundet, oder?«

»Nein. Mir gehört die Wohnung, die sie mieten will.«

»Ach so. Ist Inara schon hier?«

»Nein, aber du weißt ja, dass die Leute hier nie pünktlich sind. Die sind alle gleich. Unterschreibst du den Vertrag?«

»Hm, darüber haben wir noch gar nicht gesprochen. Ich würde mir die Wohnung gern erst mal ansehen und mich mit Inara absprechen.«

»Sie hat gesagt, du unterschreibst den Vertrag. An eine arbeitslose Schwarze vermiete ich nicht, aber wenn du den Vertrag unterschreibst und im Voraus bezahlst, geht es Ordnung.«

Stille.

Auf Rassismus angemessen zu reagieren, ist schon in der eigenen Kultur schwer, wie soll man aber in einer fremden Kultur darauf reagieren? Ich versuche, möglichst keine Konfrontation zu provozieren: »Meines Wissens hat sie durchaus Arbeit.«

»Sie ist schwarz. Einen angemeldeten Job hat sie mit Sicherheit nicht. Sie kommt aus Bahia oder so, und wenn sie Geld hat, dann stammt das bestimmt nicht aus irgendeiner christlichen Tätigkeit.«

»Sie ist Model.«

»Ein schwarzes Model will keiner sehen. Meinst du, wir würden Klamotten kaufen, mit denen Diebe und Nutten sich einkleiden? Früher gab es in Olinda noch christliche und europäische Wertvorstellungen. Nun ist es überschwemmt von Niggern und Huren.«

Ihre Reaktion ist eigentlich gar nicht so überraschend. Brasilien nimmt für sich zwar in Anspruch, eine *democracia racial* zu sein, ein Staat, in dem Rassenunterschiede überwunden sind, aber Rassismus findet man an allen Ecken und Enden, und es ist auch offensichtlich, dass die Hautfarbe in dem dünn verschleierten und stillschweigend akzeptierten Klassensystem durchaus eine Rolle spielt. Trotzdem bin ich über Beatriz' freimütige Äußerungen ziemlich überrascht. Doppelt sonderbar ist es, dies aus dem Mund einer Frau zu hören, die in den USA selbst als Schwarze gelten würde. Das mit der Hautfarbe ist eben relativ. Dass wir Amerikaner so eine Alles-oder-Nichts-Herangehensweise an die Hautfarbe haben – es gibt die Weißen und die anderen –, ist vielleicht noch ein britisches Überbleibsel in Sachen Rassenreinheit. Sicherlich sind wir gemischter als die Briten, aber wenn man in den USA zu 75 Prozent weiß ist und zu 25 Prozent schwarz, ist man immer noch schwarz. In Brasilien gilt man erst dann als schwarz, wenn man zu fast 100 Prozent von Schwarzafrikanern abstammt. Anscheinend waren die Portugiesen keine Hardliner in Bezug auf die Hautfarbe. Als Kolonisten waren sie wohl eher ein kleiner Haufen räudiger Matrosen, und sie hatten einfach nicht genügend Frauen dabei, als dass sie es mit der Blutlinie so genau hätten nehmen können. Brasilien ist durch Rassenmischung entstanden – man hat sich eben lieber mit den einheimischen Frauen fortgepflanzt, als welche aus Europa herzubringen. Die Vorzüge sind augenfällig: Ich muss zugeben, dass die Durchschnittsbrasilianerin sehr viel attraktiver ist als die Durchschnittsamerikanerin. Vielleicht sollten wir in dieser Hinsicht auch mal weltoffener werden.

Die Hausangestellte, die mindestens zu fünfzig Prozent afrikanischer Abstammung ist, bringt Beatriz ein Bier. Dann schaltet sie den Fernseher ein, und die beiden machen es sich bei einer Telenovela gemütlich. Wie war das noch mit dem Rassismus? Sich mit Menschen, die eine andere Hautfarbe haben, an einen Tisch zu setzen, fällt Brasilianern offenbar leichter als Amerikanern.

Beatriz dreht sich zu mir um. »Komm, setz dich zu uns. Die Wohnung zeige ich dir in der Werbepause. Willst du ein Bier, Gringo?«

Nachdem wir uns ein paar Minuten ein echtes brasilianisches Melodram mit Tränen, Betrug, unerwiderter Liebe und viel Product Placement angesehen haben, führt mich Beatriz durch eine schmale Gasse hinter dem Haus zu einer Betontreppe, die mit steilen Stufen zu einer Tür hinaufführt. Wahrscheinlich war das mal eine Hausmeisterwohnung oder ein Dienstmädchenzimmer. Wenn man hereinkommt, steht man gleich im Wohnzimmer mit Küchenzeile – die Geräte sind winzig, ebenso der im Schrank untergebrachte Kühlschrank. An Mobiliar befinden sich eine kleine, harte Couch und ein Klapptisch im Raum, sonst nichts. Dahinter kommt das Schlafzimmer mit zwei Doppelbetten – Schaumstoffmatratzen mit himmelblauen Laken. Fenster gibt es nur im Schlafzimmer, aber da die Wand zwischen Wohn- und Schlafzimmer nicht ganz bis zur Decke geht, ist Luft- und Lärmaustausch garantiert. Es gibt auch ein kleines Badezimmer;

das Klo ist derart in die Ecke gezwängt, dass man sich seitlich draufsetzen muss.

Aus dem Schlafzimmerfenster hat man einen aufregenden Blick auf ein Menge anderer Fenster gegenüber. Auf engem Raum zusammengepferchte Menschen, die Wäsche aufhängen, Sex haben, aus dem Fenster schauen, Freunden auf anderen Balkonen etwas zurufen ... Von einem Telefonmast gehen Dutzende Leitungen ab, die alle die Hauptleitung anzapfen – wer sein Leben zu riskieren bereit ist, hat auf diese Weise Strom.

Zum Arbeiten sind das nicht gerade ideale Wohnbedingungen. Nach ein paar Tagen werde ich mich wahrscheinlich fragen, warum ich nicht in ein anderes Viertel ziehe, irgendwohin, wo ich mich besser konzentrieren kann. Aber jetzt ist es erstmal, wie es ist. Ich bin müde, abgekämpft und krank. Ich will nur noch meinen Rucksack absetzen und nicht mehr ständig auf meinen Laptop aufpassen müssen. Bei Reiseautoren gibt es keine Trennung zwischen Privatleben und Arbeit. Man arbeitet vierundzwanzig Stunden am Tag – aber natürlich kann man in keinem Beruf den ganzen Tag über volle Leistung bringen. Private Entscheidungen wirken sich auf die Arbeit aus und umgekehrt, täglich, ständig. Manchmal muss man eben einfach irgendwo zur Ruhe kommen und überlegen, wie es weitergeht.

So jedenfalls rechtfertige ich meine übereilte Entscheidung.

Nachdem ich weder Ratten noch Horden von Küchenschaben entdeckt habe, werde ich mir diese Wohnung nicht durch die Lappen gehen lassen. Und die Miete ist moderat. Ich bin verdreckt – die Wohnung ist sauber. Ich bin müde – hier steht ein Bett. Ich habe Magenkrämpfe – hier gibt es eine Toilette. Außerdem habe ich in der letzten Nacht kaum geschlafen, und nachdem ich nun schon mal hier bin, werde ich nicht ans andere Ende der Stadt laufen und ein Hostel suchen. Ich bin so fertig, dass ich alles unterschreiben würde, nur um endlich in einem Badezimmer verschwinden und mich hinterher ein paar Stunden aufs Ohr hauen zu können.

Inara kommt in glänzenden blauen Polyester-Hotpants, die aussehen, als hätte *Wonder Women* sie ausrangiert. Sie trägt Espandrilles mit Riemen, die bis zu den Knien hoch gebunden sind. Hinter sich her zieht sie zwei große Rollkoffer. Mit ihren über einsachtzig ist sie eine Wucht – makellose, schimmernde Beine und ein Prachtarsch. Entweder hat sie eine Haarverlängerung machen lassen, oder ihre Mähne ist, seit ich sie das letzte Mal vor dem Hostel in Rio gesehen habe, dreißig Zentimeter gewachsen.

Für Diskussionen bleibt keine Zeit. Wir sind beide mit unserem Gepäck hier, und ich habe keine Lust zu feilschen, zu streiten oder meine Entscheidung auch nur zu überdenken. Ich unterschreibe, bezahle die Hälfte der Miete im Voraus, tausche ein paar Höflichkeiten mit Inara aus und bin wenige Minuten später eingeschlafen.

Als ich am Abend aufwache, sehe ich, dass Inara auf der anderen Seite des Zimmers ihre Koffer auspackt. Auf dem Laken bleibt ein Abdruck meines verschwitzten Körpers zurück.

»Guten Abend. Geht's dir besser?«, fragt sie.

»Keine Ahnung. Ich glaube eher, ich bin total am Ende.«

Ich sehe mich nach meinen Klamotten um, die im Zimmer verstreut liegen, das Laken ist halb von der Matratze heruntergerutscht. Ich bin zwar keine Primadonna, aber es ist mir peinlich, mich so einer attraktiven Frau in einem so ungepflegten Zustand zu zeigen.

Inara lacht, als sie meine Verlegenheit bemerkt. »Ich bin mit fünf Brüdern und drei Schwestern aufgewachsen. Alle im gleichen Zimmer. Ich bin so etwas gewöhnt.«

Soweit ich es in meinem kaputten Zustand beurteilen kann, hat Inara in einem ihrer Koffer all ihre Habseligkeiten verstaut, während der andere voller Schuhe ist. Holzabsätze, Plastikabsätze, durchsichtige Absätze, Stilettos. Eine Plüschfigur von Elmo aus der Sesamstraße, einen halben Meter groß, mit rotem Plastikkopf und offenem Mund, hat sie bereits auf ihrem Kissen deponiert, daneben einen kleineren Tweety. Tweety ist etwas zerschlissen und verliert schon seine Füllung, er trägt ein übergroßes T-Shirt, auf dem »Piu-piu« steht, denn so heißt er in Brasilien. In eine der Schubladen stopft Inara einen Armvoll String-Unterwäsche, in eine andere legt sie Handyladegeräte, Unterlagen und eine Schachtel mit Haarklammern und Perlen – Mitbringsel für ihre kleine Nichte, wie ich später erfahre. Der Großteil ihrer Sachen bleibt in den Koffern, die sie unters Bett schiebt.

Ich würde die Beziehung zu Inara gern unverbindlich halten. Das Ganze soll sich nicht so entwickeln wie mit Inga. Ich darf nicht vergessen, dass ich wegen meiner Arbeit hier bin. Ich muss an meinen beruflichen Auftrag denken, auch wenn die Erweiterung meines Erfahrungshorizonts möglicherweise dazugehört. Darüber muss ich noch eingehend nachdenken.

Inara hat eingekauft und kocht Abendessen. Rindermedaillons mit gesalzenem Reis, dazu schwarze Bohnen mit Salbei, Knoblauch und noch mehr Salz. Nach meinem Restaurantmarathon ist das eine willkommene Abwechslung. Endlich kommen wir auch mal dazu, uns richtig zu unterhalten.

Sie stammt aus einer Kleinstadt im Bundesstaat Sergipe, zu Hause waren sie zu neunt, ihr Vater hatte aber noch eine Menge weiterer Kinder mit anderen Frauen. Weder trinkt Inara Alkohol, noch hat sie jemals irgendwelche Drogen genommen, sie hält das für eine Sünde. Aus Brasilien ist sie nie herausgekommen, spricht aber ein wenig Spanisch, Englisch, Italienisch und Deutsch und lernt unerklärlicherweise gerade ein paar Brocken Finnisch. Bevor sie nach Rio gezogen ist, hat sie ein paar Jahre in São Paulo gearbeitet. Sie ist einundzwanzig und will gerade die Fashion- und Modelwelt erobern.

»Bald werde ich auch nach New York, Paris und Italien gehen, aber im Moment arbeite ich nur in Brasilien. Die Fashion Week in São Paulo ist das Größte – *máximo!*«

Sie zeigt mir ein briefmarkengroßes Foto in einer alten brasilianischen Ausgabe der *Vogue*. Es zeigt ein großes, schlankes Mädchen in einer Art Federkostüm auf dem Laufsteg. Das Bild ist so klein, dass ich das Gesicht nicht richtig erkennen kann, aber nicht nur der Teint ist anders als ihrer, auch die Wangenknochen sind höher. Ich sehe noch mal genau hin und frage: »Das bist aber nicht du, oder?«

»Nein, aber ich kenne das Mädchen. Sieh dir das mal an.« Unter ihren Kleidern im Koffer zieht sie einen kleinen Stapel Fotos hervor. Hauptsächlich Urlaubsbilder aus Porto Seguro, wo sie vor ein paar Jahren gewesen ist. In einem piekfeinen Strandclub tanzt sie mit einer Gruppe Lambada oder Aerobics und wird dabei aus Wasserpistolen beschossen. Dann gibt sie mir ein Foto, auf dem sie zusammen mit dem Mädchen aus der *Vogue* einen Mann in einem teuren Anzug flankiert, er hat seine Arme um die Schultern der beiden Mädchen gelegt. Wo sein Gesicht war, ist eine abgeschabte, weiße Stelle.

»Dein Ex?«

»Nein, nein. Ein Agent.«

»Von einer Modelagentur?«

»Ja. Er hat das Mädchen in die *Vogue* gebracht. Mir hat er es auch versprochen.«

»Dann hast du auch schon für ihn gearbeitet?«

»Ja. Wir kennen uns schon lange. Ich habe ihn früher mal am Strand kennengelernt, zusammen mit ein paar Freunden. Er kam aus São Paulo und hat in einem schicken Hotel gewohnt. Immer teurer Whisky und Klamotten wie in einer Telenovela. Wir fanden das total cool damals.«

»Wie alt warst du da?«

»Sechzehn. Mit siebzehn bin ich dann nach São Paulo gezogen. Er hat mich mit fünf anderen Mädchen zusammen in einer Wohnung untergebracht. Ehrlich, Thomas, ich habe nie zuvor so hohe Häuser gesehen. Er hat versprochen, mich groß rauszubringen, hat gesagt, dass ich in Zeitschriften, in den Nachrichten, in Telenovelas hineinkomme ... Aber mehr als ein kleiner Gig in einem alten Video von Ja Rule, diesem Rapper, ist dann doch nicht herausgekommen.«

»Wie lange hast du für ihn gearbeitet, bevor ...?« Ich deute auf das ausgekratzte Gesicht auf dem Foto.

»Ein paar Jahre. Er war ein Lügner. Jetzt arbeite ich ohne Agenten, ich brauche keine Blutsauger. Eines Tages werde ich *das* Gesicht von Brasilien sein. Alle reden von Gisele Bündchen, aber sie ist aus dem Süden und sieht überhaupt nicht aus wie eine Brasilianerin. Die sollte lieber in Deutschland arbeiten.«

»Und was machst du jetzt in Olinda?«

»Gar nichts. Ich arbeite in Recife, am Strand von Boa Viagem. Dort finden öfter Partys von irgendwelchen Firmen statt, und demnächst macht ein neuer Club auf. Man findet immer Gelegenheit, auf sich aufmerksam zu machen und Kontakte zu knüpfen. Aber wohnen tu ich lieber in Olinda. Ich hab es gern ein bisschen kleiner, das erinnert mich eher an zu Hause. Und wie ist es so als Schriftsteller?«

»Mal sehen, bislang hab ich noch gar nichts geschrieben, jedenfalls nichts Richtiges, nichts Längeres. Ich bin mir auch gar nicht sicher, ob man es überhaupt schreiben nennen kann, was ich hier mache. Es ist eher eine Überarbeitung oder, ach, irgend so ein Mist eben.

»Also schreibst du jetzt, oder schreibst du nicht?«

»Ich renne durch die Gegend, sehe mir etwas an, tue so, als wüsste ich, was Sache ist, und dann schreibe ich ein paar Worte darüber. Demnächst muss ich zum Beispiel noch bis ganz hoch nach São Luís.«

»São Luís in Maranhão?«

»Ja. Warst du schon mal dort?«

»Nein. Das ist weit weg. Da hast du eine lange Reise vor dir. Aber es kann auch Spaß machen. Wann hast du beschlossen, Schriftsteller zu werden?«

»Weiß nicht. Vor ein paar Wochen. Ich habe beruflich alles Mögliche ausprobiert, um herauszufinden, was ich am liebsten mache. Zuletzt hatte ich einen Bürojob, aber das hat mich gelangweilt.«

Sie sieht mich erstaunt an, und bevor sie mich fragen kann, wie viel ich in dem Job verdient habe, stelle ich ihr noch eine Frage.

»Wolltest du schon immer Model werden?«

»Ja, das ist schon immer mein Traum gewesen. Aber ich hatte auch keine große Wahl. Was kann ein Mädchen von einsfünfundachtzig aus einer armen, zehnköpfigen Familie sonst werden?« Sie lacht. »Mit vierzehn bin ich von der Schule gegangen. Mir hat keiner einen ›langweiligen Bürojob‹ angeboten.«

In den ersten Tagen sind Inara und ich stets bis spät abends mit unserer Arbeit beschäftigt. Nachmittags verlässt sie das Haus mit ein paar Kleidern unterm Arm, nachts oder am frühen Morgen kommt sie zurück. Sie muss ständig alle möglichen Partys und Events besuchen.

Ich setze mich zu Hause auf den Hintern, um zu schreiben und den Text in die Formatvorlage einzupassen. Ich muss alle möglichen Akronyme lernen und mich an Richtlinien und Vorgaben halten. Mit lässiger Backpackerkultur hat *Lonely Planet* heutzutage nichts mehr zu tun. Der Verlag ist längst nicht mehr an Stories über Kiffen und Hippie-Sex interessiert. Vielleicht bin ich ein paar Jahre zu spät dran. Die neuen *Lonely-Planet*-Bände sollen sehr viel mainstreammäßiger daherkommen und sich mehr an die Mittelklasse richten, denn *Lonely Planet* will den größtmöglichen Marktanteil.

Im Gegensatz zu vielen anderen *Lonely-Planet*-Autoren und -Lesern halte ich das nicht unbedingt für einen Verrat an der Idee. Der Verlag muss nun mal versuchen, sich in einem immer härter umkämpften Marktsegment zu behaupten und konkurrenzfähig zu bleiben. Bill Gates hat auch in der Garage angefangen. Hip-Hop hat mit *Afrika Bambaataa, NWA* [Niggaz with Attitude] und Sean Combs begonnen, Rockmusik mit Robert Johnson über *Led Zeppelin* und *Creed*. Es ist immer dasselbe Spiel – entweder man entwickelt sich weiter, oder man geht ein. Dafür muss man bisweilen auch einen Teil seiner Illusionen und seiner Individualität opfern, wie der rebellische Student, der sich dann doch irgendwann die Haare schneidet, ein paar Anzüge kauft und lieber Golf spielt, als Hasch zu rauchen.

Früher hat *Lonely Planet* eher eigenwillige politische Standpunkte vertreten, hat freimütige Tipps zu Sex und Drogen gegeben und den Leuten erzählt, wie sie am billigsten über die Runden kommen. Heute sollen die Bücher so wenig anecken wie nur möglich, man muss ständig erzählen, wie toll und spannend es überall ist – unappetitliche Details aus der Wirklichkeit und polemische Bemerkungen sind eher unerwünscht. *Lonely Planet* will ein Buch verkaufen, indem es ein Reiseziel verkauft, und dabei muss die Ehrlichkeit nun mal auf der Strecke bleiben. So sind die Einheimischen des jeweiligen Reiselandes immer grundsätzlich »die freundlichsten Menschen« in ganz Lateinamerika oder Europa, wenn nicht gar der ganzen Welt. Früher konnten verwegene Backpacker im *Lonely Planet* nachschlagen, wie man sich in irgendeiner großen Hotelanlage Zutritt zum Pool verschaffte. Heute werden dieselben Resorts seitenweise für zahlende Gäste angepriesen: Familien und wohlhabende Touristen. Denn genau diese Leute kaufen Bücher. Sie haben Geld auf dem Konto und Kreditkarten im Portemonnaie. *Lonely Planet* wird dabei reich. Das Problem ist nur, dass wir Autoren immer noch genauso arm sind wie die ursprüngliche Backpackerleserschaft.

In einer kleinen, weltoffenen und auf Tourismus ausgerichteten Stadt wie Olinda zu recherchieren ist nicht nur ganz anders, sondern auch sehr viel einfacher, als in einer Großstadt wie Fortaleza unterwegs zu sein. In Fortaleza gibt es zwar auch Tourismus, aber eher wenig. Ich dachte, wenn ich schon mit einer Brasilianerin zusammenlebte, bliebe ich halbwegs von Touristen verschont, Olinda aber liegt genau auf der Route, die im *Lonely Planet* beschrieben wird, weshalb man hier als *Lonely-Planet*-Autor immer sofort am Schlafittchen gepackt und über alles Mögliche belehrt wird.

Bei der Hotelrecherche spricht mich der Schweizer Besitzer eines Hostels an. Er ist hellhörig geworden, weil ich für *Lonely Planet* schreibe. Seit über zehn Jahren ist sein Hostel in allen Reiseführern erwähnt. Er hat ganz klein angefangen und Backpacker beherbergt. Inzwischen hat er Hotelstatus und will sein Haus zu einem Resort ausbauen. Er hat einen Pool gebaut und ein Restaurant eingerichtet, und natürlich bin ich herzlich eingeladen, mich von den Annehmlichkeiten seiner Anlage selbst zu überzeugen.

Zuerst einmal spendiert er mir einen Drink. In Olinda spendieren mir alle, die hören, dass ich für *Lonely Planet* schreibe, einen Drink. Der Schweizer hat einen dünnen Seitenscheitel, dunkelbraun angelaufene Zähne und einen Terminplaner. Sein Problem: Vor ein paar Jahren hat ein anderes Hostel unter einem ähnlichen Namen eröffnet wie seins.

»Ein größeres Kompliment kann man kaum bekommen, oder?«, frage ich.

»Na ja, mein Haus stand immer im *Lonely Planet*, alle Backpacker, die herkamen, sind bei mir abgestiegen. Dann hat dieser brasilianische Hund ein Konkurrenzhotel eröffnet, meinen Namen gestohlen und die Telefongesellschaft geschmiert, damit sie ihm meine Telefonnummer gibt – und die steht jetzt im Reiseführer.«

»Und die Nummer konnten Sie nicht zurückbekommen?«

»Nein. Der Gauner ist mit jemandem von der Telefongesellschaft verwandt. Die wollen mir an den Kragen. Zum Glück habe ich mir alle Mail-Adressen und Web-Domains mit diesem und ähnlich klingenden Namen rechtzeitig gesichert.«

Ich muss sagen, irgendwie finde ich es klasse, dass ein Einheimischer ihm die Nummer geklaut hat. In den Reiseführern haben die Hotels unter ausländischer Leitung die einheimisch geführten längst weit überholt, weil sie internationalen Standards entsprechen. Und die Ausländer wissen sehr gut, wie sie ihre Häuser in Europa und Nordamerika vermarkten müssen, sie sprechen Englisch,

Französisch, Deutsch, Holländisch, Italienisch und Iwrit, sie haben Freunde in Genua, Kopenhagen oder Vancouver, die ihnen nicht nur eine Website einrichten können, sondern sogar eine mit Buchungsformular, und zu guter Letzt schreiben sie auch noch alle möglichen Reiseverlage an und laden Autoren ein. Da ist es schön zu sehen, wenn zur Abwechslung mal ein Einheimischer einen Ausländer ausgetrickst hat.

»Sie müssen unbedingt die Telefonnummer in dem Buch ändern. Jedes Jahr drucken sie eine neue Auflage, und immer ist die Nummer falsch.«

»*Lonely Planet* macht nicht jedes Jahr eine neue Auflage. Eher alle vier Jahre.«

»Nein, jedes Jahr!«

»Glauben Sie mir – dieses Buch ist fast vier Jahre lang nicht überarbeitet worden. Es ist viel zu teuer, so etwas regelmäßig zu machen.«

»Doch! Vielleicht habe ich die Ausgabe von 2003 ja sogar noch irgendwo herumliegen. Jedenfalls habe ich auch schon beim Verlag angerufen und immer wieder Mails geschickt.«

»Sie verwechseln das bestimmt mit *Footprint*. Das ist ein anderer Verlag. Oder sie haben eine Raubkopie.«

»Sind Sie sicher?«

O Mann! Ich hätte den Drink nicht annehmen sollen.

»Ja, ich bin sicher. *Footprint* ist etwas ganz anderes, das ist ein kleiner Verlag, aber er versucht, seine Führer jährlich zu aktualisieren. Ich glaube, die Autoren recherchieren hauptsächlich im Internet.«

Footprint hat zum Teil die Lücke gefüllt, die entstanden ist, nachdem *Lonely Planet* sich von den Backpackern abgekehrt hat. Manche *Footprint*-Leser grenzen sich seither als Hardcore-Traveller von *Lonely Planet* ab.

Es ist dann aber doch ein *Lonely Planet*, den der Schweizer an der Rezeption liegen hat, und tatsächlich ist die Telefonnummer falsch. Nachdem ich versprochen habe, die Nummer auf jeden Fall zu ändern, werde ich mit weiteren Drinks aus der Bar verwöhnt.

Am Nachmittag checke ich ein halbes Dutzend Hotels und Restaurants, ich komme immer mehr in Schwung, von Lokal zu Lokal steigt mein Alkoholpegel. Am Abend bin ich wieder in Alto da Sé, wo ein Straßenfest im Gange ist. Studenten stehen in Grüppchen um Holzkohlegrills mit Fleischspießen herum, aus Kühltaschen wird Bier verkauft, es gibt zwei Capoeira-Rodas. Ich spreche einen Brasilianer an und erzähle, dass ich in Kalifornien, London und New York drei Jahre lang Capoeira gespielt habe. Und im nächsten Augenblick stehe ich schon mitten in der Roda und versuche mich an linkischen Drehschlägen und betrunkenen Rädern.

Der Typ hat leichtes Spiel mit mir. Die Leute finden es offenbar lustig, dass ein besoffener Gringo in Alltagskleidung Capoeira spielt. Ich glaube, ich werde sogar von einigen aus der Menge angefeuert, vielleicht buhen sie mich aber auch aus. Als ich zu einem mannshohen Fußschlag aushole, spüre ich aber doch, dass die Wendigkeit von früher mir mittlerweile abgeht: Der Tritt nach oben reißt mir auch den anderen Fuß vom Boden. Ich krache auf die Seite und schramme mir die linke Handfläche auf. Mit vollgeblutetem T-Shirt ist mir wenigstens ein ehrenhafter Abgang vergönnt. Ich hole mir noch ein Bier, und der Verkäufer gibt mir ein Stück Zeitungspapier, das ich um meine Hand wickeln kann.

Ich ziehe durch die Discos, tausche irgendwann das Zeitungspapier gegen einen Verband aus Servietten aus und fange an, mich richtig zu betrinken. Hin und wieder werde ich von Leuten angesprochen, die mich beim

Capoeira gesehen haben. Ich weiß nicht, ob ich das als Kompliment auffassen soll, oder ob ich mich lächerlich gemacht habe.

Im *Preto Velho* und im *Atlântico* trinke ich noch mehr Bier. Meine Schrift wird immer unleserlicher. Ich kaufe große Flaschen Bier für den Typ, mit dem ich Capoeira gespielt habe, sowie für drei Mädchen, die sich uns angeschlossen haben. Dann werde ich mit »einem anderen Gringo« bekannt gemacht, der offenbar nicht besonders glücklich mit dieser Art der Vorstellung ist.

»Ich bin Brasilianer, verdammt!«, sagt er. »Meine Eltern kommen aus Palästina, aber ich bin in Porto Alegre geboren. Die Leute im Nordosten kriegen das einfach nicht in ihre Birne!«

Er stellt sich als Azzam vor. Während seines Studiums in Großbritannien hat er angefangen, als DJ zu arbeiten. Jetzt zieht er durch Brasilien und ist zum ersten Mal hier in der Gegend.

Er freut sich, dass ich seinen Namen aussprechen kann. »Das hier ist meine Heimat, Alter, und keiner kann meinen Namen richtig aussprechen! Das funktioniert auf Portugiesisch einfach nicht. Meine Eltern haben nicht weit genug gedacht. Auf Englisch – kein Problem. In Recife war mal jemand total überrascht, dass ich Portugiesisch kann, und wollte einfach nicht glauben, dass ich Brasilianer bin. Wo eigentlich mein Zuhause ist, kann ich gar nicht mehr sagen.«

Einträchtig hängen wir dem Verlust der Heimat nach, und ich muss ihm versprechen, dass ich in den nächsten Wochen unbedingt mal in einem der Clubs vorbeikomme, wo er auflegt.

Etwa sechs Stunden und unzählige Biere später gehe ich nach Hause. Die Sonne steht schon hoch am Himmel.

Beatriz, die gerade einen Jungen bezahlt, der ihr einen Twelvepack Bier gebracht hat, fängt mich an der Hintertür ab.

»Du musst mir helfen. Komm mit.« Sie ist unsicher auf den Beinen und stinkt nach Alkohol. Der Versuch, schnell noch in mein Zimmer zu entschlüpfen, scheitert leider. Ich hoffe, sie will weder Sex noch irgendeine andere Dienstleistung von mir.

Drei leere Flaschen stehen in ihrem Schlafzimmer herum. Ich habe eine Entschuldigung, schließlich habe ich die Nacht durchgemacht, während sie gerade erst aufgestanden ist. In der Tür bleibe ich stehen und lehne mich an den Rahmen. Beatriz setzt sich auf die Bettkante, auf einem Stuhl in der Ecke sitzt das Hausmädchen. Das Zimmer ist klein. Beatriz hat ihr Haus unterteilt und an Langzeitgäste vermietet. Überall auf dem Boden liegt schmutzige Wäsche verstreut, die Klatschblätter und Fitnessmagazine stapeln sich zu Türmen, darauf stehen leere Flaschen und ein überquellender Keramikaschenbecher. Beatriz trägt wie immer ihre schwarzen Stretchshorts und ihr Personal-Trainer-Shirt. Das Mädchen trägt eine fleckige Schürze und lackiert sich die Zehennägel mit pinkfarbenem Lack.

»Hier ist sie«, verkündet Beatriz, während sie in einem Stapel Kassetten wühlt. Sie legt die Kassette ein und summt ein paar Takte Whitney Houston. Nach einer hektischen Suche mit dem Schnellvorlauf hat sie schließlich ihr Lied gefunden. Beatrice und das Mädchen räuspern sich unisono, nehmen sich beide eine Flasche Bier und trällern: Ei-ei-ei-ei will all-wei-eiss laaaaff juuhuh!« Nachdem keine der beiden auch nur ein einziges Wort Englisch spricht, ist das eine beachtliche sprachliche Leistung. In der Hand hält Beatriz eine Kassette. »Dancing on the Ceiling« steht drauf. Ich fürchte, das kommt jetzt als Nächstes.

»Kennst du das? Kannst du uns den Text übersetzen.«
Die beiden sind gespannt wie Flitzebogen.

Ich tue mein Bestes, ihnen das Lied auf Portugiesisch zu erklären: ein Liebeslied, sage ich, und der Soundtrack eines Kinofilms.

»Ja, mit Kiven Kossner. Verdammt sexy!«

»Genau. Aber ich muss jetzt los, Ladys. Ich habe zu tun.«

»Gut. Aber halt – vergiss nicht, dass ich morgen die andere Hälfte der Miete haben will.«

»Wieso das?«

»Du hast mir am ersten Tag nur die eine Hälfte gegeben.«

»Die andere Hälfte übernimmt Inara.«

»Das müsst ihr unter euch ausmachen. Du hast den Vertrag unterschrieben. Morgen will ich das Geld, oder du kriegst ein Problem.«

Ich komme mir überrumpelt vor. Vielleicht wäre es besser gewesen, Beatriz hätte tatsächlich Sex oder Hilfe bei irgendeiner Reparatur im Haus gewollt. Dann hätte ich sagen können: Augen zu und durch, aber zumindest hätte ich mich nicht mit einem Mietproblem herumschlagen müssen. Ich hätte mir sogar das Hausmädchen vorgenommen, aber ich habe das Gefühl, Cash ist den Damen lieber.

Auf dem absteigenden Ast

Noch 48 Tage bis zum Abgabetermin

Jeder, der ab und zu einen Blick in die Bordmagazine US-amerikanischer Airlines wirft, kennt Dr. Chester L. Karrass. Karrass ist für die Binnenfluggesellschaften das, was der Dermatologe Dr. Zizmor für die New Yorker U-Bahn ist.

Ich habe nie ein Seminar von Karrass besucht, ich habe auch keines seiner Bücher gelesen, aber ich kann jederzeit die Augen schließen, mir die selbstzufriedene Kapitalistenmiene auf seinen Werbefotos vergegenwärtigen und mich an seine weisen Worte erinnern: »Du bekommst nicht, was du verdienst, du bekommst, was du aushandelst.« Ich werde also jetzt in die Wohnung gehen, mich mit Inara auseinandersetzen und die Sache klären.

Ich treffe Inara schlafend an. Den Unterarm hat sie über die Augen gelegt, gegen das durchs Fenster einfallende Morgenlicht. Sie trägt ein knappes, weißes Top mit Spaghettiträgern, einer ist ihr so weit über die Schulter gerutscht, dass man eine feste, dunkle Knospe ihrer Brust sieht. Sie hat relativ kleine, aber schöne, feste Brüste. Ich fand schon immer, dass die Form, nicht die Größe wichtig ist.

Die Temperatur ist weit über dreißig Grad angestiegen, ihre Haut ist mit einem feinen, glänzenden Schweißfilm überzogen, ihre Lippen sind nass vom Speichel. Ich sehe zu, wie ihre Brust sich hebt und senkt, während sie, den Sauerstoff aus der feuchten Luft herauszuziehen versucht.

Inara zuckt, merkt, dass ich sie ansehe, und stöhnt leise auf. Sie bedeckt ihre Brust, dreht sich zur Wand, im Arm die ramponierte Elmo-Puppe. Das Laken ist heruntergerutscht, mein Blick fällt auf ihren Hintern, wo ein schmaler, weißer String zwischen ihren perfekten Pobacken verschwindet. Ich halte die Luft an, um keinen Laut von mir zu geben, damit ich den Augenblick nicht kaputt mache. Scheiß auf Karrass! Ich habe bereits verloren. Wie man mit einer halb nackten Frau verhandelt, darüber hat er sich bestimmt nie Gedanken gemacht.

Ich schlüpfe in mein Bett, lege mich auf die Seite und schließe die Augen. Es dauert nicht lang, bis ich spüre, dass mein Puls unbändig rast. Um wieder runterzukommen, sage ich zu mir selbst, dass sie bestimmt sowieso kein Interesse an mir hat.

Sie zieht ihr Oberteil hoch und dreht sich zu mir. Mit angezogenen Knien liegen wir einander gegenüber, etwa zweieinhalb Meter voneinander entfernt. Ich glaube, ich kann ihr Parfüm riechen, aber vielleicht bilde ich es mir auch nur ein.

»Bist du gerade erst heimgekommen?«, fragt sie.

»Ja. Lange Nacht. Viel Arbeit.«

»Ich auch. Ich war viel zu lange auf High Heels unterwegs.«

»Ja?«

»Ja.«

»Na dann …«
»Was hast du mit deiner Hand gemacht?«
»Hatte einen schwachen Moment.«
»Eine Gringa?«
»Diesmal nicht.«
»Gut.« Sie lächelt.
»Kann ich dir was Gutes tun?«, taste ich mich vor.
»Was meinst du?«
»Weiß nicht.«
»Alles, was ich will?«
»Klar.«
»Wie wär's mit einer Fußmassage?«, fragt sie.

Gespräche werden bei der Anbahnung sexueller Beziehungen zumeist überbewertet. Worte sind nur dazu gut, die Zeit auszufüllen, bis die körperliche Distanz überwunden ist. Die Entscheidung, tatsächlich miteinander zu schlafen, ist in Wirklichkeit schon viel früher gefallen. Die Körper der Betreffenden haben es für sie entschieden. Ausschlaggebend sind in Wirklichkeit nämlich Augenkontakt, Körpersprache und kaum wahrnehmbare Düfte. Worte spielen dabei nur insofern eine Rolle, als sie die persönliche Verteidigungslinie aufbrechen. Eine Rückenmassage, die berühmt-berüchtigte Briefmarkensammlung – all das sind Klischees, aber sie dienen als Füllstoff.

Ich lache, dann lacht Inara auch. Sie sieht mich mit nur einem Auge an, die andere Gesichtshälfte ist vom Kissen und ihren Haaren verdeckt. Sie drückt ihren Elmo an sich, dessen schwerer Plastikkopf an seinem ausgestopften Hals baumelt.

Mit der Fußmassage stimme ich sie ein. Sie liegt auf dem Bauch, ich knie auf dem Boden, mein Oberkörper liegt auf dem Bett. Auf der anderen Seite sitzt Tweety, wir blicken uns an. Als ich Inaras Kniekehlen zu küssen anfange, streckt sie ihren Arm nach meinem Nacken aus. Ich bin müde, verkatert und überhaupt mit den Nerven am Ende. Hatte ich nicht ganz andere Dinge im Kopf, als ich hierherkam?

Mit den Zähnen packe ich den Bund des weißen Stringtangas. Vor kaum zehn Minuten habe ich mit der Fußmassage angefangen, und schon greift sie unters Bett, um ein Kondom aus ihrem Koffer zu holen. Es ist unbeschichtet, vielleicht ist sie allergisch gegen Gleitmittel. Ein trockenes Kondom ist ja nun wirklich nur was für echt Engagierte, für die Hartgesottenen ...

Als wir dennoch die richtige Mischung aus Penetrationskraft und natürlichem Gleitmittel erreicht haben und er endlich reingeht, geht plötzlich alles so schnell, dass ich viel zu früh zu kommen drohe. Ich konzentriere mich auf meinen Atemrhythmus und bekomme mich wieder in den Griff. Wir bewegen uns langsam, fast vertraut, im Einklang miteinander. Meine Brust reibt an ihrer, ihre Hände gleiten an meinen Hüften hinab. Schweiß rinnt mir über die Stirn. Mit der linken Hand schiebe ich Elmo weg und wälze mich auf den Rücken. Sie liegt oben. Wir steigern das Tempo. Schweißperlen laufen ihr über die Brust und am Bauch hinunter.

Nach dem Orgasmus fühlt sich mein Kopf auf Anhieb wieder klar und nüchtern an, eine Klarheit wie nach einem Ecstasy-Trip. Tweety starrt mich teilnahmslos an. Ist es verkappte Verachtung? Unterschwelliges Bedauern? Jedenfalls ist das Bett nicht breit genug für Inara und mich, von den beiden anderen Gestalten gar nicht zur reden. Nach ein paar Minuten gehe ich in mein eigenes Bett und überlege, ob ich besser ausziehen sollte. Ich bin Inara einfach nicht gewachsen. Und sie kämpft mit unfairen Mitteln.

Inara kann mich davon überzeugen, dass sie nicht bezahlen muss, jedenfalls nicht heute. Man kriegt nicht das, was man verdient, sondern was man aushandelt. Und meine Verhandlungsposition ist schwach. Sie würde bald Geld bekommen und sich dann darum kümmern, sagt sie, und sie wolle schließlich nicht irgendwelchen schmierigen Agenten und Produzenten in den Arsch kriechen, um einen Vorschuss zu bekommen. Ich solle sie bitte nicht in so eine peinliche Lage bringen. Wir seien hier nicht in Amerika. Die Leute würden hier niemanden im Voraus bezahlen – jedenfalls nicht ohne Hintergedanken. Dieser Luxus sei den Weißen in ihrer weißen Welt vorbehalten.

Inaras Freundin Andreia ist in der Stadt und braucht eine Unterkunft. Sie hat nicht viel Geld, aber Inara argumentiert, dass es dann immerhin auch für uns ein bisschen billiger würde. Erst sträube ich mich, aber eine Mischung aus Erschöpfung, Geilheit und Schuldgefühlen treibt mich letztlich zu dem Zugeständnis, dass ich es mir überlegen würde. Außerdem würde Andreias Beitrag ausreichen, um Beatriz ein paar Tage hinzuhalten.

Andreia und Inara waren Nachbarinnen, in São Paulo. Andreia war ein Jahr lang auf die Uni gegangen, hatte aber nicht genügend Geld auftreiben können, um zu Ende zu studieren. Für den Schuldienst hatte es jedoch gereicht, nun wollte sie vor allem raus aus São Paulo. Wochenlang hat sie sich in Recife abgestrampelt, doch dort waren ihre Berufsaussichten eher mau. Nun hofft sie, dass sie eine Weile bei Inara wohnen kann.

Als Andreia mit ihrem Koffer ankommt, ist es ohnehin schon viel zu spät, um darüber zu diskutieren, ob sie nun einzieht oder nicht. Wenigstens wirkt sich ihre Anwesenheit sofort positiv auf die Spannungen zwischen Inara und mir aus. Sie hat ein freundliches Gesicht mit

Sommersprossen auf der Nase und eine reizende kleine Lücke zwischen den Schneidezähnen. Sie sieht erheblich jünger aus als dreiunddreißig, auch wenn sie sich eher konservativ kleidet und ihre Frisur ein wenig hausmütterchenhaft ist.

»Ich dachte, in Recife wäre es billiger und ruhiger als in São Paulo«, sagt sie zu mir. »Da ist was dran, aber es hält sich ziemlich in Grenzen.« Sie erzählt, dass sie erfolglos nach einer Stelle als Lehrerin gesucht hat und sich jetzt in Olinda neu orientieren will, mit irgendeinem Job für zwischendurch, bis sich doch noch etwas im Schuldienst ergibt. Sonst müsste sie eben wieder zurück zu ihren Eltern nach São Paulo. Sie nimmt die Couch in Beschlag und stapelt ihre Kleider, ihre Astrologiekarten und Ordner unter dem Ecktisch im Gemeinschaftsraum. Den kleinen Kühlschrank füllt sie mit eingeschweißten Hotdogs und Eierkartons. Sie macht gerade eine Eiweißdiät auf Hotdog-Basis, damit verliert man Fett an der Taille, bekommt aber einen dralleren Arsch und breitere Hüften.

Was ich nicht gewusst hatte: Andreia kam nicht allein. Sie hat seit Kurzem einen Freund, der aus Israel stammt, Otto, der zwar nicht bei uns wohnt, aber sehr wohl die Nacht bei ihr verbringt. Jede Nacht. Keine Ahnung, wo er seine Sachen lagert, falls er überhaupt welche hat.

Wenn wir vier Leute in einer kleinen Zweizimmerwohnung zusammenwohnen, ist es ziemlich beengt, auch wenn nicht immer alle auf einmal zu Hause sind. Weil Beatriz nicht wissen darf, dass die beiden bei uns wohnen, müssen sie sich zu nachtschlafender Zeit hinein- und hinausschleichen. Da ich die Hälfte der Miete allein bezahle, hätte ich eigentlich Grund genug, mich über so etwas aufzuregen, aber ich habe mich mit dem Chaos abgefunden. Manchmal macht die ganze Sache mir sogar Spaß. Ich will schließlich kein hysterischer Ami sein, sondern meine Zeit hier genießen.

Ausgezogen bin ich aber doch nicht – auch weil mir ziemlich schnell klar wurde, dass ich mir das nicht leisten konnte. Außerdem fand ich es auch gar nicht so schlecht, das Schlafzimmer mit einer attraktiven Frau zu teilen, die Lust hatte, mit mir zu schlafen – auch wenn die Gegenwart von Otto und Andreia die Sache nun etwas verkompliziert, sodass es zwischen Inara und mir nur noch ein einziges Mal zum Sex kommt: ein Quickie – eine *rapidinha*, wie sie in Brasilien sagen – im Stehen vor der Klotür, während Otto und Andreia nebenan zu Abend essen. Inara rafft ihren Rock und zieht den Slip zur Seite, ich stelle mich auf die Zehenspitzen. Hinterher gehen wir zu den anderen, setzen uns mit auf den Boden und lassen Teller mit Reis, Maniok und Hühnerschlegeln in Zwiebelsoße herumgehen. Wir teilen uns eine Zweiliterflasche Guaraná-Limo; sie schmeckt so ähnlich wie Ginger Ale, und das Koffein aus den Samen der Pflanze gibt uns einen Kick.

Beim Essen erstellt Andreia für jeden von uns ein Horoskop. Das Reisen liegt mir im Blut, wie ich höre, ich bin nämlich Schütze. Otto spricht nicht viel, und als ihm Andreia vorhersagt, dass er in naher Zukunft heiraten und Kinder kriegen wird, ist er sichtlich irritiert. Inara reagiert euphorisch, als es heißt, dass sie bald das große Geld machen wird. Ich selbst glaube zwar nicht an Astrologie, hoffe aber, dass sich Inaras Horoskop trotzdem als zutreffend erweisen wird.

Bislang ist meine Reise nicht annähernd so verlaufen wie geplant. Aber ich habe mein primäres Ziel erreicht: Ich bin weit weg von den durchwachten, koffeingeschwängerten Stunden in meinem grauen Resopalloch-

Büro, wo ich Angst haben musste, dass mir das Gehirn eintrocknet.

Andreia findet Arbeit in einem Supermarkt, wo sie Dosen zu riesigen Pyramiden stapelt und große Pappschilder aufstellt. In enger Uniform mit kurzem Rock steht sie dann daneben und macht Werbeangebote, meist für Prepaidkarten. Sie verdient den Mindestlohn, welcher derzeit bei 260 Reais oder 89 US-Dollar im Monat liegt. Das sind knapp über 1000 Dollar im Jahr. Und das, obwohl sie ein paar Semester lang studiert hat!

Wenn sie nicht bald etwas Besseres findet, muss sie zu ihren Eltern zurück, denen es allerdings auch nicht sehr viel besser geht als ihr. Wie Otto darüber denkt, weiß ich nicht. Ich weiß nicht mal, wie lange die beiden schon zusammen sind. Abgesehen von unseren kleinen Scherzen bei dem gemeinsamen Abendessen nach der *rapidinha,* war er für mich immer nur ein flüchtiger Mitbewohner.

Eines Morgens wache ich auf und stelle fest, dass außer mir nur noch Otto in der Wohnung ist. Inara ist gar nicht nach Hause gekommen, und Andreia ist schon früh gegangen, wegen irgendeiner *Nestlé*-Promotion. Otto bietet an, Kaffee zu kochen, ein Angebot, dass ich niemals ablehnen würde.

Er ist kleiner als ich, hat eine eingefallene Brust, blaue Augen und schulterlanges, blondes Haar. Er formuliert seine Sätze immer so vorsichtig, als wäre er Mitarbeiter einer Hilfsorganisation oder Doktorand auf Urlaubsreise.

»Andreia hat erzählt, du schreibst ein Buch«, sagt er, während er mit der Espressokanne hantiert.

»Na ja, kein richtiges Buch – einen Reiseführer.«

»Wie die von *Lonely Planet?*«

»Genau.«

»Was genau?«

»Na, eben für *Lonely Planet*. Ich arbeite für diesen Verlag.«

Er hält kurz inne und sieht mich an. »Ich kann Reiseführer nicht ausstehen, und die von *Lonely Planet* schon gar nicht«, sagt er. »Ihr spitzt die Leute dazu an, als Tourihorde durch die Gegend zu ziehen, und macht ihnen weis, sie wären unabhängig.«

Die schonungslose Offenheit der Israelis ist kaum zu überbieten. Ich habe schon einige Leute getroffen, die Reiseführern aus den verschiedensten Gründen ablehnend gegenüberstanden. Die einen sind Zyniker, die sowieso alles hassen, was anderen gefällt; andere mögen es nicht, wenn unabhängiges Reisen zum Mainstream wird, wieder andere wollen beweisen, wie hart sie sind und dass sie ein Jahr lang ohne Reiseführer, ohne Karten, ohne Geld, ohne Schuhe und überhaupt ohne alles auskommen. Sie sind der Meinung, dass dümmere Reisende – ebenjene, die sich an Reiseführern orientieren – ihnen ihre Erfahrungen versauen, indem sie irgendwelche Geheimtipps, die dann natürlich keine mehr sind, überschwemmen. Sie haben gar nicht mal unrecht – obwohl es den Wert eines gut geschriebenen Reiseführers auch nicht unbedingt mindert.

»Ich denke, Reiseführer haben ihr Gutes und ihr Schlechtes«, sage ich. »Ohne Führer würde man überall viel Zeit vergeuden müssen, um an grundlegende Informationen zu kommen. Man müsste ständig das Rad neu erfinden. Wenn man sicher sein will, dass man keine Sehenswürdigkeit übersieht, oder wissen möchte, wie man vom Flughafen am schnellsten in einen bestimmten Stadtteil kommt, ist man ohne Reiseführer aufgeschmissen.«

»Nö. Eine gute Landkarte und ein Wörterbuch tun's auch. Ich halte mich lieber an die Tipps von Einheimischen statt an Reiseführer, die in China gedruckt werden.«

Ich verstehe ja, was er meint, halte das alles aber für nicht sehr realistisch. Nur ein geringer Prozentsatz von Leuten hat genug Zeit und Erfahrung, um auf Reisen mit lediglich einer Landkarte und einem Wörterbuch auszukommen. Und selbst dann haben die wenigsten so gute Fremdsprachenkenntnisse, dass sie sich alle Informationen vor Ort beschaffen könnten. Leute wie Otto – eingefleischte Globetrotter und Zyniker – sollten mal zwei Stunden ihrer Zeit darauf verwenden, sich auf Portugiesisch zu einem Waschsalon durchzufragen, bevor sie so was von sich geben.

Insofern würde ich schon ganz gern mal wissen, wie Otto eigentlich dazu gekommen ist, in Brasilien herumzuzockeln, sich in anderer Leute Wohnungen einzuschleichen und dort die Nächte zu verbringen.

»Welches große Abenteuer hat dich denn hier auf meine Couch geführt?«, will ich wissen.

»Ich war Security Consultant in São Paulo.« Er streicht sein Haar zurück und bindet es mit einem Gummi zu einem Pferdeschwanz.

»Ah! Security Consultant! Für Netzwerke?« Sein kleiner Pferdeschwanz deutet sehr darauf hin.

»Ich war drei Jahre lang beim IDF, als ich rauskam, war ich Mitte Zwanzig. Ich hatte nichts Richtiges gelernt, Security war alles, was ich konnte. An die Uni wollte ich nicht, dazu hatte ich mittlerweile zu viel gesehen, zu viel erlebt. Also bilde ich jetzt Leute aus, ich bringe ihnen bei, was ich beim IDF gelernt habe. Objektschutz, Personenschutz ... Du weißt schon.«

»IDF – du meinst die israelische Armee?«

»Genau, Israel Defense Forces. Ich habe ein Eingreifkommando geleitet, das Terroristen zu Vernehmungen abführte. Wenn wir einen Hinweis auf den Aufenthaltsort der betreffenden Person bekommen hatten, stürmten wir bei Nacht das Haus, schnappten uns den Typen und brachten ihn ins Quartier des Geheimdienstes. Wir waren gut. Die Verdächtigen waren gefesselt und geknebelt, ehe sie auch nur Pieps sagen konnten. Man nannte uns den Zustelldienst – uns ist keiner durch die Lappen gegangen.«

Im Gegensatz zu Otto habe ich selbst die meiste Zeit meines Lebens damit verbracht, Geisteswissenschaften zu studieren, Bier zu trinken und bei jeder Gelegenheit zu reisen.

»Willst du Milch?«, fragt Otto.

»Was?«

»In den Kaffee. Ich tu immer viel Milch und Zucker rein. Ich bin ein Leckermaul.«

»Ja, gern ein wenig Milch. Drei Jahre beim IDF … Warum hast du aufgehört?«

Otto reicht mir den Kaffee, der erstaunlich gut ist – und setzt sich auf den Boden.

»Manchmal läuft es eben nicht so, wie es soll. Bei unserem dritten Einsatz bin ich fast umgekommen. Ein Freund hat mir das Leben gerettet, dabei hat er einen Arm verloren.«

»Was ist denn passiert?«

»Wir sind mitten in der Nacht angegriffen worden. Es war sogar noch meine Schuld, ich war in die Falle getappt. Ich hätte das Gebäude besser checken müssen. Mein Freund hat mich gerettet, musste dafür aber einen hohen Preis bezahlen. Gut, dass er eine *Micro* hatte.« Gedankenverloren starrt er eine Weile an die Wand.

»Eine was?«

»Ein *Para-Micro-Uzi*. Für den Nahkampf in Städten optimal. Sie ist nur fünfundzwanzig Zentimeter lang und wiegt zweieinhalb Kilo – mit einem vollen Fünfundzwanzig-Schuss-Magazin. Eine normale *Uzi* ist für schmale Korridore, Treppenhäuser und kleine Zimmer zu lang. Du weißt ja – die Leute verstecken sich in Kellern und Wandschränken.«

Zugegeben, jemand wie Otto braucht wahrscheinlich wirklich keinen Reiseführer. Der würde auch mit einem Messer und einem Feuerstein überleben.

»Meine Familie ist aus Polen«, fährt er fort. »Nach dem Krieg hatten diejenigen, die das KZ überlebt hatten, keine Heimat mehr. Ihre Nachbarn hatten ihre Häuser in Besitz genommen und wollten sie nicht mehr zurückgeben. Niemand wollte uns haben. Heutzutage ist Europa Israel gegenüber immer ziemlich kritisch, aber nach dem Krieg wollten sie die Juden bloß los sein. Ich habe von früh auf gelernt, dass man im Leben immer kämpfen muss. Und, ehrlich gesagt, ihr Europäer und Amerikaner habt auch leicht reden. Ihr lebt in dem Luxus, den eure Vorfahren für euch erkämpft haben.«

»Na ja, ich würde das schon ein wenig differenzierter sehen, aber ich gebe zu, dass ich ganz anders aufgewachsen bin ... Und was hat dich dann nach Brasilien verschlagen?«

»Ich habe Bodyguards für Geschäftsleute und Politiker ausgebildet. Hier haben die Leute echt wenig Erfahrung.« Er grinst. »Sie geben ihr Geld für kugelsichere Limousinen und Knarren aus, die sie aus Claude-van-Damme-Filmen kennen, haben aber keine Ahnung, wie man den Job richtig macht. Ich könnte jeden von denen im Handumdrehen kidnappen – im Alleingang, mit einer Wasserpistole ... Ich hatte auch ein Angebot aus New York, von einem Geschäftsmann, der ein paar Offiziere aus meiner

Einheit kannte. Und ein Angebot aus Kolumbien, als Söldner. Aber ich fand den Job hier in Brasilien am ehrlichsten – aber am Ende hatte ich das Gefühl, immer nur korrupte Diebe und Betrüger zu beschützen. Dabei wollte ich immer für etwas kämpfen, was sich lohnt.«

»Also hast du gekündigt. Und warum reist du nicht mit all den anderen Israelis hier durch Südamerika?«

»Weil die auch alle aus der Armee sind. Alle. Die versuchen alle nur zu vergessen, was sie gesehen haben, indem sie kiffen oder surfen – egal, Hauptsache, sie finden Ablenkung. Und sie laufen den *Lonely Planet* ab wie alle anderen Touris auch. Ich brauche ein bisschen Abstand, ich will nicht ständig nur mit Israelis zusammen sein, und nach einem Führer reisen, will ich auch nicht. Ich möchte herausfinden, ob es nicht auch anders geht, ob ich nicht auch leben kann, ohne ständig alles verdrängen zu müssen.«

Ich fange an, Tagestrips nach Recife und ins Umland zu unternehmen. Manchmal begleitet mich Otto. Er verwendet immer sehr viel Zeit darauf, seinen Pferdeschwanz zu binden und neu zu straffen, und das nervt mich total. Wenn ich mich mit der Recherche abstresse, lacht er mich nur aus, aber andererseits soll ich immer und überall der Fachmann sein, auch wenn ich an den meisten Orten noch nie war.

Otto nimmt mich gern variantenreich ins Kreuzverhör:

»Wie lange braucht man bis Garanhuns?«

»Keine Ahnung.«

»Komm schon! Ich dachte, du bist der allwissende *Lonely-Planet*-Autor? Vielleicht sollte lieber *ich* dieses Buch schreiben. Sag mir wenigstens, wo Garanhuns liegt.«

»Im Landesinnern.«

»Was du nicht sagst. Und wo kann man dort am besten essen? Unter zehn Dollar? Wie sieht's aus mit Hotels?«

Nach ein paar solcher Dialoge erfinde ich die Antworten und tue einfach so, als wüsste ich über alles genau Bescheid. Als Reiseautor ist man eben Geschichtenerzähler. Die Einzelheiten kann man später immer noch nachrecherieren, aber selbstbewusstes Auftreten hilft schon ein ganzes Stück weiter.

Nach Garanhuns? »Ein paar Stunden nach Osten. Aber auf die Pünktlichkeit der öffentlichen Verkehrsmittel kann man sich nicht verlassen.« So eine Antwort schafft Spielraum, um die meisten potenziellen Fehler abzudecken.

Ein gutes Restaurant dort? »Gibt es viele. Aber fürs Lokalkolorit empfehle ich, die regionale Küche in der Markthalle auszuprobieren.« Eine Markthalle mit irgendwelchen regionalen Spezialitäten wird es schon geben.

Otto ist nicht der Einzige, der solche Fragen stellt. Immer wenn ich irgendwo erzählt habe, dass ich für *Lonely Planet* schreibe, fragen die Leute mich nach billigen Flügen von Buenos Aires nach Europa, nach guten Hotels in São Paulo, wie sie ihr Visum verlängern lassen können und so weiter, sie wollen jede nur erdenkliche reisespezifische Information von mir bekommen. Die meisten Fragen schmettere ich als nicht zu meinem geografischen Gebiet gehörig ab, beziehen sie sich aber auf Regionen, die ich abdecken muss, wird das schon schwieriger. Zugeben zu müssen, dass ich solche Dinge irgendwie nebenher recherchiere, ist immer etwas peinlich, und andererseits nervt es mich, wenn andere Globetrotter mehr zu wissen scheinen als ich. Dafür gelingt es mir immer besser, kleine Informationshäppchen so aufzubauschen, dass sie sich besonders kompetent anhören. Wie heißt es doch so schön? Die wichtigsten Qualifikationen eines Reiseautors sind eine gute Leber und die Fähigkeit, irgendeinen Mist zu verzapfen.

Recife macht in meinem Buch nicht mal ein ganzes Kapitel aus, aber die Stadt ist so groß, dass man einen eigenen Führer über sie schreiben könnte. Ich mache Ausflüge nach Caruaru, die Küste runter nach Porto de Galinhas und schließlich auch nach Garanhuns. Dabei verbringe ich mehr Zeit in Bussen und anderen öffentlichen Verkehrsmitteln als in den jeweiligen Städten selbst. In Garanhuns ist es so heiß, dass ich mich nach einer Stunde Recherche an ein schattiges Plätzchen flüchte. Die Tage vergehen wie im Flug, und diese Kurztrips mit ihrem ständigen Hin und Zurück rauben mir Kraft und Geld und unterminieren meine Moral.

Otto wird launisch und missmutig. Er beschließt, dass er keine Lust mehr hat, mit mir durch die Gegend zu ziehen. Nach dem Grund gefragt, behauptet er zunächst, es langweile ihn einfach, später gibt er jedoch zu, dass vor ein paar Tagen jemand versucht hat, ihm in die Tasche zu greifen. Ohne den Dieb auch nur eines Blickes zu würdigen, hat er ihn am Arm gepackt und ihm die Schulter ausgerenkt. Erst hinterher hat er festgestellt, dass es ein Jugendlicher war, ein Straßenkind, das dann auch gleich in Tränen ausgebrochen ist. Er ist richtig über sich selbst erschrocken.

Meine eigenen Probleme sind eher organisatorischer Art. Angesichts meiner Zeit- und Geldnot kommt es mir immer unsinniger vor, die ganze Gegend von einem festen Stützpunkt aus abzuklappern – wie ein Jimmy Carter oder ein Bill Clinton, die in der Machtzentrale sitzen und alles von dort aus koordinieren. Das funktioniert nicht. Ich muss eher wie Ronald Reagan oder G. W. Bush vorgehen – ein paar Ziele setzen, über alles andere rücksichtslos hinweggehen und den Informationszustrom auf ein paar verlässliche Quellen reduzieren. Klar, ein paar Details gehen dabei über den Jordan, aber es geschieht zum Wohle des Buches: Ich halte die Deadline ein, und meine Lektorin wird zufrieden sein. Ich muss schnellstens zurück nach Fortaleza, dann weiter nach São Luís und möglichst alles in einem Aufwasch erledigen. Die wichtigsten Details müssen natürlich trotzdem stimmen.

Meine Geduld mit Inaras Verschleppung der Mietzahlung geht allmählich zu Ende. Wieder reden wir übers Geld, wieder sagt sie, sie würde es bald bekommen. Das Gespräch mit Beatriz verläuft noch unangenehmer. Da die Wohnung auf meinen Namen und meine Passnummer läuft, droht sie, mich hinter Schloss und Riegel zu bringen, wenn sie das ausstehende Geld nicht bald bekomme. Sie droht sogar, uns auszuschließen und meinen Laptop zu verkaufen. Ich nehme an, sie blufft, will es aber nicht darauf ankommen lassen, zumal sie anscheinend sogar weiß, dass ich einen Computer habe, was nur bedeuten kann, dass sie sich heimlich in die Wohnung geschlichen und umgesehen hat.

Ich habe noch plus/minus eine Woche in der Gegend von Recife zu tun. Ich habe jetzt schon die Nase voll von dieser großen, lauten Stadt, dabei habe ich gerade mal einen Bruchteil der notwendigen Recherche erledigt. Bei meinem ersten Besuch in Recife hat mir irgendjemand die Lesebrille gestohlen; das hat mich total angekotzt. Ich musste einen Augenarzt finden, mir eine neue Brille verschreiben lassen, die Brille abholen und bezahlen – das alles hat Zeit gekostet, und die habe ich nicht. Ich habe versucht, professionell darauf zu reagieren und mich bei meiner Beschreibung der Stadt nicht davon beeinflussen zu lassen. Aber eine durch Erschöpfung, fehlende Geldmittel, Bagatelldelikte und Ähnliches verminderte Recherchemotivation schlägt sich unvermeidlich in einer schwächeren Schilderung der Stadt nieder. Professionell oder nicht – so kommt es eben, wenn man knallharte Entscheidungen treffen muss, welche Orte das volle Programm kriegen und mit welchen man eher kurzen Prozess macht. Und Recife hat eben jetzt die Arschkarte gezogen. Dass nun Tausende Leute, die mit LP-Brasilien reisen, meinen lauen Artikel lesen müssen, nur weil irgendein Depp meine Brille geklaut hat, kann ich auch nicht ändern.

So schnell wie er aufgetaucht war, ist Otto auch wieder verschwunden. Er hat eine Nachricht für Andreia hinterlassen: Er wolle weiter nach Norden, vielleicht an den Amazonas. Wie man ihn erreichen kann, dazu kein Wort weder an Andreia noch an mich. In einer Art Kettenreaktion verkündet Andreia, sie würde zu ihren Eltern zurückgehen. Die Hotdog-Diät hat nicht angeschlagen wie erwartet, und ihr Boss hat sie wegen ihres Gewichts gestresst und ihr klargemacht, dass sie nur weiterarbeiten kann, wenn sie mit ihm schläft. Weil sie sich für einen Hungerlohn nicht von irgendeinem Ladenschwengel unterkriegen oder anmachen lassen wollte, kann sie den Job im Supermarkt jetzt nicht mehr weitermachen.

Stattdessen könnte sie vielleicht versuchen, ein Visum für die Schweiz zu bekommen. Ihre Schwester ist mit einem Schweizer verheiratet, den sie im Internet kennengelernt hat. Er ist sehr viel älter als sie, und er hat Freunde. Einige davon wären wohl interessiert, Andreia zu treffen, vielleicht sogar zu heiraten.

Zwischen der Schweiz und dem Nordosten Brasiliens gibt es zwar einen regen Austausch, aber die beiden Länder sind das genaue Gegenteil voneinander. Das eine ist klein, kalt, sauber und durchorganisiert, das andere groß, hitzig und politisch instabil. In der Schweiz funktioniert alles – die öffentlichen Verkehrsmittel kommen auf die Minute, die Angestellten werden pünktlich bezahlt, Steuergelder wandern nicht in irgendwelche privaten Taschen, sondern werden für das Gemeinwohl eingesetzt. Die Krankenhäuser sind sauber und ordentlich, Kinder wachsen in sicheren Verhältnissen auf. Und ältere, liebeskranke Männer können mit ihrer Staatsbürgerschaft armen lateinamerikanischen Frauen zu einem Visum verhelfen. Das mit Otto sei etwas anderes gewesen, sagt sie, aber Otto sei auf seinem eigenen Trip. Er habe kein Interesse, sein Wanderleben aufzugeben. Es sei aus zwischen ihnen. Otto ist also weg, und sie hat schon ein Busticket nach São Paulo gekauft. Noch heute Abend fährt sie ab, also beschließen wir, umgehend eine Abschiedsparty steigen zu lassen.

Wir trommeln ein paar Freunde von Andreia zusammen und gehen nach Alto da Sé oben auf dem Hügel, wo wir auf Plastikstühlen sitzen und eiskaltes Bier von den Straßenständen trinken. Auf der Straße stehen ein paar Jugendliche herum, ihre Gruppe wird im Lauf des Nachmittags immer größer. Bald scheint die ganze Stadt auf den Beinen zu sein und sich heillos besaufen zu wollen, noch bevor die Sonne untergegangen ist. Die Menge wächst und wächst, und auf einmal wird daraus eine echte Straßenparade mit riesigen Pappmacheepuppen auf Stöcken, regionaltypischen *frevó*-Tänzern mit gestreiften Hemden und wirbelnden Schirmen. Horden von Betrunkenen torkeln durch die Straßen, Plastikstühle werden gestapelt, um den Massen Platz zu machen. In den Strudeln aus schwitzenden Leibern, die sich über den Platz ergießen und wieder in die engen Gassen geschwemmt werden, gibt es kein Halten mehr.

Andreia und ich gehen nebeneinander und schauen uns das Spektakel an, bis sie endgültig los muss. Sie will nicht abreisen, sagt sie, sie will nicht weg aus dem Nordosten, will ihre neuen Freunde nicht zurücklassen. Sie fängt an zu weinen. Ihre Heimkehr nach São Paulo ist nicht nur ein vorübergehender Rückschlag – es könnte sein, dass damit ihr Traum, jene Stadt für immer zu verlassen und irgendwo anders an einer Schule zu unterrichten, vollständig geplatzt ist. Um in Recife auf Stellensuche gehen zu können, hatte sie sich Geld geliehen, nun kehrt sie ohne Arbeit und mit beträchtlichen Schulden zurück. Vielleicht wäre die Schweiz für sie tatsächlich die beste Lösung, aber sie hat Angst, dafür ihre persönliche Freiheit und ihre romantischen Vorstellungen von der Liebe opfern zu müssen, worüber sie keine finanzielle Sicherheit und Lebensstabilität der Welt hinwegtrösten könnte. Wir kritzeln unsere Mail-Adressen auf Papierfetzen und tauschen sie aus. Sie meint, ich solle Geduld mit Inara haben, sie habe das Herz am rechten Fleck. An einer Straßenecke heult sie in mein T-Shirt, dann ist sie plötzlich verschwunden.

Auf Reisen muss man sich an solcherart Beziehungen gewöhnen: Man lernt jemanden kennen, und wenig später nimmt man schon wieder von ihm Abschied, wahrscheinlich für immer. Auch meine Zeit in Olinda und Recife wird wohl bald zu Ende gehen, wie drastisch sich die Dinge ändern werden, ist mir derzeit jedoch keineswegs bewusst ... Ich gehe noch für ein paar Stunden in eine Open-Air-Disco, rede mit ein paar Typen aus der Stadt, die ich schon früher hier gesehen habe, trinke ein paar Bier und tanze mit ein paar Mädchen. Erst läuft *forró* (so etwas wie Lambada), dann schwenken sie auf einen brasilianischen Electro-Mischmasch um, eine Art Samba-House. House mag ich normalerweise nicht, ich hab's gern etwas härter und mit mehr Bass, aber der DJ ist echt gut: traditionelle Samba, mit genau so einem Beat wie in den coolen Clubs in New York oder London. Ich frage einen Einheimischen nach dem DJ, und er sagt: »Keine Ahnung. Irgendein Gringo.« Also gehe ich zum DJ-Pult, und was sehe ich? Hinter den Plattentellern hampelt schweißüberströmt mein palästinensisch-brasilianischer Freund Azzam herum.

Wir geben uns die Hand, und er sagt, ich solle warten, bis er sein Set beendet hat, dann könnten wir noch etwas zusammen trinken. Das tun wir auch. Um Mitternacht muss er in dem Club sein, wo er ab zwei Uhr auflegt, um sich noch mit den Veranstaltern abzusprechen. Zu guter Letzt steht dann noch eine Beach Party in Boa Viagem auf dem Programm.

»Es wird spät«, sagt er. »Letztes Mal musste ich bis weit in den Morgen hinein auflegen. Lass uns lieber gleich gehen, dann kannst du mir im Club noch aufbauen helfen.«

»Ich weiß nicht, Alter, ob das eine gute Idee ist. Ich bin in Shorts und Flip-Flops und hatte fast den ganzen Tag Party.«

»So ist das in Brasilien, mein Freund. Geh nach Hause, und zieh dir eine lange Hose an. Wenn's dir hilft, dann dusch dich, rasier dich. Das wird eine unvergessliche Nacht, darüber kannst du hinterher in deinem Buch schreiben. Ich hole dich in einer Dreiviertelstunde ab.«

Zu Hause bewundere ich mein sonnenverbranntes Gesicht, meine Nase und meinen Nacken im Spiegel. Das gehört wohl dazu, wenn man in den Tropen um elf Uhr vormittags mit dem Trinken anfängt. Genau wie ein Zweiwochenbart. Ich überlege, ob ich alles abrasieren und nur noch einen Schnauzer stehen lassen soll, entscheide mich dann aber doch für eine Vollrasur, denn mit einem Schnauzer konnte ich mich selbst noch nie so recht ernst nehmen. Dass ich überhaupt darüber nachdenke, ist schon kein gutes Zeichen. Mir ist schlecht von der vielen Sonne und dem vielen Alkohol. Ich muss mich setzen. Nur ein, zwei Minuten ...

Um vier Uhr nachts wache ich auf, ein höllisches Brennen in der Kehle. Das Kissen ist mit Rasiercreme verschmiert, ich bin schweißgebadet.

Unter meiner Tür steckt eine Nachricht von Azzam.

»Was ist passiert? Lass mich nicht hängen! Ruf mich auf dem Handy an.«

Die Nummer hat er ordentlich und sauber daruntergeschrieben. Im Kühlschrank ist kein Wasser, und Leitungswasser trinke ich lieber nicht. Ich ignoriere das Hämmern in meinem Kopf, ziehe mich schnell an und laufe raus, um irgendwo Wasser zu kaufen. Auf der Hauptstraße steht ein Bierverkäufer mit einem ramponierten Styroporkühler. Auch gut. Ich beschließe, Azzam von einem Münztelefon aus anzurufen und mich zu entschuldigen, dass ich ihn versetzt habe. Wahrscheinlich ist er sowieso noch unterwegs.

Er geht beim zweiten Klingeln dran. »He, wo warst du denn? Wolltest du vor mir flüchten?«

»Nein, ich war hier, ich wollte mich nur kurz hinlegen.«

»Das war vor fünf Stunden. Du musst echt im Koma gelegen haben, Alter – ich habe an die Tür getrommelt wie verrückt. Ich verschwinde jetzt hier, die Leute in Recife sind völlig schräg.«

»Scheiße, 'tschuldige, dann eben nächstes Mal.«

»Ich lege jetzt gleich bei der Beach Party auf. Erinnerst du dich? Du musst kommen.«

»An welchem Beach?«

»Boa Viagem, gleich beim *Recife Palace Hotel.* Jeder Taxifahrer kennt das. Es ist die Afterparty vom Club – glaub mir, das darfst du nicht verpassen!«

Er hat ja so recht! Schließlich schulde ich meinen Lesern auch ein paar Infos über das Nachtleben. Vielleicht kann ich Recife am Ende ja doch noch etwas abgewinnen. Ich nehme ein Taxi zum Strand. Azzam hat nicht gelogen, die Leute sind schräg; die Party hat internationales Yuppie-Flair. Es sehen zwar alle etwas mitgenommen aus, aber zu der Brazil-House-Musik, die Azzam auflegt, gehen sie immer noch voll ab. Die Plattenspieler stehen auf Alustangen auf einem Orientteppich und sind mit einer dünnen Plastikplane abgedeckt. Azzam legt über eine Stunde lang auf. Ich begrüße ihn mit einem Nicken und stelle mich an den Rand des Geschehens, während ein paar Brasilianer versuchen, auf den Beat Samba zu tanzen.

Dann übernimmt ein in Rio lebender Brite das Pult, und es gibt Dub-Reggae. Die Sonne ist gerade über den Horizont gekrochen, nun könnte ich gut eine Sonnenbrille gebrauchen.

Während sie immer höher übers Meer steigt und der salzige Dunst sich auflöst, beobachte ich einen älteren Jogger mit blütenweißem Frotteestirnband, der stehen geblieben ist und der Musik lauscht, während er Kokosmilch aus einer am Kiosk gekauften Nuss trinkt. Sein rechter Fuß, in makellos weißem Laufschuh, fängt im Takt der Musik mitzuwippen an. Er kommt runter zum Strand, wirft seine Kokosnuss weg und mischt sich unter die Menge.

Ich bekomme Blickkontakt zu einem Mädchen, das mit einem anderen Mädchen und einem Typen zusammensteht und sich erotisch in den Hüften wiegt. Ich spüre, wie meine Libido aus ihrer Trunkenheitsstarre erwacht. Wir sehen uns eine Weile lang an. Als ich zur Barraca gehe, um mir etwas zu trinken zu kaufen, folgt sie mir, streift meine Schulter mit der Hand und geht weiter. Ich folge ihr. Als wir hinter dem Kiosk angekommen sind, dreht sie sich um, packt mich am T-Shirt und küsst mich. Auf einmal bin ich mir sicher, dass das Nachtleben in Recife eine ausführliche Würdigung verdient hat. Wir teilen einander kurz unsere Namen mit – sie heißt Fernanda –, versenken dann wieder unsere Münder ineinander.

Nach ein paar Minuten Knutschen weiche ich zurück und frage, ob der Typ, mit dem sie vorne am Strand zusammen war, ihr Freund sei.

»Nein.«

»Dein Mann?«

»Nein, mein Bruder.«

»Oh, Scheiße, ist das dann ...«

»Nein, der ist ganz cool.«

»Gut.« Wir knutschen weiter. Zwischendurch frage ich, warum stehen wir denn dann hier hinter der Wand?«

»Meine Mutter. Sie würde mich umbringen.«

»Deine Mutter?« Ich lache. »Das kann gut sein.« Ich drücke sie an mich und lasse meine Lippen an ihrem Hals hinuntergleiten.

»Nein, echt! Wir sind zusammen hier. Wenn sie mich sieht, bringt sie mich um.«

»Soll das heißen, das Mädchen, das neben dir stand, ist deine Mutter?«

»Ja. Wir machen zusammen Urlaub hier.«

»Okay. Aber du bist ja erwachsen. Wenn es ihr nicht passt, ist das wohl ihr Problem.«

»Ja, aber sie behandelt mich wie ein Baby«, sagt sie. »In zwei Monaten werde ich siebzehn, verdammt!«

Erschrocken weiche ich zurück, überrascht schaut sie mich an. Ehe ich etwas sagen kann, kommt ihre Mutter um die Ecke, die Arme in die Hüften gestemmt, die Stirn in Falten gelegt. Ohne mich auch nur eines Blickes zu würdigen schnauzt sie ihre Tochter an:

»Du wolltest dir nur kurz eine Cola holen. Was soll das? Ich schwöre dir, wenn dein Vater hier wäre, dann ...«

»Reg dich ab, ich habe gar nichts gemacht! Ich habe ihm nur ein paar Tanzschritte gezeigt, er ist Ausländer und kann es nicht. Außerdem ist er schwul.« Affektiert tätschelte sie meinen Kopf.

»Wirklich?«, fragt ihre Mutter. Sie klingt alles andere als überzeugt.

»Klar, sieh ihn doch an!« Fernanda nickt mir zu: Jetzt soll ich übernehmen. Ich ringe mir ein dünnes Lächeln ab, mehr ist nicht drin.

Na toll! Ich hatte ganz vergessen, wie sehr Teenager einen gängeln können. Die Mutter wirft mir einen hasserfüllten Blick zu und schickt mich fort, um mit ihrer Tochter allein zu reden. Dabei hatte ich ganz bestimmt nicht vor, mich mit einer Sechzehnjährigen einzulassen. Konnte ich ja nicht ahnen, auf so einer Party spät nachts.

Ich gehe zurück an den Strand und trinke noch ein Bier mit Azzam, der mittlerweile seine Sachen gepackt hat und gerade seine Platten ordnet. Die Sonne wird immer heißer, der Sand verliert langsam seine morgendliche feuchte Kühle, und ich spüre wieder, dass ich einen Sonnenbrand habe. Mit zusammengekniffenen Augen spähe ich zu Fernanda hinüber, die ebenfalls ein paar Mal heimlich in meine Richtung schaut.

Azzam und ich haben große Schwierigkeiten, im Strandbereich ein Taxi zu finden. Wir schlendern erst den Calçadão entlang, dann gehen wir ein paar Häuserblocks Richtung Stadtmitte zu den Hauptstraßen. Azzam schleppt eine Schultertasche voller Platten mit sich herum, also halten wir uns an die größeren Straßen, damit wir nicht überfallen werden. Vor dem sechsten oder siebten Häuserblock stehen endlich mehrere Taxis, auf Höhe eines großen Lokals, des *Club Sampa*.

Es herrscht ein Kommen und Gehen von Männern, zum Teil mit jungen, spärlich bekleideten Frauen im Arm. Auf Taxis und Reklametafeln habe ich vorher schon Werbeplakate des Clubs gesehen. Ein Herrenclub – eine Striptease-Bar.

Ich stehe nicht besonders auf solche Bars, zumindest nicht mehr seit meinem sechzehnten Geburtstag, mit frisch gefälschtem Führerschein in der Tasche und lodernder Libido. Greg, Lars und ich – alle waren wir plötzlich erwachsen und durften tun, was wir wollten: Auto fahren, trinken und in Striptease-Bars gehen, auch wenn wir von all dem nicht viel Ahnung hatten. Unseren ersten Ausflug unternahmen wir in Seattle zum Lake City Way in ein Lokal namens *Rick's*.

Als drei Stripperinnen an unseren Tisch kamen und fragten, ob wir einen Tanz wollten, tauschten wir kurze Blicke aus, zuckten die Achseln, standen auf und tanzten. Es dauerte nicht lange, bis meine Partnerin – ich glaube, sie hieß Tina – mir den Kopf tätschelte, damit ich mich wieder setzte, und mir zeigte, was sie unter einem Tanz wirklich verstand.

Ich war verknallt. Zwischen uns hatte es gefunkt. Die zehn Dollar für den Tanz waren ein Haufen Geld – das Taschengeld von einer Woche –, aber ich war sogar bereit, mir irgendeinen blöden Job zu suchen, um möglichst bald wieder dorthin gehen und mit meiner Lieblingsfreundin tanzen zu können. Nach ein paar Mal Rasenmähen oder sonst irgendeinem Mist konnte ich mir endlich einen weiteren Besuch leisten, aber er war lang nicht mehr so aufregend. Tina sagte genau dieselben Sachen zu mir wie beim ersten Mal. Außerdem tanzte sie mit einem katatonischen Säufer, für den die zehn Steine ein Klacks waren. Ich war enttäuscht, Tina hatte mich einfach fallen lassen. Kein Besuch in einer Strip-Bar hat seither wieder an mein erstes Mal herangereicht. Seit damals betrachte ich solche Clubs nur noch als Läden, die einem das Geld aus der Tasche ziehen wollen, und am Ende ist man noch geiler als zuvor.

Und jetzt stehe ich plötzlich wieder vor so einer Bar. Oder vielleicht auch nicht. Azzam sagt, *Club Sampa* sei eigentlich gar kein richtiger Strip-Club, nicht nach amerikanischen Maßstäben. Eher ein Lokal, wo alle Frauen Nutten sind – nicht unbedingt Professionelle; auch andere, die Sex gegen Cash tauschen möchten. Hier hält man sich nicht mit Lap-Dance auf, hier geht's gleich richtig zur Sache.

»Dann ist es also ein Puff?«, frage ich.

»Nein, eher ein Treffpunkt. Du musst dann mit der Frau woanders hingehen, entweder nach Hause oder in ein Stundenhotel.«

Ich weiß, dass Prostitution im Grunde schlecht und mies und nicht korrekt ist, dass sie allen Beteiligten schadet, dass sich dadurch Krankheiten und was sonst noch alles verbreiten. Aber wenn ich nur den Eingang zu einem Lokal beobachte, wo niedere menschliche Lust ver- und gekauft wird wie Mais auf dem Bauernmarkt, bin ich wie gebannt. Azzam und ich sehen uns das bunte Treiben an. Das Geschäft brummt.

Eine elegante Frau mit silbernem Lidstrich, glänzendem, silbernem Minirock und Silberpumps tritt vor die Tür, rechts und links flankiert von je einem kleinen, blonden Nordeuropäer. Die beiden Männer tragen Krawatten und sprechen anscheinend irgendeine skandinavische Sprache. Ich sehe die Frau an, nehme Blickkontakt zu ihr auf und nicke ihr schüchtern zu. Als sie mit den Männern in ein Taxi steigt, schaut sie kurz zu mir zurück.

»Kennst du die etwa?«, fragt Azzam, als die Taxitür zugeschlagen wird.

»Kann man so sagen. Sie ist meine Mitbewohnerin.«

Wegwerf-Reiseautoren

Noch 31 Tage bis zum Abgabetermin

Auf der Küstenstraße des Bundesstaates Ceará, ein paar Stunden östlich von Fortaleza, haben sich die Dünen bereits weit über den ohnehin schmalen Asphaltstreifen geschoben. Sandflächen streben quer über die Fahrbahn aufeinander zu. Der Fahrer – Washington oder Jefferson, eben irgendeiner dieser englischen Nachnamen, die hier oft als Vornamen im Umlauf sind – zieht die Handbremse. Die Straße hat sich so verengt, dass gerade mal ein Motorrad hindurchpasst. Er manövriert mit bislang ungekannter Vorsicht. Am Horizont über dem Sandsee tauchen vor dem schimmernden Sonnenuntergang die Dächer von Wellblechhütten auf. In jeder anderen Situation hätte ich das schön gefunden, jetzt aber bin ich viel zu angespannt, um die Szenerie auch nur eines Blickes zu würdigen.

Es ist vielleicht paranoid – aber hinten auf einem Motorrad habe ich mich noch nie wohl gefühlt. In einer passiven Position kann ich mich weder richtig in die Kurven legen, noch kann ich den Geschwindigkeitsrausch recht genießen. Und wenn ich in Shorts, mit Flip-Flops, einem Fünfzig-Kilo-Rucksack auf dem Buckel und ohne

Helm hinten draufsitze, fühle ich mich noch sehr viel unwohler.

Den Fahrer habe ich in einer Bar getroffen, genauer gesagt, in einem Kreis aus Gartenstühlen, die am Ende vom Parkplatz des Busbahnhofs um einen Bierkühler herumstanden. Ich war zu spät gekommen, hatte meinen Anschluss verpasst und beschlossen, erst mal ein paar Bier zu zischen, bevor ich mich in irgendein billiges Hostel begeben wollte. Nach dem dritten gemeinsamen Bier hatte er mich überredet: Er bot an, mich mit seinem Motorrad-Taxi nach Canoa Quebrada zu bringen. Wir mussten los, solange es noch hell war, und er machte mir einen äußerst fairen Preis, um die Sache möglichst schnell hinter sich zu bringen. Was Sicherheitsvorkehrungen und Körperschutz anging, musste ich mit einer Pilotensonnenbrille vorliebnehmen. Den nötigen Mut hatten mir ein paar Flaschen Bier eingeflößt.

Wir legen uns in die Kurve. Ich klammere mich mit beiden Händen am Sitz fest und drücke die Knie an den Rahmen, so fest ich kann. Die Luft saust mir in den Ohren – selbst eine kleine Spur Sand auf der Straße kann uns jederzeit aus der Bahn werfen.

Um ehrlich zu sein, interessiert es mich gegenwärtig überhaupt nicht mehr, was passiert. Ich glaube, ich bin wirklich der schlechteste Reiseführer-Autor aller Zeiten. Ich steure auf den Bankrott und die völlige körperliche Erschöpfung zu. Bislang habe ich lediglich ein paar Einführungskapitel geschrieben und Material für, sagen wir, ein Drittel der bereits im Buch aufgeführten Orte gesammelt. Das lässt kaum Raum für neue Entdeckungen. Jede noch so kleine Information nachzuprüfen, habe ich aufgegeben. Ich konzentriere mich nun auf das Wesentliche. Selbst wenn ich vierundzwanzig Stunden am Tag durcharbeiten würde, könnte ich nur einen Bruchteil all jener Orte, die ich noch abklappern müsste, tatsächlich besuchen. Ich bräuchte dringend ein paar Tage Ruhe am Strand von Canoa Quebrada, um zu überlegen, wie ich meine Verluste wieder reinholen, mein Leben neu organisieren und mein berufliches Fortkommen sichern kann. Falls da noch was zu retten ist.

Kurz nach meinem zufälligen Zusammentreffen mit Inara vor dem *Club Sampa* habe ich beschlossen, aus Olinda abzureisen. Azzam und ich haben schließlich doch noch ein Taxi gefunden, und ich bin in meine Wohnung zurückgekehrt. Ich ging ins Bad, um mir die Zähne zu putzen, in den Spiegel zu sehen und zu prüfen, ob ich überhaupt noch ich selber war. Nicht nur hatte es niemand für notwendig erachtet, mir zu sagen, dass ich mit einer Prostituierten zusammenlebte und gelegentlich auch schlief – es hatte mir auch niemand gesagt, dass ich nur eine Gesichtshälfte rasiert hatte – die ganze Nacht war ich so herumgelaufen. Nur eins ist schlimmer, als seine sechzehnjährige Tochter mit einem betrunkenen Gringo zu ertappen: seine sechzehnjährige Tochter mit einem betrunkenen Gringo mit einem halb abrasierten Bart zu ertappen. Die Stellen, die ich mit dem Rasierapparat erwischt hatte, bevor ich irgendwann weggetreten war, waren sauber rasiert, ganz glatte Haut, die allerdings an Hals und Wangen in abstrakte Haarkunstgebilde überging. Es sah erschreckend beabsichtigt aus. War Fernanda deshalb auf die Idee gekommen, mich als schwul zu kategorisieren? Am besten, ich dachte nicht weiter darüber nach.

Ich wühlte in Inaras Schublade und stieß auf ihren Personalausweis. Mit wirklichem Namen hieß sie Raineldes oder so und war fünf Jahre älter, als sie behauptet hatte.

Ein paar Stunden später kam Raineldes/Inara in die

Wohnung gestolpert und fand mich schlafend auf der Couch vor.

»Urteile nicht über mich«, sagte sie, nachdem sie mich an der Schulter gepackt und wachgerüttelt hatte. »Ich bin keine *puta*, ja? Ich bin professionelle Hostesse.«

»Ja«, sagte ich mit geschlossenen Augen. »Wenn du es sagst ...«

»Ich versuche, es hier zu etwas zu bringen. Ich will meiner Familie helfen. Bald bin ich ein richtiges Model. Es ist nur so, dass zurzeit der *Nokia*-Kongress in Recife ist, und ein paar der leitenden Angestellten kenne ich von einem früheren Kongress in São Paulo und ...«

»He, es ist doch deine Entscheidung, wie du lebst!«

»Nein, das ist nicht allein meine Entscheidung!«, kreischte sie. »Wenn man in diesem Land nicht reich geboren wird, hat man keine andere Wahl! Nicht alle können Schriftsteller sein, Thomas. Wenn man hier an die Uni will, muss man vorher auf eine Privatschule gegangen sein. Ansonsten heißt es: Modeln, Fußball, Musik, Drogen oder halt irgendwas mit Tourismus. Was man eben findet, um aus der Gosse rauszukommen. Du hast keine Ahnung, Gringo. Tu nicht so, als würdest du das verstehen.«

»Du hast vollkommen recht. Tu, was du nicht lassen kannst. Ich wäre trotzdem dankbar, wenn du deine Miete bezahlen würdest, bevor Beatriz jemanden anheuert, der mir die Knochen bricht.«

»Ja, genau darüber wollte ich mit dir sprechen. Weißt du, ich bin nicht wie die anderen Mädchen dort ... verstehst du? Ich schlafe nicht mit jedem. Wie gesagt, ich bin keine *puta* von der Straße. Ich lasse mich schon mal grundsätzlich nicht in den Arsch ficken, und bei anderem perversen Zeug weigere ich mich auch. Ich habe nämlich Werte, und deshalb verdiene ich nicht so viel Geld.

Ganz kann ich die Miete immer noch nicht bezahlen, aber einen Teil. Tut mir leid.«

»Diese Entschuldigung habe ich schon ein paar Mal gehört«, lachte ich.

»Ja?«

»Nein, aber egal. Trotzdem musst du Beatriz das Geld geben, ich kann das nicht auch noch übernehmen.«

»Du Bastard! Ich dachte, wir hätten was miteinander. Du musst mir aushelfen. Wenn ich alles allein bezahlen muss, kann ich meiner Familie kein Geld schicken.«

»Was hast du mit deinen Haaren gemacht?«

»Durch die Haarverlängerung hatte ich immer Kopfweh, ich muss das neu machen lassen.«

»So gefällt es mir besser, so schön natürlich.«

»Danke. Also, ich habe mir gedacht, du bezahlst einen Teil und ich auch. Wie hört sich das an?«

»Für die Wohnung oder für deine Haare?«

»Du weißt schon.«

Ich dachte kurz darüber nach. Der normale Reflex meines blutenden Herzens wäre gewesen, den Weg des geringsten Widerstands zu gehen. Vielleicht konnte ich sie davor bewahren in die Prostitution abzugleiten. Die Mittelschichtexistenz, an die ich mich so gewöhnt habe, ist schließlich auch nicht mein eigenes Verdienst. In dieses Leben wurde ich hineingeboren und weiß es doch kaum zu schätzen. Sollte ich diesen Reichtum nicht mit anderen teilen?

Aber tatsächlich ging es mir finanziell auch nicht besser als ihr. Sie hatte vermutlich sogar mehr Geld als ich. Vertrauen tat ich ihr längst nicht mehr, und wenn sie log, war ich der Dumme: ich schränkte mich ein, während sie auf eine neue Haarverlängerung sparte. Ich hätte das Geld in den Wind schlagen und schnell aus der Stadt verschwinden können; tat ich aber nicht; ich hatte keine

Ahnung, wie ernst man so eine Sache hier zu nehmen hatte. Ich kannte mich im brasilianischen Mietrecht nicht aus, wusste nicht, wie die Behörden hier arbeiten würden, falls ich mich beschwerte, oder welche Beziehungen Beatriz zu irgendwelchen Schlägertrupps unterhielt. Ich hatte keine Lust, mir die Zähne einschlagen zu lassen oder am Busbahnhof verhaftet zu werden, wenn ich versuchte, mich aus der Wohnung zu stehlen wie ein Dieb.

Wieder dachte ich an Karrass. Für Erfolg und Misserfolg war ich selbst verantwortlich, und unter den gegebenen Umständen musste ich mit größter Entschlossenheit vorgehen.

»Na, wenn du die Miete sonst nicht bezahlen kannst, musst du eben ein paar Extrajobs machen«, sagte ich mit fester Stimme.

»Du verdammter Gringo, du Hurensohn, *filho da puta!* Wie kannst du mir das antun? *Pentelho!* Willst du mich auf den Straßenstrich schicken? Was bist du? Ein Zuhälter?«

Ich seufzte. »Sorry, *bonitinha*, aber so ist das Leben. Du hättest dir eben eine billigere Wohnung suchen sollen. Ich will die Hälfte des Geldes jetzt, die andere Hälfte morgen Abend, oder ich schließe dich aus und verkaufe deine Schuhe.«

»Das wagst du nicht!«

»Willst du es drauf ankommen lassen?«

Ich hätte selbst nicht sagen können, ob es nur Bluff war oder ob mehr dahintersteckte. Ich war verzweifelt, sie war verzweifelt. Und wenn man verzweifelt genug ist, ist man zu fast allem bereit.

Am nächsten Nachmittag fand ich ein Bündel zerknitterter Scheine auf meinem Bett vor. Ich brachte das Geld umgehend zu Beatriz, die mich nicht mal in ihre Wohnung lassen wollte, sondern durch eine kleine Klappe in der Metalltür mit mir sprach und mich beäugte wie eine Gefängniswärterin. Sie wollte, dass wir noch etwas nachzahlten, angeblich für Nebenkosten und als Gästezuschlag, aber in Wirklichkeit waren es wohl eher Strafzinsen wegen Zahlungsverzugs. Als ich meine Pflicht getan hatte, teilte mir Beatriz mit, wir müssten spätestens Ende der Woche ausziehen, man könne heutzutage niemandem mehr trauen. »Die Gringos sind genauso mies wie die Schwarzen. Keine Moral!«, rief sie. Nachdem sie mir vertraut und mich in ihre Wohnung gelassen hatte, um Musik zu hören und ihre Lieblingslieder für sie zu übersetzen – eine Aufgabe, die ich leider zum Teil erfüllt hatte –, fasste sie die Sache mit der Miete offenbar als persönliche Beleidigung auf. Sie schlug mir die Klappe vor der Nase zu.

Nur ein einziges Mal sprach ich noch mit Inara. Sie fragte, ob wir nicht einen weiteren Monat hier zusammen wohnen sollten. Sie wollte noch eine Weile hierbleiben, weil in den kommenden Wochen irgendein Kongress von Sojabohnenpflanzern stattfand. Hier gebe es bei Weitem nicht so viel Arbeit wie in Rio, plauderte sie weiter, aber man komme viel leichter dran.

»Hast du vergessen, was gerade los war?«, fragte ich. »Die Miete? Unser Streit? Die Drohungen von Beatriz?«

»*Nossa Senhora, que drama!* Aber hier hakt man so was ab, und dann geht das Leben weiter. Es ist doch nichts Schlimmes passiert. Keine Verletzen, keine Toten ... vielleicht verzeihe ich dir ja sogar.«

»Du? *Mir* verzeihen?«

»Ich würde mir Mühe geben. Außerdem ist es ja eine schöne Wohnung. Und Beatriz würde unser Geld sicher nicht ausschlagen. Sie hat große Geldsorgen. Das Hausmädchen hat mir gesagt, dass es seit zwei Monaten keinen Lohn mehr bekommen hat. Wenn du willst, kann ich mal mit Beatriz reden.«

Ich weiß bis heute nicht, ob sie schon von Anfang an mit mir gespielt hatte oder erst später, als es ihr irgendwann in den Kram gepasst hat? Ich will Andreia glauben, dass Inara das Herz am richtigen Fleck hatte. Sie wollte etwas erreichen, stand aber am Rande des Abgrunds und kämpfte um das Überleben. Das Mädchen war nicht dumm und hatte eine tolle Figur. Ich wünschte ihr viel Glück für ihre Modelkarriere, bedankte mich höflich für das nette Angebot, weiter mit ihr zusammenzuwohnen, und saß ein paar Stunden später wieder im Überlandbus.

Der Trip die Küste hinauf machte mich fertig – körperlich, seelisch, finanziell. Dazu brauchte es nicht mehr viel, denn ich stand ja schon ganz nah an meinem eigenen Abgrund.

Eine Woche lang verbrachte ich in dreckigen Nahverkehrsbussen, um mir diverse brasilianische Küstenstädte und Wirtschaftszentren zu Gemüte zu führen, die alle gleich aussahen. Die meiste Zeit habe ich wohl in Bussen und auf Busbahnhöfen verbracht, weil ich ständig von irgendwelchen abgelegenen Haltestellen in irgendwelche Innenstädte hineinfahren musste. Ich habe eine Menge schwachsinniger Notizen gemacht und einen riesigen Stapel Prospekte gesammelt, die ich für das Buch sichten will. Natürlich, das Travellerleben kann aufregend und spannend sein, aber wie bei allem, was man exzessiv tut, muss man sich auch beim Reisen davor hüten, sich selbst zu überschätzen. Ich konnte noch nie gut Maß halten und hatte mir nun eindeutig zu viele Reize und zu viel Stress zugemutet.

Um unterwegs nicht ganz überzuschnappen, versuchte

ich, mich möglichst gut zu organisieren, indem ich mir eine Art Plan machte. Wie ein Soldat, der im Feldlager an den vertrauten Ritualen des Waschens und Rasierens festhält, nur um sich inmitten des Chaos eines Mindestmaßes an Kontrolle zu versichern, so packte ich ständig meinen Rucksack neu, faltete Kleider zusammen, stapelte und ordnete Broschüren und Informationsmaterial; das vermittelte mir ein Gefühl von Normalität. Ansonsten wäre ich angesichts eines Berges von Arbeit, die mir noch bevorstand, wahrscheinlich depressiv geworden oder hätte Schuldgefühle bekommen, weil ich wusste, dass ich es kaum schaffen konnte. Überdies linderte ich meine Ängste, indem ich mir regelmäßig Alkohol verabreichte.

Vor dem Schlafengehen plante ich eine gewisse Zeit zum Schreiben ein oder zumindest zur Eingabe von Daten in meinen Laptop. Es handelte sich meist um »praktische Informationen«: Hotelhinweise, Restaurantempfehlungen, Tipps unter »Sehenswertes« und wie sich all diese voneinander unterschieden. Da ich mir Hotelzimmer mit Tisch nicht leisten konnte, improvisierte ich, indem ich die Bettkante als Schreibunterlage benutzte. Ich kniete mich auf den Fliesenboden und legte mir dabei meine Flip-Flops unter die Knie, damit diese nicht taub wurden.

Wegen des Mangels an natürlicher Belüftung und weil ich nie eine Klimaanlage im Zimmer hatte, blieb mir nichts anderes übrig, als mir einen kleinen Ventilator vors Gesicht zu stellen, und mein blaues Halstuch als Stirnband zweckzuentfremden, damit der Schweiß nicht von den Augenbrauen auf die Tastatur tropfte. So kniete ich Abend für Abend eine Stunde lang wie ein Betender vor dem LCD-Bildschirm und hoffte, dass ich auch am nächsten Tag wieder die Kraft dazu finden würde.

Das Schreiben für Reiseführer folgt gewissen Zyklen. Man schreibt über einen bestimmten Ort, dann reisen die Leute dorthin, und man muss erneut darüber schreiben, weil der Ort plötzlich zu einem Touristenziel geworden ist. Damit verändert sich ein solcher Ort natürlich auch: Er wird voller, teurer und touristischer. Bisweilen entwickelt er sich so, dass ich dort niemals meinen Urlaub würde verbringen wollen, aber man muss seiner Beliebtheit nun trotzdem Rechnung tragen. Manchmal werden Reiseziele mit aufgenommen, die gerade erst im Kommen sind: weil die Konkurrenz sie aufgelistet hat, weil ein Autor wie ich sie einzigartig findet und noch irgendwo hineinquetscht oder weil sie wegen Überlastung anderer im Buch verzeichneter Orte plötzlich total angesagt sind. Darüber hinaus werden die meisten Städte, Clubs oder Restaurants nur kurz erwähnt oder ganz übergangen. So sehr Reiseführer oft den Anschein einer maximalen Wahlfreiheit erwecken – in Wirklichkeit sind sie wie ein Pfeil aus Papier, der die Leute massenhaft auf die gängige Touristenroute schickt: auf den »Gringo Trail«.

In João Pessoa fiel mir auf, dass sich mein Vorgänger im *Lonely Planet* auf das langweilige Stadtzentrum konzentriert und den Strand Tambaú, der die meisten brasilianischen Urlauber anlockt, unerwähnt gelassen hatte. Doch statt mehrere kostbare Tage damit zu verbringen, das João-Pessoa-Kapitel umzuschreiben – eine Stadt, die wahrscheinlich nur wenige unserer Leser überhaupt besuchten –, konnte ich meine Zeit und Energie lieber den besser besuchten Orten widmen. Zwei Tage lang bastelte ich an dem Kapitel herum, ich erstellte sogar eine neue Karte für Tambaú, aber mehr Zeit stand mir in Anbetracht meiner Deadline nicht zur Verfügung.

In Praia da Pipa war ich ganz baff von den unzähligen Unterkünften und Restaurants in dieser kleinen Stadt, von den Läden gar nicht zu reden. Ich hätte mindestens drei Tage gebraucht, um auch nur eine grobe Beschreibung hinzukriegen, konnte aber nur eine einzige Nacht dafür aufwenden. Ein nettes Pärchen, das in der Stadt ein Hostel betrieb – die eine Hälfte schweizerisch, die andere brasilianisch –, überredete mich, noch eine weitere Nacht zu bleiben und zu einer Party mitzukommen. Erst wollte ich ablehnen, hatte aber schon über eine Woche lang keine einzige freie Stunde mehr gehabt, und als ich wieder dabei war, meinen Rucksack zu packen, verging mir die Reiselust vollends. Nach der Party kam ich dermaßen übermüdet und verkatert in Natal an, dass ich kaum noch laufen konnte. Ich fand ein Hostel, das eher eine Metal-Bar war, eine Bude mit Halloween-Deko, die mit Zugbrücke und einer Art Wallgraben wirkte wie eine echte Burg. Überall hing Hexenzeug herum. Von der Bar hielt ich mich fern, auch wenn der Eingang nur ein paar Meter von meinem Zimmer entfernt war. Es wurde aber tatsächlich Metal gespielt, und das auch angemessen laut, was nicht gerade zur Erholung von meinem Kater und meinem Schlafmangel beitrug.

Natal, die Hauptstadt des Bundesstaates Rio Grande do Norte, ist im *Lonely Planet* ein wichtiger Schwerpunkt. In der Stadt ist mächtig was los, sie ist ein beliebtes Reiseziel, das täglich von europäischen Chartergesellschaften und von Linienflügen aus Rio und São Paulo angesteuert wird. Die typischen Besucher sind weder Backpacker noch Individualreisende, aber da *Lonely Planet* ja neue Zielgruppen ansprechen will, gehörten sie plötzlich auch zu meiner Leserschaft. Für den Fall, dass einer dieser Elitetouris mein Buch lesen sollte, musste ich also Sternehotels und teure Lokale erwähnen. Natal muss in dem Buch unbedingt richtig rüberkommen. Es ist zwar erheblich kleiner als Recife oder Fortaleza, aber ich hätte trotzdem locker eine Woche und mehr mit der Recherche zubringen können. Drei Tage mussten reichen.

Natürlich gab es bei den einzelnen Stationen auch immer Orte, die ich ganz auslassen musste. Wenn man auf einer Fahrt von A nach B irgendwo einen Zwischenstopp einlegt und vielleicht auch noch ein paar praktische Dinge zu erledigen hat, kann man kaum mehr als ein halbes Dutzend Restaurants und vier, fünf Hotels aufsuchen. Und es werden noch weniger, wenn man die Sehenswürdigkeiten in Augenschein nehmen möchte, für die die jeweilige Stadt bekannt ist. Oder wenn die Busse Verspätung haben, wenn das Wetter mies ist, wenn man sich nicht gut fühlt oder wenn sonst eine der vielen Unterbrechungen eintritt, mit denen man auf so einer Reise immer rechnen muss. Mit der Erkundung des Nachtlebens ist es auch so eine Sache, wenn man schon vom Tagespensum erledigt ist und weiß, dass man am nächsten Morgen wieder früh aufstehen muss, weil alles von vorn beginnt.

Da Mossoró im Bundesstaat Rio Grande do Norte im *Rough Guide to Brazil* ausführlich behandelt, im *Lonely Planet* aber nur flüchtig erwähnt wird, fuhr ich dorthin. Es stellte sich heraus, dass es ein ziemlich nettes, ganz normales Städtchen ist, in dem man auch tagelang hätte recherchieren können – aber ich konnte mehr als eine Nacht dort nicht rechtfertigen. Historisch ist Mossoró wohl vor allem deshalb interessant, weil die Stadt 1928 von Lampião, dem brasilianischen Robin Hood, und seinen gesetzlosen Cancaceiros angegriffen wurde, eine Schlacht, deren Spuren noch immer zu sehen sind und die überdies verlustreich für ihn endete. In Mossoró checkte ich meine Mails und mein Konto und nahm den Bus nach Aracati, von dort ging es dann weiter nach Canoa Quebrada.

In Aracati traf ich Franklin oder Anderson oder wie er auch immer hieß, und wir fuhren mit seinem Motorrad-Taxi in Canoa Quebrada ein, als die Sonne gerade wie ein reifer Pfirsich im Meer versank.

Canoa Quebrada ist längst nicht mehr das Hippiestädtchen, das es 1996 noch war, bei meinem letzten Besuch. Einst eine Sandburg voller New-Age-People und Piraten, tummelt sich hier nun eine eher konsumorientierte und etwas kleinkarierte Boheme. Die Hauptstraße, Broadway genannt, hat ein Kopfsteinpflaster bekommen, es gibt neue Hotels mit Pool, ein Sushi-Restaurant, Läden für Perücken mit falschen Dreadlocks und private Busgesellschaften, die von Fortaleza aus Tagesfahrten für Pauschaltouristen anbieten.

In der Mitte des Broadway steht jedoch noch immer unverändert der Stand mit dem *Jogo dos bichos,* einer Lotterie mit einem Glücksrad voller Tierbilder, inmitten einer Traube einheimischer Zocker. Ansonsten erkenne ich kein einziges Gebäude, keine einzige Ecke mehr wieder. Ich habe diesen Ort auf Anhieb gemocht, als ich zum ersten Mal hier war, und ihn noch jahrelang anderen Leuten heiß empfohlen. Ein paar Fischer luden uns damals ein, sie auf ihrer Jangada, einem Segelfloß, auf Krabbenfang zu begleiten. Wir grillten am offenen Feuer, tranken Cachaça und tanzten Reggae. Heute jedoch ist der Nordteil der Stadt, wo früher die Fischer lebten, mit Hotels zugebaut. Auf dem Broadway spielen sich in grellem Licht karnevaleske Szenen ab, an denen einheimische jugendliche Partygänger ebenso beteiligt sind wie sturzbetrunkene brasilianische Touristen.

Ich will eigentlich nicht zu jenen Reiseautoren gehören, die überall zweimal hinfahren, nur um darüber zu lamentieren, wie sehr der betreffende Ort mittlerweile den Bach runtergegangen ist, aber in meinen Augen ist über Canoa eindeutig die Dekadenz hereingebrochen, und ich wüsste nicht, wie man das je wieder ändern könnte.

Mein Abgabetermin rückt immer näher. Illusionen mache ich mir nicht mehr. All meine großen Pläne für diese Reise haben sich in nichts aufgelöst. Bin ich der Einzige, der an einem solchen Projekt gescheitert ist, oder war es von vornherein unrealistisch zu glauben, dass ich es schaffen könnte? Vielleicht ist es ja bei allen Autoren so, aber vorerst gehe ich mal lieber davon aus, dass es an mir liegt. Dass der Verlag sich einen vernünftigeren, besser organisierten Autor hätte suchen müssen. Jemanden, der früh schlafen und am Morgen mit frischer Kraft zu Werke geht. Der über all diesen idealistischen Quark hinwegsieht und keinerlei Bedenken dabei hat, mit seiner Arbeit zur massentouristischen Nivellierung beizutragen.

Ich habe noch nie einen anderen *Lonely-Planet*-Autor getroffen, aber ich stelle mir so einen Menschen wie eine Art Fabeltier vor, von Kopf bis Fuß in einer *Exofficio*-Safari-Ausrüstung mit integriertem Sonnenschutz, Klamotten mit unzähligen Taschen für Notizbücher, Filmrollen, Diktiergerät, Kompass, GPS und wasserfeste Filzmarker. Er trägt breitkrempige Sonnenhüte, schleppt Isolierband und Karabiner mit sich herum (für den Fall eines Falles), lässt sich nicht mit Prostituierten ein und weiß immer genau, was für seine Leser interessant ist. Fehlerlos überträgt er alle Informationen aus seinem Notizbuch in den Laptop und sieht dabei hochprofessionell aus.

Bald werde ich feststellen, dass es diesen Urtypus des Reiseführer-Autors gar nicht gibt. Aber momentan habe ich diesen Weitblick nicht. Und von meiner Lektorin, die meinen einzigen Kontakt zum Verlag darstellt, habe ich auch nicht sonderlich viel mit auf den Weg bekommen. Vor langer Zeit schon habe ich ihr ein paar Fragen gemailt, um ein bisschen genauer herauszufinden, was von mir erwartet wurde. Mit diesen Fragen wollte ich mich eines Bezugsrahmens versichern, sie waren umsichtig genug formuliert, um mein erbärmliches Versagen nicht zu verraten, aber auch deutlich genug, um an den Antworten ablesen zu können, ob ich es wagen durfte, mein Manuskript abzugeben oder ob ich danach meine Karriere an den Nagel hängen konnte. Vermutlich arbeitete sie noch immer ihre Antwort aus und wollte sichergehen, dass sie auch tatsächlich alle offenen Fragen beantwortet hatte. Nur damit war eine so große Verzögerung zu erklären.

Als ich in Mossoró im Internetcafé saß, fand ich endlich eine Mail von ihr im Posteingang. Ziemlich besorgt machte ich sie auf und fing zu lesen an. Sie war nicht nur an mich gegangen, sondern auch an viele andere Leute. Eine lange Mail voller Höflichkeitsfloskeln. Wie toll es gewesen sei, mit uns allen zusammenzuarbeiten. *Dankedankedanke!* Und irgendwas über einen neuen Job im Musik- oder Technologiebereich oder im Bereich Musiktechnologie, ich bin mir nicht ganz sicher.

Jedenfalls würde sie den Verlag verlassen. Bis ein neuer Lektor gefunden wäre, würde ein Redakteur einspringen, um die laufenden Projekte weiterzubetreuen.

Einstweilen war ich ganz auf mich allein gestellt.

Die Kündigung der Lektorin veranlasste mich, einen Blick auf mein Konto zu werfen, was ich in den letzten Wochen tunlichst vermieden hatte. Ein Saldo von 283 Dollar. Ich rief die Seite mehrmals auf, um sicher zu sein, dass ich mich nicht getäuscht hatte. Keine Wohnung in den Staaten, kein festes Einkommen, und der nächste Teil des Vorschusses wurde erst in ein paar Monaten fällig – entsprechend bedrohlich kam mir die Summe vor. Vielleicht reichte es gerade noch für den Rückflug. Und doch, etwas

Besseres als den Tod fand ich überall. Ich bezog ein Hotelzimmer in Canoa. Vielleicht konnte ich ja meinen Fotoapparat verkaufen, eine alte Leica.

Eines Morgens freunde ich mich mit einem Gast aus dem Hotel an, der schon um zehn mit dem Trinken anfängt und nichts anderes verlangt, als dass ich ihm Gesellschaft leiste. Auf irgendjemanden dieses Schlags treffe ich hier täglich, wohin ich auch komme. Meine heutige Bekanntschaft heißt Nils: Tagsüber verlädt er Gepäck am Flughafen Kopenhagen, nachts singt er in der Grunge-Band *Synthetic Jesus*. Als gebürtiger Seattler freue ich mich, dass dieser Stil zumindest irgendwo in Europa noch immer Fans hat. Nils' rundliche Unterarme sind mit Schriftzügen in schwarzen Runen tätowiert, die »Versklavung des Geistes« und »Gedankenkontrolle« oder so was bedeuten. Lange, verfilzte blonde Strähnen fallen ihm über die Schultern; sein Engelsgesicht wird halb davon verdeckt. Er ist hier im Urlaub, weil er ein Bedürfnis nach innerer Einkehr hat, nachdem der Bassist der Band durch eine Überdosis draufgegangen und der Drummer bei einem Autounfall ums Leben gekommen ist.

»So was passiert allen guten Bands. Das gehört zum kreativen Prozess dazu«, sagt er.

Wir lassen die CD von *Synthetic Jesus* über die Anlage der Bar laufen, und ich verspreche ihm, dass wir, wenn er je nach Seattle kommen sollte, zusammen Kurt Cobains Haus in Leschi besuchen. Ich bin schon länger nicht mehr in Seattle gewesen und weiß auch nicht, wann ich je wieder dort sein werde, aber für Nils ist es die beste Nachricht seit Jahren.

Morgentrinker werden schnell Freunde. Nils und ich sind da keine Ausnahme. Ich erzähle ihm, dass ich nur noch 283 Dollar auf dem Konto habe – beziehungsweise sogar weniger, nachdem ich das Hotelzimmer und die Barrechnung bezahlen muss. Ich erzähle ihm auch, dass ich noch fast 500 von ursprünglich 1000 Meilen der brasilianischen Nordostküste vor mir habe: per Schiff, Bus und Jeep. Dass meine Lektorin gekündigt hat. Dass ich nie wieder einen Vertrag mit *Lonely Planet* bekomme und vielleicht auch nie wieder etwas schreiben werde. Ich frage ihn, ob er mir raten würde, in Canoa zu bleiben und eine kakaobraune Schönheit zu heiraten und ob ich dann einen Souvenirshop aufmachen sollte oder besser eine kleine Bar ...

»Weißt du, was du tun solltest?«, fragt er.

»Nein.«

»Zusehen, wie du nach Roskilde kommst.«

»Roskilde?«

»Zu dem Musikfestival. Warst du noch nie dort?«

»Nein, aber warte mal. Sind da nicht bei einem *Pearl Jam*-Auftritt ein paar Leute ums Leben gekommen?«

»Ja, das war 2000. Aber vergiss es. Wenn du noch nie in Roskilde warst, hast du nicht gelebt.«

Er nimmt einen großen Schluck Bier. »1992 ist meine Mutter gestorben, ich bin von der Schule geflogen und im Jugendknast gelandet. In jenem Sommer war ich dann zum ersten Mal in Roskilde. *Nirvana, Megadeath, Pearl Jam*. Die Größten. Und plötzlich sah ich es vor mir, Mann. Es konnte kommen, was wollte, ich wusste: Die Rockmusik ist mein Leben.« Ohne eine Spur von Ironie sah er mich an.

»Roskilde ...«, grüble ich.

»Genau.«

»Genau.«

Warum bin ich da nicht früher draufgekommen?

Während Nils mich in Sachen skandinavischen Speed Metal auf den neuesten Stand bringt, leere ich meine

Flasche und überdenke meine Handlungsalternativen. Ein Souvenirladen wäre vielleicht doch nicht ganz das Richtige, vor allem weil ich Souvenirs nicht ausstehen kann, und eine eigene Bar wäre in meinem Fall glatter Selbstmord. Vielleicht sollte ich tatsächlich das Handtuch werfen und nach Roskilde gehen. Ich könnte den Drummer oder den Bassisten bei *Synthetic Jesus* ersetzen und in Dänemark einen Job im öffentlichen Dienst annehmen – mit zehn Wochen bezahltem Urlaub im Jahr. Aber dafür müsste ich aus Brasilien herauskommen und folglich erst mal eine Lösung für das Problem mit meiner Hotelrechnung finden.

Was es bedeutet, sich romantischen Vorstellungen hinzugeben und dann hilflos zusehen zu müssen, wie das eigene Leben immer weiter zusammenbricht, das weiß ich besser als viele andere.

Vor einigen Jahren habe ich schon mal alles aufgegeben und bin wegen einer Frau nach London gegangen, im Glauben, die Liebe würde über alle Hindernisse siegen und so weiter. Schon nach wenigen Wochen ist sie mit irgendeinem kleinen Bankangestellten ins Bett gegangen, hat mich aus der Wohnung geworfen und damit in ein Chaos gestürzt, das mich fast ein volles Lebensjahr gekostet hat, bis ich als Verkäufer beim *Club Monaco* in Manhattan landete.

Ich hatte mir geschworen, dass mir so etwas nie wieder passieren würde. So verletzlich würde ich nie wieder sein. Ich würde kämpfen. Würde improvisieren.

Sempre tem jeito. Es gibt immer einen Ausweg.

Und plötzlich kommt mir die Idee, der Masterplan. Er muss zuvor schon in meinem Innern geschlummert haben, wird mir aber jetzt erst bewusst. Nils redet immer weiter. Ich unterbreche ihn, hebe meine Flasche und proste ihm zu:

»Auf den kreativen Prozess!«

»Auf Roskilde!« Und er bestellt eine weitere Runde.

Eins nach dem anderen. Ich wende mich an den Hotelbesitzer, einen leutseligen Matrosen aus Skandinavien, der in den Siebzigern in Canoa Quebrada Anker geworfen hat und einfach hiergeblieben ist. Ich schildere ihm meine Situation und frage, ob er meine Kamera als Bezahlung oder Teilzahlung für meine offene Rechnung akzeptieren würde. Ich hoffe, er ist flexibel genug, um sich auf so was einzulassen – eine Alternative habe ich schließlich nicht. Er lacht und meint, ich hätte einen speziellen Humor.

»Du schreibst zum ersten Mal für *Lonely Planet*, was?«

»Woher weißt du, dass ich für *Lonely Planet* arbeite?«

»Hältst du mich für blöd? Die Gastronomen hier in der Stadt wissen alle, wer du bist. Jedenfalls schön, dass du dich für meine bescheidene Hütte entschieden hast.«

»Dieses Hotel hat in früheren Führern immer gute Besprechungen bekommen.«

»Ja. XXX, der Autor des letzten Bandes, hat immer hier gewohnt, wenn er in der Stadt war, und ich habe mich sehr, sehr gut um ihn gekümmert. Und genauso werde ich mich jetzt um dich kümmern.« Er lacht nervös. »Dein Zimmer, die Getränke und das Essen gehen natürlich aufs Haus.«

»Wirklich? Ich meine ...«

»Hör zu, Junge, du bist echt bescheiden. So bescheiden, dass ich erst gar nicht glauben konnte, dass du für einen Reiseführer schreibst. XXX hat doppelt so viel getrunken und doppelt so viel gegessen wie du. Und die *malandros,* die Gauner von den anderen Verlagen, sind noch schlimmer – immer wollen sie das beste Zimmer im Hotel, dass ich ihnen Mädchen bringe und so weiter. Verglichen mit denen, kostest du mich gar nichts.«

»Er hat doppelt so viel getrunken wie ich?«

»Mindestens. Trotzdem, war ein netter Kerl. Wir haben noch immer E-Mail-Kontakt.«

»Kannst du mir seine Mail-Adresse geben?«

»Klar. Du musst mal mit ihm reden. Du bist hier in Brasilien, Junge, du musst lernen, dich mehr wie ein Brasilianer zu benehmen. Ich kann natürlich gern auch deine Kamera nehmen, aber weißt du, scheiß doch auf die Kamera ...« Wieder prustet er los.

»Ich hab nur Spaß gemacht.«

»Ja, klar. Also, du kannst heute Nachmittag meinen PC im Büro benutzen. Und wenn du willst, fahre ich schnell mit dir bei den wichtigsten Hotels vorbei. In ein paar Stunden bist du dann fertig mit deiner Recherche. Und wenn du willst, kannst du später in die große Bar am Broadway gehen, die gehört auch mir. Du bist eingeladen. Ich sage dem Barkeeper Bescheid.«

»Das ist echt nett, aber du musst wissen, dass ich dir dafür ... keine positive Besprechung garantieren kann. Verlagsethos, verstehst du?«, bringe ich verlegen hervor.

»Schon gut, Junge. Ich will ja nur, dass du meine Lokale ein bisschen kennenlernst. Ich bin sicher, dass es dir bei mir gefällt.«

»Warum hast du das alles nicht schon früher gesagt?«, denke ich laut.

»Ich wusste nicht, was ich von dir halten sollte. Ich habe ein paar von diesen Autoren kennengelernt, die irgendwie auf superseriös machten. Sie kamen immer mit großen Sprüchen an, aber dann waren sie wieder verschwunden. Keinen von denen hab ich je wiedergesehen.«

Im klimatisierten Büro des Hotelbesitzers maile ich meinen Vorgänger an, frage nach heißen Tipps und hoffe, dass er mir ein paar Insiderinfos gibt.

Dann kutschiert mich der Hotelier in seinem Jeep durch die Gegend, sodass ich die wichtigsten Unterkünfte in drei Stunden abhaken kann. Ich plaudere mit Hotelbesitzern, verteile rundum Visitenkarten und freue mich darüber, was sie mir alles zuschicken wollen. Natürlich gehören die Bars, in denen wir am Ende landen, allesamt seinen Freunden, aber das ist eben der Preis, den man für freie Kost und Logis zu bezahlen hat. Und der daraus folgende Verlust absoluter Objektivität ist der Preis, den der Verlag dafür zahlen muss, dass er für eine umfassende Recherche nicht genügend Geld lockermacht ...

Als ich ins Hotel zurückkomme, sehe ich in meiner Mailbox nach, ob der andere Autor geantwortet hat.

Hat er. Und er rät mir:

»Wenn du abends in deinem Zimmer schreibst, kommt deine Barrecherche zu kurz.«

Er schickt mir einen Link zu *LPA,* der Yahoo!-Gruppe für *Lonely-Planet*-Autoren. Ich surfe eine Weile über die Site – ein virtuelles Sammelbecken für etwa dreihundert Autoren – von alten Kämpen, die bei *Lonely Planet* rausgeflogen sind, über Profis, die schon immer für den Verlag schreiben, und dies auch weiterhin tun werden, bis hin zu Amateuren und Neulingen. Man trifft sich, plaudert übers Geschäft, bespricht Strategien oder lässt einfach nur Dampf ab. Ich darf natürlich aus einem geschlossenen Forum nichts zitieren. Nur so viel: Anscheinend machen alle denselben Mist mit wie ich. Hauptthema ist meist die Unmöglichkeit, extrem umfangreiche Projekte bei extrem geringer Bezahlung zu realisieren. Einige Threads drehen sich auch um sogenannte »Desk Updates«, bei denen der Autor die gesamte Recherche zu Hause am Computer macht.

Viele wettern über den Verlag, aber wie sie selbst mit dem Job fertig werden, darüber schweigen sie sich aus.

Keiner will sich selber ans Bein pinkeln, aber dafür kursieren jede Menge Gerüchte, dass dieser oder jener nicht mehr unter Vertrag sei, weil er etwa seinen Auftrag als Subauftrag weitergegeben habe, weil er sich mit einem Lektor überworfen habe, weil er Alkoholiker sei, ausgebrannt, Starallüren oder Psychosen entwickelt oder Fakten frei erfunden habe. Allmählich wird mir bewusst, dass ich mit meinen Problemen bei Weitem nicht allein bin. Und vielleicht bin ich ja noch gar nicht mal am schlimmsten dran ...

Kann sein, dass ich noch nicht so recht weiß, wie man was am besten darstellt, und dass meine Recherchemethoden vollkommen ineffizient sind, aber zumindest weiß ich, wie man reist und sich amüsiert. Ich werde also meine Recherche abschließen, aber hauptsächlich werde ich fortan zu meinem Vergnügen reisen und dabei mein Bestes tun, um das dann auch in meinem Buch rüberzubringen. Was *Lonely Planet* am Ende mit meinem Manuskript macht, geht mich nichts mehr an.

Ich werde keine Zeit mehr damit vergeuden, vor verschlossenen Türen darauf zu warten, dass sie sich mir öffnen – in Zukunft komme ich durch die Hintertür. Ich werde kein Geld mehr ausgeben, das ich nicht habe, werde mich mit Hoteliers und Gastronomen, die von *Lonely Planet* noch nie gehört haben, nicht mehr herumschlagen, mich nie wieder mit geringfügigen Details abgeben und Zeit mit irgendwelchen Updates von Layout-Formatierungen verschwenden. Das kann ich alles hinterher machen. Ich werde einfach locker in der Tradition meines Vorgängers weiterarbeiten.

Solange ich in Canoa bleibe, muss ich mir über nichts Gedanken machen. In der Bar meines Gönners bekomme ich an jenem Abend Freigetränke, und als mir danach ist, gehe ich zur Sushi-Bar rüber, sehe mir die Speisekarte an und versuche, eine Kostprobe abzustauben. Die Bedienung meint, ich soll nach Feierabend wiederkommen, dann können wir uns unterhalten.

Ich esse zwar kein Sushi, aber wir vögeln. Erst auf einem Stuhl, dann auf einem der hinteren Tische. Ich notiere in mein Moleskin: Das Restaurant ist eine »angenehme Überraschung, der Service hervorragend«, und so wird es dann auch im Buch stehen.

Endlich ist das Glück mir hold.

Hetze

Noch 28 Tage bis zum Abgabetermin

Wenn man das Unterwegssein wirklich genießen will, muss man auch Geschmack an den verrückten Zufällen, den Rückschlägen und Unannehmlichkeiten finden, die einen normalen Reisetag ausmachen. Den Bus verpasst? – Eine gute Gelegenheit, das geschäftige Treiben an einem Busbahnhof auf sich wirken zu lassen. Durchfall? Malaria? Denguefieber? – So ergibt sich die einmalige Chance, ein völlig anachronistisches Gesundheitssystem kennenzulernen, zumindest aber hat man eine klasse Geschichte, die über das Übliche, Diarrhö et cetera, weit hinausgeht. Man muss Rückschläge nicht nur verkraften, sondern auch Profit daraus schlagen können.

Dennoch, wenn man arbeiten muss, weiß man solche Zufälle, Rückschläge und Unannehmlichkeiten oft nicht recht zu schätzen. Arbeit erfordert Berechenbarkeit, Produktivität. Wenn die Arbeit also im Reisen besteht, ist man in einer prekären Lage, sobald man durch irgendwelche Umstände daran gehindert wird. Für Burnouts ist in der Reiseführerbranche wenig Platz. Sie fallen aus dem Raster. Übrig bleiben die Jungen, die mit dem größten Idealismus, mit der maximalen Flexibilität.

In einer zum Internetcafé umgebauten Garage stehen mehrere enge Reihen nikotingelber Monitore. Backpacker, die nach altem Schweiß, verschnittenem Dope und den Plastiksitzen im Bus riechen, sitzen Schulter an Schulter mit hyperaktiven Kids in Badehosen, die bei irgendwelchen Videospielen herumballern. Ich setze mich an den einzig freien Rechner und warte, bis die träge Seite sich endlich aufgebaut hat. Ich tippe eine Mail an die Adresse unamoscaenmisopa@xxx.com:

> Hey, Alter, ich bin's, Dein Reiseschriftstellerfreund aus Rio. Erinnerst Du Dich an mich? Ich würde gern etwas Geschäftliches mit Dir besprechen.
> Bin noch eine Stunde in diesem Café – schreib gleich zurück, wenn Du kannst.
> T

Um die Zeit totzuschlagen, lese ich zwischendurch eine Mail von Knut. Er schreibt, er sei mit Karla unterwegs, dem Mädchen aus Israel, das er in der *Villa Copacabana* getroffen hat. Anscheinend sind sie zusammen mit Max nach Norden gefahren; Mr. Yay ist in Porto Seguro von den Bullen zusammengeschlagen worden, als er versucht hat, Koks zu kaufen, und hat Brasilien lieber verlassen. Max hat in Trancoso eine Brasilianerin kennengelernt und will bei ihr bleiben. Knut und Karla sind nun in Morro de São Paulo, machen Yoga und feiern Partys. Er überlegt, ob er mit Karla nach Australien auswandern soll. Sie wollen ein bisschen Geld sparen und sich zusammen eine Zukunft aufbauen.

Ich schreibe ein paar Mails an Freunde und meine Familie. Nach einer halben Stunde ist die Antwort von Robert Fishman alias *unamoscaenmisopa* in meinem Posteingang angekommen:

Schön, von Dir zu hören! Lass uns hier nicht ins Detail
gehen. Wir brauchen einen Kommunikationskanal, der
clean ist. Leg einen neuen Account mit dem Namen der
besten Mannschaft in der Geschichte der *NBA* an und häng
den Namen des Strandes dran, wo wir uns getroffen haben.
Alles in einem Wort at xxx dot.com.
Kein Wort über diese Mail, keine Namen u.ä.
Ich hole mir jetzt einen Kaffee, und in zwanzig Minuten
maile ich Dir an Deine neue Adresse.

Scheiß *Lakers*-Fans. Ich fand immer, wenn man die *Los Angeles Lakers* anfeuert, kann man auch gleich *Microsoft* oder dem *De-Beers*-Kartell zujubeln, an einem schlechten Tag sogar den Nazis.

Widerwillig eröffne ich selbst einen neuen Account unter dem Namen Jeff Renner – das ist der beliebte TV-Meteorologe, der immer mit beigefarbenen Anzügen und buschigem Schnauzbart aufgetreten ist. Bestimmt hat er in den Achtzigern an der Uni wilde Koksfeten geschmissen und mit seinem Bariton langhaarige Reporterinnen verführt und Studiomitarbeiterinnen amouröse Avancen gemacht. Ich schreibe ein kurzes Hallo an lakerscopacabana@xxx.com.

Kurz darauf bekommt Jeff Renner Post von einem Victor Maitland.

Was geht, Mann? Wie läuft's? Bist du an ein paar Fotos
interessiert, oder was?
Victor

Victor Maitland? Ich suche rasch bei Google und finde heraus, dass Maitland Axel Foleys Nemesis in *Beverly Hills Cop* war, ein gerissener, cooler Kunsthändler aus LA.

Ich antworte:

> Mister Maitland,
> bin im Norden. Arbeite noch, zumindest gebe ich mir Mühe. Ich habe Ihr Angebot noch einmal überdacht. Ob Sie mir wohl ein paar Abzüge von den Urlaubsfotos schicken könnten? Vier Stück vielleicht? Meine finanzielle Situation ist momentan allerdings sehr angespannt. Könnten Sie freundlicherweise in Vorleistung gehen? Ich bezahle *ASAP*.
>
> Mit freundlichen Grüßen,
> The Weatherman

Rechts neben mir sitzt ein jugendlicher Kettenraucher und zieht sich Softpornos rein. Links drängen sich drei Backpacker aus Europa um einen einzigen Monitor und versuchen offensichtlich, über das Internet ein Hostel zu buchen, der Reiseführer liegt neben der Tastatur. Unterhalb der Neonröhre hängt abgestandener Rauch zwischen den bemalten Wänden. Wie immer, wenn ich gerade im Internet bin, schreibe ich schnell an meine Eltern und erzähle ihnen, dass es mir gut geht, dass ich viel zu tun habe, aber gut vorankomme. Meine Eltern sind Reisen gegenüber grundsätzlich positiv eingestellt, betrachten meine impulsiven Entscheidungen aber immer mit einem gewissen Misstrauen. Auch an meine Exfreundin Sydney schreibe ich eine Mail. Ich habe es auch schon von anderen Orten aus versucht, aber sie hat nie geantwortet. Wahrscheinlich ist sie zu beschäftigt.

Endlich kommt Bobbys Reaktion:

> Renner,
> haben Sie mitgekriegt, wie billig Videos auf VHS mittlerweile sind? Ich lege mir alle Klassiker für einen Pappenstiel

zu. Gerade sehe ich Rambo II. Ein Wahnsinnsfilm. Solche
Streifen werden heute gar nicht mehr gedreht. Wussten Sie,
dass Steven Berkoff den Sowjetmilitär spielt, der Stallone
foltert? Und in Octopussy war er General Orlov, der Typ mit
dem Zirkus und dem Fabergé-Ei. Der letzte große Film mit
Roger Moore. Erinnern Sie sich noch an die Insel von Octopussy, mit diesen oberscharfen weiblichen Bodyguards und
den Messer werfenden Zwillingsbrüdern? Mann, den muss
ich mir auch gleich noch holen.
Aber ich schweife ab. Zwei Fotos könnte ich Ihnen schicken. Normalerweise tue ich das nicht, eine Ausnahme
mache ich nur bei vertrauenswürdigen Freunden. Und Sie
sind klug genug, zu wissen, dass Sie sich in Zukunft selber das Wasser abgraben würden, wenn Sie für diese zwei
kleinen Bilder nicht bezahlen. Vielleicht würde ich Ihnen
auch eine altbewährte Abreibung verpassen.
Wie lange wollen Sie noch im Norden bleiben?
Ihr
Victor Maitland

Zwei Fotos sind keine vier, also sind das fünfzig statt hundert Steine, wenn ich mich recht an die Preise erinnere. Allerdings ist meine Verhandlungsposition eher schwach, ich habe keine andere Wahl. Ich frage noch mal nach wegen des Preises. Bobby lässt sich Zeit mit der Antwort – sobald es ums Geld geht, wird immer alles zäh. Eine Weile später bekomme ich doch noch eine Mail:

Sorry, dass es so lange gedauert hat. Ich musste das
schnell abklären. Also, geht klar. Ich muss zwölf Dollar
pro Stück berechnen, weil es das erste Mal ist und ich die
Summe vorschieße. Normalerweise sind es zehn Dollar.
Wenn Sie eine größere Menge abnehmen, nur acht. Sie
können auch in Euro bezahlen, nach aktuellem Wechsel-

kurs, aber nicht in brasilianischen Real. Nichts Kleineres als Zwanziger, am liebsten Hunderter. Schreiben Sie mir, sobald Sie das Geld haben, dann legen wir wieder neue Accounts an, und ich gebe Ihnen eine Postfachadresse durch, wo Sie das Geld hinschicken können. Legen Sie die Scheine in einen Umschlag zwischen Papier oder Pappe, das funktioniert problemlos. In der Post ist noch nie ein Penny verloren gegangen.
Wann und wohin soll ich die Fotos schicken?
Victor

Ich schlage meinen zuverlässigen *Lonely Planet Brazil* auf, das heißt die Seiten, die ich ausgeschnitten und in mein Notizbuch gelegt habe, und suche nach einem Hotel, auf das man sich verlassen kann. Am Ende fällt meine Wahl auf das Business Hotel, wo ich meine erste Nacht in Fortaleza verbracht habe. Dass man sich darauf verlassen kann, würde ich nicht beschwören, aber zumindest kann man sich darauf verlassen, dass der Nachtportier bestechlich ist.

Ich schicke Victor den Namen des Hotels und die Adresse, und er antwortet, dass er noch heute den Umschlag mit *FedEx* losschickt und mir die Frachtnummer mailt.

Fünfzig Pillen sind besser als nichts. Ich muss das Geld reinholen, das ich verloren habe, indem ich unbedingt mit dem Kopf durch die Wand wollte und versucht habe, mich bei diesem Buchprojekt an die Regeln zu halten. Wenn ich die Pillen an holländische und israelische Backpacker loswerde, die hier an der Küste allgegenwärtig sind, kann ich möglicherweise meine zweihundertirgendwas Dollar so weit aufstocken, dass ich bis zum Ende meiner Recherche durchhalte.

Wenn ich jetzt nur noch wüsste, wie das überhaupt

geht: Drogen verticken ... Aber kann das denn so schwierig sein?

Ich ziehe mein Tagebuch hervor und mache eine schnelle Rechnung auf:

    50 Pillen à 12 $ gekauft = 600 $
    50 Pillen à 20 $ verkauft = 1000 $
    = 400 $ Gewinn

Einerseits sind 400 Dollar dafür, dass ich unzählige Gesetze brechen muss, ein eher popeliger Gewinn. Andererseits reicht dieses Geld für den Rest meiner Reise, wenn ich es geschickt genug anstelle. Oder ich nehme es als Grundstock, auf dem ich aufbauen kann. Ich könnte damit vierzig weitere Pillen kaufen – vielleicht ja auch fünfzig zu je acht Dollar – und für 1000 Dollar weiterverkaufen, dann hätte ich einen Gewinn von 600 Dollar. Damit könnte ich 75 Pillen kaufen und 1500 Dollar einstreichen; das wäre dann ein Profit von acht Dollar pro Pille. Ich könnte also richtig Geld machen.

    Zum Glück oder Unglück spielt sich mein Leben aber nicht in einem BWL-Seminar ab. Man weiß es vorher nie genau, und die Preise sind auch nicht stabil, schon gar nicht auf einem Markt wie diesem. Ich habe keinerlei Garantie, dass ich die Teile wirklich zu 20 Dollar das Stück loskriege. Wenn ich Dreier-, Fünfer oder Zehnerposten verkaufe, verlangen die Kunden sicherlich Prozente. Zudem müsste ich mindestens 175 Pillen verkaufen, damit es sich überhaupt lohnt. Und das ist viel Arbeit. Vielleicht würde es klappen, wenn ich zufällig auf eine große Tranceparty von Israelis stieße oder so, aber diese Leute findet man eher unten in Trancoso oder Morro de São Paulo.

Ich sehe schon den motivations- und erfolgssteigernden Bildschirmschoner zu diesem Thema vor mir – das Bild eines sich in die Lüfte erhebenden Adlers im Morgenrot, betitelt: »Reiß dich zusammen«. Und auf dem Mousepad steht: »Glaube an dich, setze dir Ziele und kämpfe dafür, als würde dein Leben davon abhängen.« Gut, das ist die linke Seite der Gleichung. Aber muss man, um Erfolg zu haben, nicht auch Maß halten können?

Ich muss einen Mittelweg finden. In bin an einem Punkt angelangt, wo ich nicht mehr nur Gefahr laufe, meine Kreditkarte zu überziehen, gefeuert zu werden oder irgendeinen hochnäsigen Boss zu nerven – jetzt kann ich ganz tief fallen, ohne Netz und doppelten Boden. Und ich habe nicht mal einen Lektor, dem ich die Schuld geben kann.

Ich treffe eine klare Entscheidung: Das hier ist nur ein Notbehelf, damit ich meine Reise nicht überstürzt abbrechen muss. Ich werde den ersten Posten Pillen verdealen und mit dem Gewinn mein Projekt zu Ende bringen, so gut ich kann. Ich werde wagemutig sein, aber sofort wieder aussteigen, sobald ich meine Arbeit beendet habe. Meine Eltern wären stolz, wenn sie wüssten, wie maßvoll ich bin und wie ausgewogen ich meine Entscheidung getroffen habe.

An die Pillen heranzukommen ist einfacher als gedacht. Ein Freund des Hotelbesitzers von Canoa Quebrada nimmt mich mit nach Fortaleza, wo ich wiederum bei einem Bekannten von ihm umsonst übernachten kann. Kurz vor Mitternacht gehe ich in das Hotel zurück, wo ich damals nach der ersten Nacht rausgeflogen bin, um Geschäftsleuten aus Teresina Platz zu machen. Wie ich gehofft hatte, sitzt mein Lieblingsnachtportier an der Rezeption, Mister Trinkgeld. Ein Musikvideo aus dem Spätprogramm flackert über die Mattscheibe des kleinen Fernsehers deren Leuchten sein Gesicht erhellt.

»Ich soll einen Brief für Jeff Renner abholen«, sage ich mit zitternden Händen.

Er reibt sich die tränenden, vom ewigen Starren in die Röhre ganz roten Augen, und sagt, er sei nicht dazu befugt, Post auszuhändigen. Er sei nur der Nachtportier und könne eine Menge Schwierigkeiten bekommen, wenn sich deswegen jemand über ihn beschwerte. Ich stecke ihm ein paar Real zu und versichere ihm, dass sonst niemand nach der Post fragen wird. Er wühlt in einem Schrank und bringt mir einen Umschlag, adressiert an Dr. Jeff Renner, Absender: Señor Victor Maitland, Chile.

Ich stecke den Brief in meinen Hosenbund und eile hinaus, steige in ein abfahrbereites Taxi und bin in wenigen Minuten am anderen Ende der Stadt angekommen. In meinem Zimmer mache ich den Umschlag auf und finde zwei Blatt dickes Fotopapier. Eines ist mit doppelseitigem Klebeband versehen, an dem fünfzig Pillen heften, allesamt schneeweiß und mit einem eingestanztem Pik-Symbol auf der Vorderseite. Fünf Zehnerreihen, alle Pik-Symbole zeigen ordentlich in dieselbe Richtung. Vorsichtig ziehe ich die Pillen ab und gebe sie in ein Medikamentenfläschchen, das früher Vitamintabletten enthalten hatte. Kurz nach Sonnenaufgang breche ich auf nach Jericoacoara.

Es ist etwa meine hundertste Busfahrt auf dieser Reise, eingequetscht zwischen dem Fenster und einem aufgedunsenen Schweizer mit *Titleist*-Mütze und weißen *Reeboks* sowie einer randlosen Brille, die ihm wiederholt von der Nase rutscht. Er ist im internationalen Devisenhandel tätig oder war es zumindest bis vor Kurzem, bis seine Firma umstrukturiert wurde. Er ist stolzer Abgänger einer amerikanischen Business School, deren Namen ich sofort wieder vergesse.

Er weist mich darauf hin, dass der brasilianische Real gegenüber dem Euro und dem Dollar gerade gefallen ist, mein Geld ist jetzt hier in Brasilien also mehr wert. Einfach so. Meine zirka 200 Dollar Reingewinn erhöhen sich somit auf ungefähr 215 Dollar.

Als er vom Kursverfall des Real gehört hat, sagt er, sei er auf der Stelle ausgegangen und hätte in Fortaleza mit einer Edelnutte gevögelt – man gönnt sich ja sonst nichts. »Ein guter Deal – umgerechnet fünfundsechzig Dollar für die ganze Nacht«, erzählt er so beiläufig, als würden wir über Hotelpreise sprechen. Ein sehr viel besserer Deal als die 110 Dollar, die er in Rio im *Help* ausgegeben hat, der größten Disco Lateinamerikas. Um Waren und Dienstleistungen in Brasilien einzukaufen, erläutert er, sei der Zeitpunkt jetzt günstig, für ausländische Produkte aber seien es schwierige Zeiten. »Für die Brasilianer werden die Zeiten härter, für uns leichter«, lacht er. Da wir im Reiseführer die Preise in US-Dollar angeben, muss ich jetzt die Hotel-, Restaurant-, Eintritts- und sonstigen Preise, die ich schon eingetragen habe, allesamt neu berechnen. Bis ich damit fertig bin, hat der Kurs sich wahrscheinlich schon wieder geändert.

Von Fortaleza bis zur Küstenstadt Jericoacoara braucht der Bus sechs Stunden. Ich sehe aus dem Fenster, die Vorstädte verdichten sich zu Städten, dann wieder lösen sie sich in Sand und Gestrüpp auf, während mein Sitznachbar mir auf seiner Digitalkamera Fotos von der Dame zeigt, die er kürzlich dafür entlohnt hat, dass sie mit ihm schläft – gezwungenes Lächeln, kokette Posen, massenhaft Bilder von eingeseiften Körpern unter der Dusche. Zum Glück ist auf keinem sein *Toblerone*-Riegel zu sehen.

Dann ist die Straße plötzlich an ein Ende gelangt, und wir müssen in einen bereits wartenden Pick-up mit Vierradantrieb umsteigen, der uns durch die Dünen ins Weltenbummlerstädtchen Jericoacoara bringt. Ich eise mich von dem Schweizer los und setze mich auf den langen Bänken des Offroaders neben ein umgängliches brasilianisches Paar aus Praia do Forte. Sie erzählen mir, dass es keine richtige Straße nach Jericoacoara gibt, nur diese Trasse durch die Dünen und eine weitere am Strand entlang. Die beiden kommen zum achten Mal hierher nach Jeri. Dieser kleine Flecken Erde, der zwischen einem Dünengebiet, dem Meer und der imposanten *Pôr-do-sol* liegt, der Sonnenuntergangsdüne am Rande der Stadt, hat es ihnen so richtig angetan. Jeri wird Jahr für Jahr größer, verrückter und überlaufener, sagen sie.

Dort angekommen, gehe ich in ein Hotel, das mir der Wirt in Canoa Quebrada empfohlen hat. Er hat mir versichert, es sei »meinem Anliegen wohlgesonnen«. Ich zeige meine glänzende blaue Visitenkarte mit dem *Lonely-Planet*-Logo vor und erfahre, dass man ein Zimmer für mich reserviert hat. Ich checke ein, kette meinen Laptop an den Bettpfosten, verstecke Pillen und Pass im Bad und beginne, mit neuem Selbstvertrauen und neuer Zielstrebigkeit dieses angesagte Reiseziel zu erkunden.

Im *South American Handbook* von 1991 (gebundene Ausgabe, 67. Auflage), das ich in meinem Hostel in Natal vom Büchertisch mitgenommen habe, steht, Jericuacuara (sic) sei einer der abgelegensten und noch in seiner ganzen Ursprünglichkeit erhaltenen Strandorte Brasiliens, der sowohl bei brasilianischen wie auch internationalen Touristen immer beliebter werde. Es sei dort so malerisch, dass sogar »Schweine, Hühner und Esel einfach so durch die Straßen laufen«.

Im letzten *Lonely-Planet*-Band, der fünften Auflage von 2002, wird Jericoacoara als kleines, bei Backpackern, hippen Brasilianern und Windsurfern beliebtes Fischerdorf vorgestellt ... »Ein netter Flecken, wo unzählige Palmen vor einer Kulisse von Jangadas (traditionellen einmastigen Segelflößen) am breiten, grausandigen Strand in Sanddünen versinken. Ziegen, Pferde, Kühe, Ochsen und Hunde laufen einfach so durch die sandigen Straßen.«

Und genau dasselbe steht auch in der vorletzten Ausgabe, der vierten von 1998 mit dem einzigen Unterschied, dass dort noch vor den *bichos de pé* gewarnt wird, einer Sandflohart, die sich in die Zehennagelhaut des Menschen bohrt; diesbezüglich scheinen sich die Dinge jedoch gebessert zu haben, sodass es nun nicht mehr erwähnt zu werden braucht. Allerdings scheint mir, dass in dem »Fischerdorf« noch ein bisschen mehr passiert ist.

Heute wird das Städtchen, das aus vier, fünf größeren Sandstraßen besteht, eher von koksenden Hoteliers, israelischen Kitesurfern und argentinischen Playboys bevölkert als von Ziegen, Pferden, Kühen, Ochsen und Hunden. Die Einheimischen mussten mit ansehen, wie ihr malerisches, aber abgelegenes und verschlafenes Nest, das bis 1998 nicht mal an das Stromnetz angeschlossen war, aus allen Nähten platzte und zu einem internationalen Hotspot wurde, wo es von Strandyoga bis hin zu Crêperien einfach alles gibt. Die Einheimischen, die Jeris Entwicklung auf lästige Weise behindern, werden verdrängt und müssen immer weiter an den Stadtrand ziehen. Einige haben in das Wachstum investiert und besitzen nun Lokale oder Souvenirläden, sie arbeiten in Hotels oder als Herrenbegleiterinnen. Die meisten brasilianischen Geschäftsleute hier kommen jedoch aus den größeren Städten in der Umgebung oder aus den Metropolen im Süden.

Jeri, ein Geschöpf, das vom Graswurzel-Tourismus entwöhnt wurde, hat mittlerweile ein Reifestadium erreicht, in dem Pauschaltouristen hier ankommen; es steht kurz davor, zum Hauptreiseziel der ganzen Region zu werden. Die Backpacker waren die Vorhut, die den Pfad geebnet hat, indem sie auf dem Weg hierher allen Unannehmlichkeiten und Unwägbarkeiten getrotzt hat, nun aber haben Reiseveranstalter mit Tourbussen und vorab reservierten Zimmerkontingenten den Stab übernommen. Mein Job ist es, die Öffnung für den Tourismus noch ein wenig voranzutreiben und über den Typen zu schreiben, der hier eine Motorradflotte aufbaut und Touren durch die Region anbietet, aber auch über die Kitesurfing-Kurse, das Suppenrestaurant oder den neuen Italiener, bei dem es Pilzrisotto und gehaltvolle Schokoladentorten gibt.

Es wäre irreführend zu behaupten, dieses Wachstum sei allein auf den *Lonely Planet* zurückzuführen, wenngleich nicht geleugnet werden kann, dass der Führer etwas damit zu tun hat. Wenn *Lonely Planet* einem Ort sein Gütesiegel verleiht, bekommt er damit einen kräftigen Schuss internationale Publicity, egal, ob dieser Ort das will, braucht oder überhaupt verkraften kann. Es ist kaum möglich, irgendwo essen zu gehen, ohne dass man an irgendeinem Tisch das Buch erspäht, auch am Strand sieht man immer wieder jemanden darin blättern.

Mit den Backpackern kommen zuerst die Reiseführer – Zeitungen und Zeitschriften folgen in der Nahrungskette aber nicht sehr weit darunter. Seit einem Jahrzehnt wird Jericoacoara auch dort fleißig »gecoverd«. Die *New York Times* hat zum ersten Mal 1994 über den Ort berichtet. Im selben Jahr setzte das *Washington Post Magazine* noch einen drauf und behauptete in seinem Artikel, Jericoacoara hätte »einen der zehn schönsten Strände der Welt«. Der

Ort an sich ist unbestritten herrlich, der Strand jedoch ist nicht einmal einer der zehn schönsten Brasiliens. Aber der Hype war eben nicht mehr aufzuhalten.

Vor Kurzem hat hier das erste Sternehotel eröffnet. Es ist geplant, den Strandbereich zu weiten Teilen, wenn nicht zur Gänze, umzugestalten, um die Hostels und Cabanas loszuwerden und dafür luxuriösere Hotels mit Pool und Bar hinzustellen. Anfang des Jahres habe ich in der Lower East Side Manhattans in einer Bar mit französischem Namen für sieben oder acht Dollar einen pseudobrasilianischen Cocktail aus Rum, Ingwer und Honig getrunken, der *Jericoacoara* hieß. Ich war 4000 Meilen von dem Ort entfernt, wusste aber auf Anhieb, dass es um das kleine Fischerdorf geschehen war. Wegen seiner ungünstigen Lage ist Jericoacoara touristisch aber immer noch nicht so weit entwickelt wie Canoa Quebrada, das dem bereits erwähnten *South American Handbook* zufolge »entdeckt wurde und sich nun zu einer Touristenattraktion entwickelt«. Jeri liegt überdies in einem Landschaftsschutzgebiet – wodurch der Ausbau der touristischen Infrastruktur eigentlich eingeschränkt sein sollte, aber es ist auch klar, dass harte Währung am Ende immer gewinnt. Die nächsten Schritte werden sein: gepflasterte Straßen, direkte Verkehrsanbindungen, eine offizielle Website auf Englisch, Geldautomaten, Pornovideo-Verleiher, Ferienwohnungen, Schüler- und Studentenpartys für die internationale Klientel und kanadische Rentner in orthopädischen Turnschuhen. Ich kann das alles schon riechen. Und ich kann es an den habgierigen Blicken der Hotel- und Restaurantbesitzer aus Mailand oder São Paulo sehen. Was meine eigene Rolle in diesem Spiel angeht, bin ich etwas hin- und hergerissen, der Prozess war schon längst im Gange, als ich hierhergekommen bin.

Zusammen mit Junior, dem Besitzer und Bewohner des einzigen ortsansässigen Surfladens, sitze ich an der Ecke der sandigen Plaza gegenüber dem Strand. Junior ist groß und sehnig, hat klare Augen und ein Lachen, als würde er hyperventilieren. Die meiste Zeit über trägt er eine blaue *Speedo*-Badehose, schmiert sich Zinkoxid auf die Nase und trinkt große Flaschen *Antárctica*-Bier, das er in Styroporkisten aufbewahrt. Mit Freunden trinkt er ebenso wie mit Passanten, zieht immer mal wieder einen Kunden an Land und hört in Endlosschleife »*Zóio da Lula*« (»Tintenfischauge«), einen Song der Reggae- und Hiphop-beeinflussten brasilianischen Rockband *Charlie Brown jr.*, der gerade total in ist. Junior steht auf und singt mit feuchter Aussprache den Refrain mit: »*Meu escritório é na praia, eu tô sempre na área*«, was sich frei übersetzen lässt: »Mein Büro ist am Strand, ich bin immer da.«

Auf Portugiesisch klingt es wesentlich besser, außerdem reimt es sich, dennoch: in beiden Sprachen spricht es Juniors Ideale genauso an wie meine.

Es klingt verlockend, ein Büro am Strand zu haben, wenn es auch nicht gerade besonders regelmäßige Arbeit verheißt. Nach ein paar Flaschen Bier versuche ich, mit Junior in ein Gespräch über das Geschäftsklima in Jericoacoara einzusteigen und meine wirtschaftlichen Chancen auszuloten. Auch ich habe ja in gewisser Weise hier mein Büro, ich muss ein wenig Recherche betreiben. Doch bevor ich auch nur eine einzige Frage gestellt habe, will er schon wissen, ob ich genügend Geld dabeihabe, um ihm noch ein paar Flaschen abzukaufen. Es sei Nebensaison, erfahre ich, und das Geld in der Stadt sei knapp. »Die Leute hier haben keine Sparkonten oder so was, wir haben ja nicht mal eine Bank. Wenn wir Geld haben, geben wir es aus, und wenn es weg ist, ist es weg. Zu dieser Jahreszeit sind wir immer ziemlich pleite.«

Obwohl gerade Nebensaison ist, tummeln sich doch eine beachtliche Anzahl Touristen in der Stadt. Ich höre die Leute Englisch, Französisch, Iwrit, Spanisch, Japanisch und Holländisch sprechen, bisweilen auch Portugiesisch mit breitem Rio- oder São-Paulo-Akzent. »Die Hotels sind nur zu zehn oder fünfzehn Prozent ausgelastet – um richtig Geld zu verdienen, müssten es fünfzig und mehr sein«, erklärt er mir.

Ein Grüppchen von drei Gringos kommt vorbei. Sie sehen alle ziemlich taff aus, tätowiert und sonnengebräunt. Eindeutig Partygänger. Vielleicht sollte ich sie direkt ansprechen. Ein paar Schritte hinter ihnen kommt ein vierter angezockelt. Er hat Ohrstöpsel und einen grauen MP3-Player. Sein blonder Pferdeschwanz hüpft im Takt der Musik, die nur er selbst hört.

»Otto!«, rufe ich.

Keine Reaktion.

»Otto!«

»Thomas?« Er zieht sich die Ohrstöpsel raus und kommt auf mich zu. »Hey, Mann, das glaube ich nicht! Zum ersten Mal in meinem Leben freue ich mich, einen Ami zu sehen. Ich kann's kaum erwarten, aus diesem Kaff hier rauszukommen. Das ist echt *Lonely-Planet*-mäßig«, grinst er. »Was machst du hier? Wollen wir morgen zusammen nach São Luís fahren?«

»Ich bin gerade erst angekommen. Ich kann nicht gleich wieder abhauen.«

»Ach, komm schon! Wir können uns einen *Land Rover* mieten und die Küste rauffahren – immer am Strand lang, bis zu dem Dünengebiet, dem Nationalpark.«

»Klingt super, aber ... ich habe noch zu tun, bis ich hier weg kann. Gib mir ein paar Tage Zeit, ja?«

»Okay, aber beeil dich, Mann, für mich ist hier nämlich nicht mehr viel zu holen.«

»Was meinst du damit?«

»Na, es ist so ähnlich wie in Olinda. Ich bin hier mit einem Mädchen zusammen. Mit anderen Frauen kann ich's jetzt natürlich vergessen, also gibt es in der Stadt keine Zukunft mehr für mich. Man kann die Pferde nicht mitten im Fluss wechseln, wie ihr Cowboys so schön sagt. Vor allem nicht in so einem Nest. Außerdem will ich hier nicht bis in alle Ewigkeit festsitzen.«

»Wie lange bist du denn schon hier?«

»Na, so ungefähr drei Tage. Eine lange Zeit.«

»Verstehe. Aber so ein paar Tage müsstest du schon noch ausharren, ich hab hier etwas zu erledigen. Dann bin ich dabei!«

Meine Tage verstreichen mit Sandsurfen, außerdem fahre ich mit einem Buggy durch die Dünen, und zwischendurch ziehe ich mir die Stadt rein. Im Geiste mache ich mir dabei Notizen für mein Buch, während ich zugleich versuche, Abnehmer für die Pillen zu finden, mit denen ich mir den Rest meiner Recherche finanzieren will. Und das ist keineswegs so einfach, wie ich gehofft hatte. Es bringt mich vielmehr einigermaßen in Verlegenheit, und ich halte es sogar vor Otto geheim.

Die Recherche, besonders die Restaurantrecherche, ist sehr viel leichter, wenn man entsprechend vernetzt und vorbereitet ist. Ein Hotelier bringt einen in Kontakt mit einem Restaurantbesitzer und so weiter, und wenn die Sache einmal am Laufen ist, hat man in null Komma nichts einen vollen Terminplan: Man wird mittags und abends zum Essen eingeladen, darf verschiedene Menüs kosten und erhält Freigetränke. Ich treffe Manager, Geschäftsführer, Chefköche, sehe mir Küchen an und rede mit Gästen. Sogar ein Pizzalokal, das in der Nebensaison eigentlich geschlossen ist, wird extra für mich geöffnet, und damit ich die Spezialität des Hauses kosten kann, wird der Holzofen angeworfen. Der Geschäftsführer, ein ziemlich gerissener Hund aus Kanada, leistet mir beim Essen Gesellschaft.

Ich durchschaue das Spielchen immer besser – es hat eindeutig seine eigenen Regeln. Einige Wirte versuchen andere Lokale schlechtzureden und zu verhindern, dass man sich ein eigenes Urteil bildet, man darf also nicht alles, was sie sagen, für bare Münze nehmen. Man muss einfach nur unverbindlich lächeln, sich freundlich bedanken und vor allem in der Lage sein, derartige Hilfe anzunehmen, ohne Gegenleistungen zu versprechen. Mit die größte Herausforderung besteht darin zu erkennen, wem man trauen kann und wem man dieses Vertrauen nur vorspielen muss. Ja, ich nehme Werbegeschenke und Lockangebote an, aber nur dadurch ist die Recherche überhaupt möglich. Ich würde natürlich niemals die Unwahrheit über irgendein Lokal schreiben, nur weil ich dort einen Teller Nudeln umsonst bekommen habe, aber ich muss zugeben, dass die Recherche innerhalb eines solchen Netzwerks ganz automatisch auf irgendwelche Tourischuppen begrenzt bleibt, die ohnehin schon in den Reiseführern aufgeführt sind. Ich mache mir die Illusion, dass ich mit diesem Verfahren ein bisschen Geld einspare, mit dem ich dann in anderen Lokalen, die vielleicht typischer und abgelegener sind, auf eigene Rechnung essen und trinken gehen kann, aber viel Geld habe ich derzeit leider sowieso nicht übrig.

Einige Male treffe ich den Schweizer aus dem Bus wieder. Er hat die letzten vier Nächte in drei verschiedenen Hotels verbracht und erstattet mir umfassend Rapport über die qualitativen Unterschiede der Zimmer und Badezimmer sowie über das jeweilige Preis-Leistungs-Verhältnis. Zufrieden ist er mit keiner dieser provisorischen

Heimstätten gewesen, heute Nachmittag zieht er wieder um. Er empfiehlt mir ein Restaurant, wo man »eine gute Portion Fleisch zu Reis und Bohnen bekommt – dreihundert bis dreihundertfünfzig Gramm«. Man kann also auch andere Leute die Recherche machen lassen, sollte dann allerdings überprüfen, ob sie wissen, wovon sie reden. Ich will vorfühlen, ob er Interesse an Ecstasy hat, »ein Freund von mir hat Pillen«, sage ich, aber er versichert mir, er habe schon genügend andere Laster.

Aus vier Nächten werden fünf, und ich bin noch immer im Besitz von ganz genau fünfzig Pillen, fünfzig kleinen Piks. Was meine Dealerkarriere angeht, so mangelt es mir schlicht an Selbstbewusstsein, um den Umtausch von Ware in Geld entsprechend energisch anzugehen. Wie eine Jungfrau, die zaudert, vom Vorspiel zur Penetration zu kommen. Soll ich das Thema direkt ansprechen? Muss es sich von selbst ergeben? Stoße ich die Leute vor den Kopf, wenn ich selbst davon anfange, verschrecke ich sie?

Ein einziges Mal war ich ziemlich nah dran, als ich nämlich in meinem Hotel eine gemischte Gruppe aus Aussies und Holländern über DJs und Discos in Rotterdam und Melbourne diskutieren hörte. Es schien der perfekte Einstieg in meinen Geschäftserfolg zu sein. Aber sie hätten schon genug Pillen, sagten sie. Für fünf Dollar pro Stück würden sie mir trotzdem welche abkaufen, als Vorrat. Darauf ließ ich mich dann doch nicht ein.

In dem kleinen Fischerdorf herrscht ein ständiges Kommen und Gehen. Jeden Mittag schafft der Bus Dutzende von Touristen hinfort, karrt jedoch am Abend eine neue Fuhre heran. Irgendwann wird es schon noch klappen, rede ich mir ein. Irgendeiner wird anbeißen, irgendwas wird laufen.

Erst gegen Mitternacht wird Jeri wach, dann kommt Leben in die Stadt. Nachdem ich geduscht und mich rasiert habe, peile ich die größte Disco an, die die Stadt zu bieten hat, das *Planeta Jeri*.

Planeta Jeri ist zum Teil eine Open-Air-Disco. Unter einem abgekupferten *Planet-Hollywood*-Logo befindet sich die Tanzfläche, man kann aber auch draußen an Tischen sitzen. In der sandigen Straße steht ein fliegender Händler neben dem anderen, es gibt Caipirinha, Rum, Cola und Cocktails mit frischem Saft, wobei alles billiger ist als an den offiziellen Verkaufsständen der Disco. Die Musik geht querbeet, von den *Jackson Five* über *Roni Size* bis hin zu irgendwas, das ich nur als ganz schlechten Acid Trance identifizieren kann. Ich muss mich jetzt dringend zusammenreißen und ein paar Leuten meine Pillen andrehen. Ich muss endlich die Sache ins Rollen bringen. Doch bevor ich noch jemanden ansprechen kann, werde ich von einer sichtlich betrunkenen Französin angequatscht.

»Ich habe gehört, du schreibst für *Lonely Planet*«, sagt sie in fehlerfreiem, wenn auch akzentbeladenem Englisch und wankt einen Schritt zurück.

»Ja? Von wem?«

»Von allen möglichen Leuten.«

»Na ja. Kann sein?« Habe ich jetzt schon ein Groupie, und dann gleich eine Französin?

»Weißt du, was?«, hickst sie.

»Nein. Was denn?«

»Ich war mit Freunden unterwegs. Dann haben wir uns für ein paar Wochen getrennt, wollten uns aber an einem bestimmten Tag wiedertreffen, in einer Bar in Salvador. Diese Bar steht als ganz heißer Tipp im *Lonely Planet*. Aber sie war dicht. Und zwar schon seit Jahren. Um nicht zu sagen: schon seit fast zehn Jahren, wie ich mir habe sagen lassen. Und seitdem habe ich meine Freunde nicht mehr wiedergesehen. Ihr habt mir voll die Reise versaut, ihr *Lonely-Planet*-Arschlöcher!«, brüllt sie und verliert dabei das Gleichgewicht, sodass sie mitten in die Tischrunde in ihrem Rücken hineintaumelt. Dutzende Augenpaare starren uns beide an. So viel zum Thema »nicht auffallen«.

Ich versuche ihr zu erklären, dass ich an der letzten Ausgabe nicht mitgearbeitet und schon gar nicht die praktischen Hinweise für Salvador geschrieben habe, aber es hilft nicht. Schließlich frage ich sie nach dem Namen der Bar und verspreche ihr, die Info an den Zuständigen weiterzuleiten. Innerhalb weniger Minuten bin ich von Touristen umringt, die alle wissen wollen, wie es so ist, für *Lonely Planet* zu schreiben. Wie ich mit der Arbeit klarkomme, ob ich wirklich alle Orte persönlich besuche, ob ich Tony Wheeler oder den Typen von der *Lonely-Planet*-Fernsehsendung kenne. Für *Lonely Planet* zu schreiben ist eben ein Traumjob. So viel zum Thema Individualreise.

Meine Deckung ist aufgeflogen. Und was mein anderes Geschäft angeht, habe ich wieder kein Glück. Dafür lerne ich drei Mitarbeiter eines australischen Surfbrettherstellers und ihre beiden brasilianischen Gäste kennen. Zusammen gehen wir in eine Bäckerei, die nur während der Backzeit, von zwei Uhr nachts bis sechs Uhr morgens, geöffnet ist. Das Angebot ist begrenzt, aber der Laden ist voller Partygänger aus aller Herren Länder, die mit ein wenig fester Nahrung ihre rebellierenden Mägen zu beruhigen versuchen, bevor sie in ihre Hostels und Pousadas zurückkehren und sich aufs Ohr hauen. Abgesehen von der Möglichkeit, mit einer namenlosen Person unter freiem Himmel zu vögeln, ist diese Nacht-Bäckerei das Nonplusultra von allem, was Jeri zu bieten hat. Hätte ich nicht versucht, Drogen zu vertickern, hätte ich sie wahrscheinlich nie entdeckt.

Drogendealer zu sein ist wesentlich schwieriger, als ich vermutet hätte. Ich hatte immer gedacht, dabei könnte man mit wenig Stress schnelles Geld verdienen, ein Job, in dem Straffällige landen, wenn sie es bei *Wendy's* oder sonst einem Sklavenhalterbetrieb im »wirklichen Leben« nicht packen. Nein, Dealen ist harte Arbeit. Ich sage nicht, es sei eine ehrenhafte Aufgabe, sondern nur, dass es kein leicht verdientes Geld ist. Es erfordert sehr viel mehr Organisationstalent, unternehmerische Fähigkeiten, unabhängiges Denken und Intelligenz als die meisten anderen Jobs. Der Schwarzmarkt ist die Urform des Kapitalismus. Es gibt keinen Rahmen, keine Regeln. Keinen Regress. Keinen Ombudsmann, bei dem man sich beschweren könnte. Der Wettbewerb ist unumschränkt, und zumindest beim Einstieg ist man mit seinem Bemühen, die eigenen Geschäftsinteressen zu schützen, ganz auf sich allein gestellt.

Zum Verkäufer habe ich kein Talent, feilschen kann ich schon gar nicht. Karrass würde sich für mich schämen. Und mir selbst ist es peinlich. Ich tauge weder zum Drogendealer noch zum Geschäftsmann. Ich könnte noch nicht mal im *Monaco* Klamotten verkaufen!

Dabei habe ich nicht mal mehr genügend Geld, um mich wieder nach Rio durchzuschlagen und von dort nach Hause zu fliegen. Alle, was ich habe, sind meine weißen Piks.

Nachdem ich dieses Spielchen ein paar Tage lang gespielt hatte, hatte ich von allem die Schnauze voll. Vom Trinken, von den Restaurants, der Small-Talk-Diplomatie, von den vielen Touristen. In der Nähe meines Hotels läuft mir ständig der Inhaber eines Reisebüros über den Weg, bestimmt lauert er mir auf. Die Recherche läuft gut, aber meine finanziellen Probleme machen mir doch ziemlich zu schaffen. Ich muss dringend raus aus dieser Touriszene und wieder runterkommen. Um meine Gedanken zu ordnen, wandere ich am Strand entlang stadtauswärts. Pleite bin ich nach wie vor, und das Einzige, was sich seit meinem Einstand als Reiseautor geändert hat, ist, dass ich nun auch noch Schulden bei einem Drogendealer in Chile habe, die ich nicht bezahlen kann. Kürzlich hatte ich in meiner Mailbox eine Nachricht von Bobby: Er warte auf sein Geld, teilte er mir mit, wobei er auf sein sonstiges Geschwätz komplett verzichtete, und wenn die Kohle nicht bald rüberkäme, hätten wir ein Problem. Erst Beatriz, nun das.

Nach etwa zwanzig Minuten Fußmarsch gen Norden sehe ich neben einem blauen Dünenbuggy zwei Männer am Strand sitzen, beide Mitte Vierzig, im Schneidersitz. Der eine ist ein tief-, fast profimäßig gebräunter Europäer mit blondem Pagenschnitt, der andere ein hellhäutiger Latino mit Konquistadorenbärtchen und kurzem rabenschwarzen Pferdeschwanz. Im Sand liegen ein paar Dosen herum. Bei näherem Hinsehen wird klar, dass es kein Bier ist, sondern Cachaça in schwarzen *Pitú*-Dosen. Zum Nachspülen haben sie eine Literflasche Orangenlimo dabei. Kurz frage ich mich, warum es sich in anderen Teilen der Welt nicht ebenfalls durchgesetzt hat, Hochprozentiges in Dosen zu vekaufen.

Auf der Ladefläche des Jeeps hängt ein ramponiertes Geländemotorrad. Der vordere Teil ist hinten über die Kante gerutscht. Der langen Sandspur nach zu urteilen, die hinter dem geparkten Buggy ihren Anfang nimmt, ist es mindestens fünfzig Meter über den Boden geschleift worden, bevor der Jeep hier zum Halten kam. Plötzlich springt der Schwarzhaarige auf und macht einen Satz nach hinten. Kurz darauf wird mir klar, warum: Der Blonde kotzt in den Sand wie ein Reiher. Ein paar dürre

Palmen wiegen sich sanft im Wind. Die Sonne hat sich zu einer orangeroten Pilzwolke ausgebreitet, die tief an einem verschwimmenden Horizont hängt.

Als ich an den beiden vorbeigehe, sieht der mit dem Konquistadorenbärtchen mich an und ruft: »He, was geht, Alter?« Der andere versucht, seinen Mund mit Orangenlimo auszuwaschen, woraufhin er sich bloß noch heftiger übergeben muss.

»Kannst du uns helfen? Wir müssen so schnell wie möglich hier weg.« Dann überlegt er noch einmal. »Du bist doch kein Bulle, oder?«

»Sieh ihn doch an«, kommentiert der andere, als er gerade mal nicht kotzen muss, »das ist ein Gringo, kein Bulle.«

»Du bist aber auch kein CIA-Spitzel, Gringo, oder?«

»Wohl kaum, Mann.« Ich weiß langsam gar nichts mehr sicher, außer, dass ich im Drogenverticken ungefähr genauso gut bin wie im Reiseführerschreiben.

Der Traumjob

Noch 21 Tage bis zum Abgabetermin

»Sprich nicht mit Fremden« – das ist so ziemlich der schlechteste Rat, den ich in der Schule in Seattle bekommen habe – neben »Sag einfach nein.« Beides hat Sinn, wenn man zehn Jahre alt ist und von dem bärtigen Fahrer eines Kleintransporters angesprochen wird, der am Straßenrand angehalten hat und offenbar noch hinter dem Lenkrad sitzt, aber insgesamt hat diese Paranoia, die man schon von klein auf eingetrichtert bekommt, eher negative Auswirkungen auf die menschliche Psyche, wenn nicht gar auf den Charakter unserer Nation. Die Internet-unabhängige soziale Interaktion beschränkt sich in Nordamerika zunehmend auf den beruflichen Bereich sowie auf sportliche oder religiöse Zusammenkünfte. Ansonsten kleben die Leute alle an den Freundschaften aus ihrer Jugendzeit. Die einzigen sozialen Kontakte, die sonst noch stattfinden, kommen spontan unter Alkoholeinfluss in schummrigen Bars zustande.

In meinem Spanischbuch aus der siebten Klasse, wurde ich mit Marisa Jiménez und Elena Ochoa bekannt gemacht, zwei Spanisch sprechenden *estudiantes* mit breitem Lächeln. Sie mochten Bücher und Katzen und saßen gern auf der *plaza*. Katzen interessierten mich nicht, aber auf die *plaza* wollte ich auch. Das Nachmittagsprogramm im Fernsehen hatte ich satt, organisierten Mannschaftssport ebenso. Ich wollte Marisa und Elena kennenlernen und auf einem Platz mit Kopfsteinpflaster und Palmen abhängen, wo die Leute, auch wenn sie sich nicht gut kannten, einen netten Kontakt miteinander pflegten. So begann ich mich für Lateinamerika zu interessieren.

Die beiden Besoffenen am Strand sind bei Weitem nicht so verlockend wie Marisa und Elena, aber anscheinend brauchen sie meine Hilfe.

»Was habt ihr beiden denn zu feiern?«, frage ich und deute mit dem Kinn auf die Kotzlache im Sand.

»Unsere Abreise. Mein Freund Micky hat seine Abschiedsfete, und ich versuche, sein Scheißmotorrad wieder auf dem Jeep festzumachen«, sagt er auf Englisch mit einem leichten spanischen Akzent. »Ich heiße Arturo.«

»Und wohin soll die Reise gehen?«, frage ich weiter.

»*Top secret.*«

»*Top secret?*«

»Ja, Alter, und zwar *tiptop secret*. Bist du sicher, dass du nicht doch von der CIA bist?« Er kichert und jagt sich mit einem Schluck aus der Cachaça-Dose ein spastisches Zucken durch den Körper. Er scheint über das Stadium, in dem Alkohol und Sedativa noch durchschnittliche Rauschwirkungen entfalten, weit hinaus zu sein.

»Wir sind flüchtig ...« Mickey, der Blonde, hebt wieder den Kopf und mischt sich ein. Er streicht sich die Haare aus dem Gesicht und wischt sich mit dem gebräunten Unterarm den Mund ab. Als er sich ein wenig von seiner Übelkeit erholt zu haben scheint, wirft er ein paar Handvoll Sand auf seine Kotze und schenkt mir ein triefeliges Lächeln. Seine Zähne sind strahlend weiß, was zu seiner Trunkenheit so gar nicht passen will.

Arturo unterbricht ihn: »Ich bin nicht flüchtig, Mann! Er – er ist auf der Flucht. Ich bin nur der – wie heißt das? – Komplize. Der Fahrer des Fluchtwagens.«

»Hoffentlich lohnt sich der Stress. Sieht nämlich so aus, als würde das Motorrad deinen Buggy ganz schön an den Rand bringen, das ist ja keine Vespa, Mann.«

»Da hast du recht. Der CIA ist echt clever, was, Micky? Genau das ist das Problem. Siehst du jetzt, was ich dir die ganze Zeit klarmachen will, Micky?«, brüllt Arturo seinen Freund an. Der hintere Teil der riesigen, am Überrollbügel befestigten BMW-Maschine, hat die Rückseite des Buggys eingerissen. Überall sind weiße Sprünge entstanden.

»Na ja, es geht hier nicht darum, ob es sich lohnt … Mein holländischer Kumpel hier kann einfach seinen Schwanz nicht in der Hose behalten, und jetzt wollen sie ihn einbuchten. Er hat versucht, mit seinem Bike abzuhauen, ist dann aber mit dem Ding in eine Düne gerauscht. Und weil ich diesen verdammten Arsch schon ewig kenne … Na ja, du weißt ja, wie das läuft …«

»Kann er sich nicht freikaufen?«, frage ich und bohre mit nackten Zehen ein Loch in den Sand.

»Er hat schon zwei Mal Kaution bezahlt, nun wollen sie noch mehr Kohle. Alles ein abgekartetes Spiel! Das haben sie von Anfang an so eingefädelt, ich kenne das – mein Vetter hat das auf Isla de Margarita mit ausländischen Geschäftsleuten genauso gemacht. Ein alter Trick, wenn in der Nebensaison das Geld knapp wird. Wenn du ein Mal gezahlt hast, wollen sie immer mehr und noch mehr, und wenn dir das nicht passt, musst du entweder abhauen oder sie stecken dich ins Loch. Also gehen wir jetzt über die Grenze.«

»Nach Venezuela?«

»Das kann ich nicht sagen.«

»Dann bist du Venezolaner?«

»Ja, bin ich. Du bist wohl doch vom CIA, was? Aber ich habe die meiste Zeit meines Lebens in Spanien verbracht. Ein paar Jahre lang war ich in Miami auf der Schule, damals hat mein Vater in den Staaten gearbeitet. Erst bin ich von der Schule geflogen, dann haben sie mich aus dem Land rausgeschmissen.« Er lacht. »Zusammen mit meinem Vater. Weißt du jetzt genug, Gringo?«

Er nimmt noch einen Schluck und schüttelt sich wieder. »Micky und ich, wir kennen uns schon seit … ach, eigentlich schon immer!«

Micky spuckt rötlichbraunen Schleim in den Sand. »Stimmt«, sagte er, ich bin zwar aus Amsterdam, aber ich kenne diesen Arsch seit ewigen Zeiten, wir sind immer auf Ibiza rumgezogen. Glaub ihm kein Wort von dem, was er sagt.«

»Okay. Ich bin Thomas. Was ist mit deinem Bike?«

Arturo übernimmt wieder: »Wir haben ewig gebraucht, um das Teil auf dem Buggy festzukriegen. Hat mir die ganze Rückseite rausgerissen. Ist einfach zu schwer. Der Buggy ist aus Fiberglas. Wir sind nur zehn Minuten gefahren, bis das Seil gerissen und das Motorrad vorne runtergekracht ist. Wenn du uns helfen könntest, das Ding wieder raufzuwuchten, könnten wir zumindest in die nächste Stadt weiterfahren.« Er senkt die Stimme: »Micky ist im Moment keine sehr große Hilfe.«

Gemeinsam versuchen wir das Bike wieder in den Buggy zu hieven, aber dabei verbiegt sich der Stoßdämpfer, gibt schließlich nach und bricht unter dem Gewicht entzwei. Hinzu kommt, dass das gerissene Abschleppseil zu kurz ist, um den Rahmen des Motorrads richtig am Überrollbügel festzuzurren. Wir erwägen, die Enden zusammenzuknoten. Ich grabe tief in meinem Pfadfindererfahrungsschatz und versuche mich zu entsinnen, wie das noch mal ging mit dem Palstekknoten: Man fährt mit dem losen Ende durch die Schlaufe, um das festzuziehende Ende herum und wieder durch die Schlaufe zurück, um dann ... Ach, scheiß auf die Palstekknüpferei!

Arturo flucht auf Spanisch vor sich hin. Micky rührt keinen Finger, sondern wiegt die Orangenlimo in seinem Schoß und grübelt lautstark darüber nach, wie bloß alles so schieflaufen konnte.

Er gibt mir eine Komplettzusammenfassung seiner Lebensgeschichte. Wie er als Matrose auf einer Jacht nach Mustique gekommen sei und in *Basil's Bar* Mick Jagger und David Bowie getroffen habe, wie er sich mit dem Erfinder irgendeines Ölbohrgeräts angefreundet und ihm geholfen habe, in Südspanien eine eigene Formel-1-Strecke zu bauen. Irgendwann im Laufe seiner Karriere hat er sich wohl auch mal neue TV-Formate ausgedacht, darunter interaktive Cross-Channel-Konzeptionen, die die Grundlage von Sendungen wie *Big Brother* bilden. Doch an diesem Punkt unterbricht er sich und fängt wieder an zu kotzen, diesmal so orangerot wie die untergehende Sonne. Als sein Magen wieder etwas Ruhe gibt, erzählt er weiter. Manchmal wohne er in einem Loft in SoHo, sagt er, aber immer nur im April und November«, weil New York zu allen anderen Zeiten ganz und gar unerträglich sei. Außerdem habe er in Formentera ein Strandhaus, ebenso auf irgendeiner Insel im Südpazifik, zusammen mit einem Kumpel. Ansonsten gondele er hauptsächlich durch die Weltgeschichte.

Hier in Brasilien wollte er eigentlich die gesamte Nordküste mit dem Motorrad abklappern.

»Und was machst du hier?«, fragt er mich. »Urlaub?«

»Ich versuche, ein Buch zu schreiben.«

»Hey, cool! Ich bin auch Autor. Ich arbeite an einem Drehbuch – *Tatajuba Heat*. Zumindest habe ich die Idee dazu.«

Tatajuba ist eine Kleinstadt oben an der Küste. Mittlerweile strömen derartige Touristenmassen nach Jericoacoara, das für ein paar Orte in der Umgebung auch immer noch ein paar Krümel von den gedeckten Tischen abfallen.

»Die Geschichte spielt in Jeri, aber ich finde, *Tatajuba Heat* klingt besser als *Jericoacoara Heat*.« Er gönnt sich bereits wieder einen kleinen Schluck Cachaça. »Es geht um die Tochter eines Hoteliers, die jeden Gast glauben macht, sie wäre in ihn verliebt.«

»Klingt spannend.«

»Sie verführt die Männer, bringt sie dazu, mit ihrer eigenen Kamera Polaroidfotos von ihr zu machen, und schenkt sie den Typen. Am nächsten Tag geht der Vater zur Polizei, und die findet dann natürlich die Fotos in den Hotelzimmern der Männer. Die Polizisten und der Vater versuchen dann, den Kerlen Geld abzuknöpfen. Das Mädchen ist nämlich erst fünfzehn, sieht aber aus wie dreiundzwanzig und ist im Bett so richtig klasse.«

»Gute Story. Erfunden oder wahr?«

»Erfunden. Und was schreibst du?«

»Was ganz anderes – nur einen Reiseführer.«

»Reiseführer! So ein Mist. Ich würde wirklich mal gern einen *Lonely-Planet*-Autor kennenlernen und ihm sagen, wie scheiße diese Bücher sind. Ich kaufe sie auch – obwohl ich gar kein Ruchsackreisender bin –, aber was da an *guten* Hotels empfohlen wird, ist immer mehr als schlecht. In Fortaleza habe ich auch in einem Hotel übernachtet, das im *Lonely Planet* stand – die haben mir nicht mal das Gepäck aufs Zimmer getragen!«

»Mein Gott! So was Spießiges!«

Krachend fällt im selben Augenblick das Motorrad vom Jeep herunter und reißt mir fast den Arm ab. Arturo ist stinksauer und versetzt den Reifen einen Tritt. »So ein verfickter Scheiß, Micky«, sagt er, »mit Freunden wie dir braucht man keine Feinde mehr ...«

»Warst du schon mal auf Ibiza, Tim?«, fragt er mich.

»Dort hab ich diesen Bastard vor ein paar Jahrzehnten nämlich kennengelernt, in San Antonio.«

»Thomas heiße ich. Nein, ich war noch nie auf Ibiza. Scheint auch ein bisschen hektisch dort zu sein.«

»Stimmt, die Insel ist total abgestürzt, zumindest San Antonio. Massenhaft fette, besoffene Engländerinnen, die ihre Titten aus der Bluse hängen lassen. Aber damals, Alter, Ende der Siebziger, Anfang der Achtziger, war es ein Paradies, das kann ich dir sagen.«

Er steckt sich zwei Zigaretten auf einmal in den Mund, zündet beide mit einem Streichholz an und gibt die eine Micky. »Inzwischen gibt es Billigflüge dorthin und Sammeltickets für die Clubs am Wochenende. Damals kamen gerade die ersten Mädchen aus den Niederlanden mit einem halben Kilo MDA und einer Tablettenpresse dort an. So etwas hatte ich im Leben noch nicht gesehen. ›Willst du eine Droge probieren, die dich dazu bringt, deine Feinde zu lieben?‹ Wie hätte ich da nein sagen können?«

Den einen Reifen des Motorrades, der immer noch an dem Jeep festhängt, binden wir wieder los und laden das Ding ab.

»Tim, kannst du nicht mit dem Bike hinter uns herfahren, bis in die nächste Stadt? Micky ist so besoffen, dass er nicht mal laufen kann, geschweige denn fahren. Wir bezahlen dich dafür. Wir können dir Geld schicken oder so.«

»Hey, ganz ehrlich – ich kann das nicht, schon gar nicht auf Sand. Außerdem wird es allmählich dunkel.«

»Dann fahr du den Buggy, und ich nehme das Bike.«

»Darum geht es nicht. Weißt du, ihr kommt echt cool

rüber, aber deshalb muss ich euch ja wohl nicht gleich helfen, den Bullen zu entwischen.«

»Okay, verstehe. Du willst Micky das Motorrad abkaufen, stimmt's?«

Ich ringe mir ein Lächeln ab. »Zum einen habe ich kein Geld, zum anderen kann ich damit nicht umgehen, ich habe nicht mal einen Führerschein.«

»Okay«, funkt Micky dazwischen, der anscheinend plötzlich wieder klar denken kann. »Tausend Dollar und dein amerikanischer Pass. Was hältst du davon? Du gehst aufs Konsulat und sagst, der Ausweis wäre dir geklaut worden. So billig kommst du nie wieder an eine *BMW*.«

»Klingt eher nach Stress, Alter. Und wenn ich sage, ich habe kein Geld, dann habe ich auch keins. Aber ich könnte dir dafür … fünfzig Ecstasy-Pillen anbieten.«

»Und deinen Pass?«

Ich schüttelte den Kopf. »Nein.«

Die beiden sehen einander an und lachen. Arturo legt los: »Ecstasy ist was für Kinder. Verglichen mit richtigem MDA ist MDMA wie ein *Smartie*. Ihr Kids habt von nichts einen Schimmer! Ich habe Ecstasy höchstpersönlich in Miami eingeführt, als der Süden von Florida noch voller Koksnasen war.« Er streicht sich mit Daumen und Zeigefinger durch den Bart.

Die Sonne ist schon fast untergegangen, der Wind frischt auf. »Also, Jungs, ich muss weiter. Sollen wir noch ein letztes Mal versuchen, das Bike aufzuladen?«

»Hast du Pillen oder Kapseln?«

»Pillen.«

»Was ist drauf?«

»Pik.«

»Was?«

»Pik – wie Karo, Herz, Kreuz. Pik.«

»Ach so. Aus Amsterdam?«, fragt Micky.

»Meines Wissens schon, ja. Das ist eben Globalisierung.«

»Ich glaube, ich weiß, wer die Dinger herstellt. Zu Hause sind sie nicht viel wert, aber in Caracas oder in der Karibik könnte ich sie für ein paar Euro pro Stück gut loswerden. Art, kannst du mir vielleicht die Adresse von deinem Cousin auf der Isla de Margarita geben?« Er würgt etwas Dunkles, Sämiges hoch, das eher nach Blut aussieht als nach Limo. »Vielleicht nehme ich sie auch selber, von Cachaça hab ich allmählich die Nase voll.«

»Ich hab das Zeug im Hotel liegen. Wenn ihr den Jeep dort drüben hinter der Düne abstellt, außer Sichtweite, bin ich in einer knappen Stunde zurück. Zusammen mit einem Freund, einem Israeli. Tut einfach so, als wäre er gar nicht da.«

Und so habe ich mein erstes Geschäft abgeschlossen. Es ist eigentlich kein richtiger Verkauf, eher ein Tausch. Oder eine Geldwäsche. Aber es geht in die richtige Richtung.

Als ich mit den Pillen zurückkomme – Otto als Bodyguard und Motorradgutachter im Schlepptau –, sitzt Arturo schon auf dem Fahrersitz. Er raucht Kette und knetet mit den Fingern das Lenkrad. Micky liegt völlig fertig neben dem Wagen auf dem Boden und atmet schwer. Zum Glück für die beiden sind normalerweise, wenn überhaupt, nur wenige Polizisten in der Stadt, außerdem würde niemand damit rechnen, dass sie Richtung Norden abhauen, wo die nächste Stadt eine halbe Tagesreise entfernt ist.

Otto nimmt das Motorrad in Augenschein, lässt den Motor an. »Könnte neue Zündkerzen vertragen, und der Sand muss rausgeblasen werden, ansonsten ist es wohl okay.« Er nimmt mich beiseite und flüstert: »Das Ding ist prima, aber du kannst es sicherlich billiger bekommen. Was haben diese Typen denn für eine Wahl?«

»Weiß nicht. Sie könnten sich hier draußen irgendwo verstecken, nüchtern werden und in ein paar Stunden weiterfahren. Ich will mit diesem Pillen nichts mehr zu tun haben. Lass uns die Sache erledigen und verschwinden.«

»Wie du willst.«

Micky fragt im Liegen: »Habt ihr noch eine Kassette oder so was als kleines Extra? Wir brauchen für die Fahrt vernünftige Musik. Den Israeli frag ich lieber gar nicht erst, aber du als Yankee hast doch sicher ein bisschen Detroit-Techno, San-Fransisco- oder Chicago-House.«

»Sorry, ich habe schon lange keine Tapes mehr.«

Ich gebe Arturo eine Pille zur Begutachtung.

Er beäugt sie von beiden Seiten, beißt einen Krümel ab und lässt ihn sich auf der Zunge zergehen. Dann spuckt er ihn aus, nickt mit dem Kopf und lässt sich das ganze, braune Medikamentenfläschchen geben, von dem ich schnell noch die Reste des Etiketts mit meinem Namen abgekratzt habe. Er wirft das Fläschchen Micky zu, der sich daraufhin aufrappelt und mit steifen Bewegungen auf den Beifahrersitz klettert. Arturo wirft mir die Motorradschlüssel zu und sagt: »Falls die CIA und der Mossad genauer nachfragen, Leute – wir haben uns nie getroffen. Es gibt uns gar nicht. Wir sind Geister.«

»Geister?«

»Ja, Phantome, Gespenster wie ...«

»Meinst du, die CIA würde Pillen gegen ein Motorrad verdealen?«

»Sie verdealt ganze Flugzeugladungen Maschinenpistolen, Koks, Kindersklaven, volle Wahlurnen – das habe ich mit eigenen Augen gesehen. Warum also nicht auch Pillen? Das Bike ist ein Schnäppchen.«

»Und wisst ihr jetzt, wo ihr hinwollt?«

»Nein. Vielleicht nach Norden. Mal sehen.« Arturo lässt den Motor des Buggy aufheulen.

»Art hat recht, die Dinger sind wie *Smarties*«, ruft Micky und schmeißt zur Bestätigung sogleich eine Pille ein, die er mit Cachaça runterspült. Die Dose wirft er über die Schulter hinter sich.

Als sie auf dem mondbeschienenen Strand davonbrausen, wirbeln sie eine kleine Wolke nassen Sand auf.

Otto und ich bleiben am Rand der Düne stehen, alles ist still, nur das Rauschen der Wellen ist zu hören. Otto schüttelt missbilligend den Kopf. Unter dem sternenklaren Himmel halte ich das schwere Motorrad.

Am nächsten Tag sitze ich vor dem kleinen Schreibtisch eines untersetzten, dunkelhäutigen Mannes mit schwarzem Kinnbart und schwarzem Barett. Er kneift die kaffeebraunen Augen gegen das grelle Licht zusammen, das durch das Fenster in meinen Rücken fällt. Auf dem computerlosen Tisch stapeln sich Papiere: Auftragsformulare, Verträge, Rechnungsvorlagen. Otto steht mit dem Motorrad direkt vor dem Fenster. »Bayerische Wertarbeit«, sage ich zu dem Mann. »Vielleicht ein bisschen ramponiert, aber gut geeignet für große Entfernungen, und die Maschine hat Reifen mit Noppenprofil, kommt also auch mit dem Sand zurecht.«

Vorübergehend hatte ich tatsächlich mit Ottos Idee geliebäugelt, das Motorrad als Fortbewegungsmittel zu betrachten und damit die Küste raufzufahren. Aber eine solche Fahrt durchs Niemandsland wäre einfach zu lang. Motorradtouren muss man planen, man braucht Straßenkarten, Fährverbindungen, einen Reservekanister, Kompass, Regenoverall, vielleicht auch frische Zündkerzen. Zu zweit mit Rucksäcken auf einem einzigen Motorrad finde ich auch nicht so toll, zumal wenn ich hinten sitzen würde. Vor allem aber muss ich meine Aktivposten schnellstmöglich zu Geld machen.

Dudu, der Pirat hinter seinem Schreibtisch, ist einer der wenigen Einheimischen, die es im Fremdenverkehr von Jeri zu etwas gebracht haben. Dass ich an einem Reiseführer arbeite, ist ihm trotzdem nicht zu vermitteln, weil er sich in Sachen Tourismus mit allem, was über Jericoacoara hinausgeht, nicht auskennt. Werbung und Öffentlichkeitsarbeit – was ihm nicht unmittelbar Geld einbringen, sich aber langfristig lohnen könnte – liegt ihm völlig fern. Über den eigenen Tellerrand hinauszublicken ist seine Sache nicht. Auf Werbegeschenke brauche ich nicht zu hoffen.

Zu dem Motorrad meint er: »Es ist zu groß, ich brauche kleinere, leichtere Maschinen, mit denen die Leute am Nachmittag mal bequem eine kleine Spritztour unternehmen können.«

»Glaub mir, billiger kommst du in deinem Leben nie wieder an eine *BMW*«, führe ich an. »Wenn du sie nicht selbst behalten willst, kannst du sie gegen zwei kleinere eintauschen und dir allmählich einen Fuhrpark aufbauen. Pass auf, ich schlag dir was vor – Du fährst uns mit deinen *Land Rover* rauf zu den Dünen im Nationalpark Lençóis Maranhenses. Zwischendurch halten wir ein paarmal an, damit ich ein paar Städte abchecken kann. Und für tausend Dollar gehört das Motorrad dir.«

»Wir sind hier nicht in Beverly Hills, Gringo. Ich habe keine tausend Dollar.«

»Gut. Wie viel hast du?«

Am Abend vor unserer Abreise aus Jericoacoara sitze ich in meinem Zimmer und versuche zu schreiben. Heute bin ich fest entschlossen, mich nicht ablenken zu lassen. Ich bin vorbereitet – Flip-Flops, Ventilator, Stirnband. Verantwortungsbewusst habe ich die üblichen Bierdosen durch einen Liter kaltes Wasser ersetzt.

Otto klopft an die Tür. Er hat eine Einheimische kennengelernt und ein paar Bier gekauft. Sie und ihre Freundin wollen mit uns beiden an den Strand gehen. Die Mädchen stehen unten und warten. Auf mich.

Ich sage Otto, dass das eigentlich eine schöne Idee sei, ich jedoch etwas Wichtiges erledigen müsse. Abgesehen davon, wird mir schon schlecht, wenn ich an Bier auch nur denke. »Wie du willst, du Spielverderber«, sagt er und bindet seinen Pferdeschwanz neu. »Ein Reiseschriftsteller, der abends in seinem Zimmer sitzt, was?« Schmollend zieht er von dannen.

Ich lasse meine Fingerknöchel knacken, ordne meine Notizen, nehme Formateinstellungen vor. Dann endlich bin ich so weit, dass ich mit dem Schreiben anfangen kann.

Im nächsten Augenblick kommt ein lautes Pochen von der Tür. Otto kommt zurück, mit einem harten Söldnerblick. »Weißt du, was? Ich habe noch mal nachgedacht und finde es total scheiße. Ich hatte dir gesagt, dass ich mit dieser Stadt schon völlig abgeschlossen hatte. Ich führe hier ein heikles taktisches Manöver durch. Du kommst mit, und zwar jetzt gleich.« Er dämpft die Stimme: »Die Mädchen warten, und ich brauche deine Hilfe.«

»Ich habe im Moment ...«

»Jetzt gleich!« Er ballt die Fäuste.

»Aber ...«

»Ich habe dir auch geholfen. Jetzt bist du dran. Schreiben kannst auch ein andermal.« Er schiebt mich zur Tür und drückt mir einen Sixpack in die Hand.

»Ich bin ja froh, dass du mir geholfen hast, aber du musst verstehen, dass ich heute wirklich mal nichts trinken will. Außerdem rückt mein Termin immer näher, und ich habe endlich mal die Möglichkeit ...«

»Ich habe dir dabei geholfen, alle möglichen Gesetze zu brechen, und jetzt verlange ich lediglich, dass du am

Strand ein paar Bier mit mir trinkst und dieser Frau Gesellschaft leistest oder freundlicherweise auch mit ihr schläfst, damit ich mich in Ruhe um ihre Freundin kümmern kann.«

Er hat ja recht. Einen Freund in Not könnte ich niemals hängen lassen, so einer bin ich nicht.

Zum Glück schaffe ich es noch früh genug zurück in mein Zimmer, um noch fertig zu packen und mir den Sand aus dem Skrotum, aus den Haaren und vom Rücken abzuwaschen, bevor wir in aller Herrgottsfrühe mit Dudus *Land Rover* losfahren.

Wir fahren an der Küste nach Norden – in die gleiche Richtung wie Arturo und Micky. Nach wenigen Minuten erreichen wir einen verlassenen Strand hinter hohen Sanddünen. Büsche, hier und da ein Baum, eine tote Riesenschildkröte und ein angespülter Rinderschädel. Sonst sticht nichts aus der Landschaft hervor. Dudu, der seine Mütze verkehrt herum trägt, raucht eine Filterlose nach der anderen, während er auf dem festen Sand nahe am Wassersaum entlangbraust.

Eine der mit Dudu ausgehandelten Bedingungen war, dass wir noch drei weitere Passagiere brauchten, bevor wir losfahren konnten, deshalb mussten wir in Jeri einen Tag warten. Zum Glück hatte sich die Gruppe dann aber schnell zusammengefunden: ein britisches Paar aus Rio und eine Brasilianerin namens Dani, die in der letzten Saison in Jeri gearbeitet hatte und nun nach Norden wollte, um dem Touristenansturm zu entkommen. Sie hatte ein paar Jahre im Süden, in der Küstenstadt Paraty, in einem Restaurant gearbeitet und war nach Jeri gezogen, um dort eine ruhige Kugel zu schieben. Sie hatte etwas Ursprünglicheres, weniger Überlaufenes gesucht, doch Jeri war ihr auch schon zu touristisch.

Die Hälfte der umgerechnet 500 Dollar, auf die Dudu und ich uns geeinigt hatten, steckt in meiner Hosentasche, die andere Hälfte habe ich im Rucksack verstaut. Wenn ich die Fahrt nach Norden mit einrechne, habe ich bei meinen Deals Pillen gegen Motorrad und Motorrad gegen Cash inklusive Fahrt etwa 600 Dollar herausgeschlagen. 500 in bar, aber später ist Dudu noch mal angekommen und hat die Fahrt noch obendrauf gelegt. Angeblich hat ein Reisebürobesitzer von Jeri den Trip teilsubventioniert, weil ich unbedingt das Städtchen Atins im Nationalpark »kennenlernen und darüber schreiben sollte«. Für das, was Bobby mir vorgestreckt hat, schulde ich ihm 600 Dollar. In der nächsten größeren Stadt weise ich ihm 300 Dollar an, die andere Hälfte zahle ich aus den Staaten nach – wenn ich überhaupt jemals wieder zurückkehre. Somit habe ich noch 200 in der Tasche. Kein großer Profit – eigentlich gar keiner, denn ich schulde Bobby ja noch die andere Hälfte –, aber ich habe damit meine Barschaft zeitweise verdoppelt und bin auch ein Stück weiter die Küste hochgekommen.

Wir halten in Tatajuba, Camocim und Parnaíba. Ich springe jeweils schnell aus dem Wagen, sehe mir ein Hotel an und nehme Speisekarten von ein, zwei Lokalen mit. Meinen Mitreisenden sage ich, ich hätte etwas zu recherchieren, gehe aber nicht ins Detail, denn was ich genau mache, brauchen sie nicht zu erfahren. Die Briten lesen sich gegenseitig Passagen aus dem alten *Lonely-Planet*-Band vor, aus der »Bibel«, wie sie sagen, und zitieren den ach so zuverlässigen letzten Autor ohne Unterlass. Ich beiße mir auf die Zunge. In einem Frage-Antwort-Spiel in die Enge getrieben zu werden ist das Letzte, was ich gebrauchen kann.

Bei den meisten Zwischenstopps laufe ich nur geschwind durch die Stadt, es gelingt mir jedoch immer, in dem einen Restaurant eine Krabbenkrokette, in dem anderen ein oder zwei Bier herauszuschinden – und ein paar Liter Wasser, die ich mit den anderen teile. Alles in allem könnte es uns wesentlich schlechter gehen.

Dann enden die Städte, und es beginnen wieder die Dünen. Durch kleinere Wasserläufe kommen wir mit dem *Rover* gut hindurch, aber um die größeren Flüsse zu überqueren, die den Strand zerklüften, müssen wir übersetzen. Dafür gibt es einfache Holzflöße oder flache Kähne mit ein, zwei Außenbordmotoren, die von hartgesottenen, alten Fährleuten manövriert werden und nicht gerade so aussehen, als könnten sie einen fetten britischen Jeep überhaupt verkraften, aber wir kommen immer problemlos am anderen Ufer an. Wir fahren an Kirchen und verlassenen Dörfern vorbei, die von den Dünen verschüttet wurden, sodass nur hier und dort ein Dachfirst oder eine Kirchturmspitze aus der Sandhügellandschaft hervorragt.

Auf dem hektischen Markt von Tutóia machen wir ein paar Stunden Pause und helfen älteren Leuten, Tüten mit Reis und Mais in ihre Wagen zu laden, mit denen sie die lange und langsame Rückfahrt in ihre abgelegenen Dörfer antreten.

Bei jedem Halt baut Dani sich einen Joint. Ihr Lachen ist ansteckend. Sie will einfach nur einen ruhigen Job an einem ruhigen Ort. Ein klares, berechtigtes Lebensziel, vor dem ich tiefste Achtung habe. Vielleicht habe ich mich auch verliebt.

Die Dünen werden allmählich höher und wirken bald wie ein glänzender Gebirgszug am Horizont. An der Kleinstadt Atins und dem Nationalpark Lençóis Maranhenses müssen wir jetzt schon ziemlich nahe dran sein. Das Adjektiv *maranhense* bezieht sich lediglich auf die Lage des Parks im Bundesstaat Maranhão, wohingegen *lençóis* »Bettlaken« bedeutet, also die »Bettlaken von Maranhão«, eine Metapher für die 1550 Quadratmeter große Dünenlandschaft, die sich von der Küste aus vierzig Kilometer ins Landesinnere erstreckt und aussieht wie ein Meer aus zerknitterten Laken. Ich sitze neben Dani und freue mich, als sie einschläft und ihr Kopf auf meine Schulter sinkt. Die Briten stecken noch immer die Nase in den Reiseführer und erläutern uns, dass das Wasser nach einem Regen durch den Sand gefiltert wird und in den Dünentälern kristallklare kleine Seen bildet, in denen man herrlich schwimmen kann. Flüsse und Sümpfe umgeben den in weiten Teilen vom Festland isolierten Park und erschweren den Zugang, im Norden erstreckt sich das offene Meer. Eine Mondlandschaft aus Sand, eine kleine Sahara, die von den Passatwinden übers Meer getragen und hierhergeweht wurde.

Wir nähern uns dem Park von Osten. Übernachten wollen wir in Atins; von dort kann man zu Fuß direkt in die Lençóis spazieren. Die Ostseite des Parks ist so gut wie nicht erschlossen, daher kommen die meisten Besucher von der anderen Seite, von Barreirinhas her, der nahe gelegenen größeren Ortschaft die man von der Regionalhauptstadt São Luís aus über eine Landstraße erreichen kann. Ich habe gehört, dass es in Barreirinhas eine recht gute touristische Infrastruktur gibt, aber von den Dünen ist es ziemlich weit entfernt, und man muss mit dem Boot in die Lençóis Maranhenses hineinfahren.

»Ob wir hier wohl eine Unterkunft finden?«, fragt der Brite seine Frau.

»Frag Thomas. Er ist ein weltbekannter Fachmann für diese Region«, schlägt Otto vor.

Ich versinke tief in meinem Sitz.

»Und, was meinst du?«, fragt mich der Mann.

»Nichts«, murmle ich, »ich meine, es gibt in Atins ganz sicher eine Übernachtungsmöglichkeit.«

»Mit dem Wagen kommen wir aber nur bis Caburé. Dort müssen wir ein Boot nach Mandacaru nehmen und nach Atins umsteigen, vielleicht gibt es auch eine direkte Verbindung von Caburé nach Atins, ich bin mir nicht sicher. Im *Lonely Planet* steht zu Atins nur ein einziger Satz.«

»Genau«, sage ich. Von Atins habe ich schon gehört, aber die anderen Orte sagen mir gar nichts.

»Also, ich weiß auch nicht, Leute ...«, sagt der Brite. »Was ist, wenn wir in Atins nichts finden? In der ›Bibel‹ ist nur ein einziges Hotel erwähnt, *Filhos do Vento*. Vielleicht sollte man vorher anrufen, aber hier draußen gibt es vermutlich nirgends ein Telefon.«

»Sieht so aus, als solltest eher du den neuen *Lonely Planet* schreiben, nicht Thomas«, sagt Otto lachend.

»*Lonely Planet*? Ja, klar! Willst du mich verarschen?«

Mit hochgezogenen Augenbrauen und gebleckten Zähnen funkele ich Otto warnend an.

»Verarschen? Wieso denn«, macht Otto weiter.

Der Brite lacht und dreht sich zu mir um: »Jetzt mal ehrlich – du schreibst für *Lonely Planet*? Bist du deshalb unterwegs immer in die Hotels gerannt?«

Otto lässt mich nicht zu Wort kommen: »Sieh ihn dir doch an!«, sagt er. »Meinst du wirklich, dieser Kerl könnte die ›Bibel‹ schreiben?«

»Stimmt. Na ja. Ich hab euch Israelis ja schon immer für ein lakonisches Volk gehalten«, sagt der Brite und vertieft sich weiter in sein Buch.

Wir kommen nach Caburé, in einen Ort, der aus einer kleinen Ansammlung strohgedeckter Hütten, ein paar Schuppen und einem kleinen Hotel mit freien Zimmern am sandigen Ufer des Flusses besteht. Endstation für

Dudu und seinen *Rover*. In dem Hotel, wo wir übernachten, sind wir die einzigen Gäste. Das Angebot an Speisen ist begrenzt, dafür können wir im Patio zu Abend essen, plaudern, Bier trinken und Joints rauchen unter freiem Himmel. Im ganzen Ort sind keinerlei Stimmen außer den unseren zu hören. Als schließlich Wolken aufziehen und den Sternenhimmel verdunkeln, gehen wir ins Bett. Die Kombination von totaler Dunkelheit mit totaler Stille wirkt so überwältigend, dass mir leicht schwindlig wird, als ich mich in mein Zimmer hineintaste.

Am nächsten Morgen fährt Dudu nach Jeri zurück, wir anderen besteigen eine Jangada nach Atins. Da wir nicht alle hineinpassen, erkläre ich mich bereit, ein kleineres Boot zu besteigen, das von einem Jugendlichen gesteuert wird. Sein Segel besteht aus schwarzen, mit Zwirn zusammengenähten Müllsäcken. Meinen Rucksack wickle ich ebenfalls in einen solchen ein, weil der Wind immer mehr Wellen über die niedrige Reling spült und der ganze Kahn allmählich vollläuft. Fast die ganze Fahrt über schöpfe ich mit einer durchgeschnittenen Putzmittelflasche Wasser über Bord.

In Mandacaru machen wir einen Zwischenstopp und nehmen ein paar Kisten mit Vorräten auf, die das Boot noch mehr hinunterdrücken, aber immerhin kommen wir voran, wenn auch im Schneckentempo, und legen schließlich bei einem Ort an, bei dem es sich offenbar um Atins handelt. Außer einer zusammengebrochenen Mole und einer überfluteten Marsch ist von einem Ort aber nichts zu sehen. Als ich durch das knietiefe Wasser aufs Ufer zuwate, winkt mir von dort ein Mann und führt mich zu einem staubigen Weg. Der Ort hat sich anscheinend bis hierher ausgedehnt – drei Hotels gibt es inzwischen, erzählt mein Begleiter, der anscheinend von irgendjemanden über mein Kommen in Kenntnis gesetzt worden ist.

Die Ortsmitte scheint trotz Tourismus ganz ursprünglich geblieben zu sein, aber überall stehen Grundstücke zum Verkauf, die mit kleinen Zäunen aus zusammengesteckten dornigen Zweigen unterteilt sind. Ich erfahre, dass das Land in und um Atins heiß begehrt ist, besonders bei erfolgreichen Geschäftsleuten aus Jericoacoara. »Das Stück da drüben gehört der Frau, die das Schokolokal in Jeri hat«, sagt er. Ich frage ihn, ob er in dem Lokal schon mal gewesen ist, sodass ich vielleicht auch die Meinung eines Einheimischen ins Buch aufnehmen könnte, aber er war noch nie dort, weiter als Tutóia ist er nie gekommen, nach Jericoacoara schon gar nicht.

Ich entscheide mich für das Hotel in der Ortsmitte. Dani verhandelt gerade mit dem Besitzer über einen Teilzeitjob. Offenbar hat sie auch schon am anderen Ende der Stadt etwas gefunden, in demselben Hotel, wo der Rest der *Land-Rover*-Partie abgestiegen ist. Nach Möglichkeit will sie hier noch ein paar Stunden zusätzlich arbeiten. In Paraty und Jeri hat sie ein wenig Englisch, Spanisch und Italienisch gelernt. Das kann sie jetzt auch hier gut gebrauchen, denn es ist nur eine Frage der Zeit, bis Jericoacoara ein Mekka für Pauschaltouristen wird und Atins sich zum neuen Hotspot der Backpacker aufschwingt – kurz bevor es selbst zur Touristenhochburg wird.

Nachdem ich die letzten Tage ständig mit lauter Leuten zusammen im Auto gesessen habe, muss ich dringend mal eine Weile allein sein. Ich bitte Dani, Otto auszurichten, dass ich mich in ein, zwei Tagen melde. Ich bin sicher, dass er das versteht. Am ersten Abend spaziere ich über den Strand von Atins, ganz allein, aber in ausgeglichener Stimmung, ich fühle mich eins mit den Sternen und den fernen Galaxien – als könnte ich zwischen Millionen Sandkörnern unter meinen Füßen und der unendlichen Weite der Milchstraße eine Verbindung spüren. Ich atme den salzigen Duft der See ein. Allmählich komme ich zur Ruhe.

Am nächsten Tag suche ich mir einen Führer durch den Nationalpark, und wir gehen zu Fuß zu den Lençóis. Wir schlagen uns Wege durch Gestrüpp hindurch und wandern um Seen herum, bis sich die gewellte Wüste vor uns öffnet, durchzogen nur von Tümpeln mit klarem Regenwasser. Bei der Hütte, wo der Guide aufgewachsen ist, machen wir Rast und trinken frische Kokosmilch. Im Herzen des Parks liegt das winzige Dorf versteckt in einem Tal. Es besteht nur aus ein paar Einraumhäusern, einem Palmenhain, ein paar Ziegen, einer Menge Sand und einem Billardtisch. Geduldet wird es überhaupt nur deshalb, weil es schon existierte, bevor das Gebiet zum Nationalpark erklärt worden war; allerdings dürfen keine neuen Einwohner zuziehen. Je weiter wir wandern, desto toller wird die Landschaft. Als wären wir auf hoher See, erstreckt sich der Sand in alle Richtungen bis zum Horizont. Erst als wir den Kamm einer hohen Düne erklommen haben, kommt wieder das Meer in der Ferne in Sicht – dunkelblau, fast schwarz wirkt es hinter dem hellen Sand im Vordergrund.

In gleichmäßigem Tempo gehen wir weiter. Am Nachmittag bringt mich der Bursche in ein kleines Lokal mit zum Park hin offener Front. Der Rückweg nach Atins sei nur noch ein kleiner Spaziergang, sagt er. Die Restaurantbesitzer faulenzen in ihren Hängematten, und so lange keine Gäste kommen, kümmern sie sich auch um nichts. Ich bestelle gebratenen Fisch mit Reis und schlürfe Kokosmilch, während nach und nach die Zutaten angeliefert werden, die Küche in Betrieb genommen und das Essen dann endlich zubereitet wird.

Ich nutze die Zeit, um nachzudenken, den Kopf freizubekommen von Hotels, Bars und Backpackern. Ich genieße es, ein paar Stunden lang kein Wort sprechen zu müssen. Als ich gerade zu Ende gegessen habe, kommen zufällig die beiden Briten vorbei. Sie begrüßen mich überschwänglich.

»Thomas, mit dir habe ich noch ein Hühnchen zu rupfen!«, sagt er grinsend.

»Wieso das?«

»Der Besitzer deines Hotels hat uns gesagt, es wäre gerade ein *Lonely-Planet*-Autor hier in Atins. Ist das wahr? Bist du das etwa doch?«

»Wie? Was?«

»Jemand aus Jeri hat ihm das erzählt. Ich dachte erst, der Israeli macht Witze. Schreibst du echt für *Lonely Planet*?«

»Ja, ja schon …, aber um ehrlich zu sein, ich bin zum ersten Mal in dieser Gegend …«

»Mein Gott! Das ist ja Wahnsinn! Weißt du, dass das mein Traumjob wäre, Mann?«

»Stell dir da mal lieber nicht zu viel drunter vor.«

»O Mann, wenn ich das gewusst hätte! Hör zu, ich muss dir dringend ein paar Fragen stellen – logistischer Natur. Weißt du, wie lange der Bus von der anderen Seite des Parks nach São Luís braucht? Drei oder vier Stunden? In ein paar Tagen fahren wir weiter.«

»Äh, vielleicht dreieinhalb Stunden?«

»Und was kostet es, von São Luís nach Fortaleza zu fliegen oder direkt zurück nach Rio?«

»Hm, kommt drauf an – das hängt von den Flugplänen und der Saison ab. Ich muss das aber erst noch genauer recherchieren.«

»Mann, meinst du, ich könnte den Job auch machen?«

»Keine Ahnung.«

»Hör mal, wir haben für den Nachmittag noch etwas geplant, und du musst unbedingt dabei sein.«

»Nämlich?«

»Hast du Lust auf ein bisschen Party?«

Soll ich vielleicht in den Dünen vögeln, während er zuguckt? Bei Briten weiß man nie – die sind nach außen hin immer so anständig, aber nach ein, zwei Drinks lassen sie die Sau raus. Zögerlich nicke ich. »Was habt ihr vor?«

»In Morro de São Paulo haben wir ein paar Pillen gekauft. Eigentlich wollten wir die dort schon in einer Disco einwerfen, aber die Musik war überall so mies, dass wir sie uns für die Dünen aufgehoben haben.«

»Ecstasy?«

»Ja«, sagt er und streckt die Hand aus – vier schneeweiße Pillen mit einem Pik.

»Wo habt ihr die noch mal her?«

»Aus Morro de São Paulo, von so einem Spinner aus Norwegen. Wir haben ihn zusammen mit seiner Freundin aus Israel bei einem Yogakurs kennengelernt.«

Erst kommt es langsam – ich balle die Fäuste, ein warmer Schauder durchläuft meinen Unterkiefer, Hüften und Knie werden weich. Wir rennen die Dünen rauf und runter, schlagen Purzelbäume und springen in die Tümpel. Dann kommt es richtig heftig.

Das ist nicht die Sorte von Pillen, bei der man locker plaudert und zu Musik herumhüpft, sondern eher die, bei der einem flau im Magen wird, man Wellen orgastischer Lust aus dem Unterleib in den Oberkörper strömen spürt, man sich zuckend vornüber beugt, den Schließmuskel zusammenzieht und die Augen schließt.

An den Schläfen läuft mir der Schweiß hinunter, ich sehe die Bewegungen der anderen wie eine Leuchtspur.

Ich kann den Sonnenuntergang hören, schmecken, spüren. Mit Genugtuung stelle ich fest: Das sind keine *Smarties*.

Ich treibe im See zwischen den Dünen auf dem Rücken und blicke in den Himmel. Atins ist das Paradies. Der ideale Ort, um innere Ruhe zu finden. Dass Dani hierbleiben will, kann ich gut verstehen. Am liebsten würde ich Atins gar nicht in mein Buch aufnehmen, weil dadurch nur noch mehr Touristen kommen würden, und neunzig Prozent der Einnahmen würden sowieso ausländische Investoren einsacken. Von den vielen anderen Problemen ganz zu schweigen.

Vom Sand bis hinauf zu den Sternen – die Welt ist gut in ihrem natürlichen, vollkommenen Zustand. Ich stehe im Gleichgewicht mit der Natur, und was ich in mir spüre, ist wahre Harmonie: das perfekte, reine Sein. Mein Verständnis vom Universum muss sich dringend von Grund auf wandeln. Hoffentlich kann ich mir das merken.

Die Briten liegen im Sand auf der Seite, halten sich eng umschlungen, knutschen wild. Nach englischen Standards eine ziemlich unschickliche Zurschaustellung von Gefühlen, würde ich sagen, aber ich hätte nichts dagegen, selbst aktiv dabei zu sein. Ich danke ihnen für die Einladung und mache mich auf den Rückweg nach Atins.

Ich werde allmählich wieder etwas nüchterner, meine Sicht wird klarer, meine Pupillen sind aber immer noch heftig geweitet. Ich war von verschiedenen Ideen derart in Beschlag genommen, dass ich eines ganz übersehen habe: Ecstasy ist bei tropischer Hitze das perfekte Rezept für Dehydrierung. Ich muss dringend Wasser trinken. Im Zentrum der kleinen Ortschaft betrete ich die einzige Bar mit Außenterrasse, die es hier gibt. Ich möchte eine Flasche Wasser bestellen, es gibt aber nur Cachaça und Bier. Also Bier. Das besteht schließlich zum Großteil auch nur aus Wasser.

Ein paar Männer hängen an der Bar herum, spielen Billard und trinken Alkohol aus großen Flaschen. Ich komme mit ein paar Einheimischen ins Gespräch: Fischer mit breiten und kräftigen Händen. Einige sind zurückhaltend, aber freundlich, andere eindeutig desinteressiert, auch die Freundlichsten sind nicht sehr gesprächig. Der Großwüchsigste von ihnen, Bonitão (»der große Schöne«), sieht aus wie ein junger Cassius Clay aus der Provinz. Ganz offensichtlich ist er hier der Leithammel und spielt nun den Vermittler zwischen den Kulturen.

»Bist du aus São Paulo?«, fragt er mich.

»Nein, ich bin Ausländer. Hörst du das nicht am Akzent?«

»Doch, aber die Leute aus São Paulo sind auch weiß und sie haben auch einen Akzent.«

»Ich bin aus den USA«, sage ich und halte kurz den Atem an. Heutzutage weiß man nie, welche Reaktionen eine solche Eröffnung hervorruft.

»Mm, kenn ich. Is' nicht so weit von São Paulo entfernt, oder?«

In der Bar ist nur eine einzige erwachsene Frau. Sie ist sichtlich betrunken und tanzt mit einem Mädchen, das vermutlich ihre sechzehnjährige Tochter ist. Auf so etwas achte ich in Zukunft. Klar.

Bonitão und ich trinken ein Bier zusammen. Er erzählt von Fischen, fragt, wie viele Kinder ich habe und ob es stimmt, dass es einen neuen Kassettenrekorder gibt, der über hundert Lieder auf einmal speichern kann. Was ein *iPod* ist, kann ich gerade noch halbwegs beschreiben, aber als er wissen will, wie das Ding funktioniert, muss ich passen. Nach einer weiteren Flasche Bier geht er zu der

Frau hinüber und tanzt mit ihr. Die Tochter, die bei näherer Betrachtung wohl doch eher vierzehn ist, geht mit wiegenden Hüften zur Straße vor.

Plötzlich kommt ein kleinerer dunkelhäutiger Mann Mitte Zwanzig, mit nacktem Oberkörper in die Bar und kippt fast aus den Latschen, als er sieht, dass der riesige Fischer mit der Frau tanzt – seiner Frau.

»Warum tanzt du mit meinem Vetter, *puta?*«, brüllt er sie an.

Es waren ohnehin nur wenige Leute im Gespräch vertieft, nun aber wird es in der Bar totenstill. Der Mann neben mir deutet mit dem Nicken auf den Neuankömmling und sagt:

»Ihr Mann ... sturzbesoffen.«

Bonitão, der etwa doppelt so groß ist wie sein Cousin, lässt die Frau daraufhin einfach stehen und geht zum Tresen.

Als die Frau sich zu ihrem Mann umdreht, macht er einen Schritt nach vorn und schlägt ihr mit der Faust voll ins Gesicht. Ihr Kopf schnellt zurück. Ein Blutfaden, der unter den nackten Glühbirnen aussieht wie schwarzer Teer läuft ihr über das Gesicht und landet in Form länglicher Spritzer auf dem sandigen Boden. Wieder holt er aus, und als sie ihm Gesicht und Hals zu zerkratzen anfängt, nimmt er die kreischende Frau in den Schwitzkasten.

Ich blicke mich in der Bar um, einige der Männer sehen zu, andere nicht. Niemand scheint einschreiten zu wollen, auch Bonitão nicht, der der ganzen Aufregung den Rücken zugedreht hat. Der Mann schreit seine Frau weiter an, würgt sie jetzt sogar, sie kreischt natürlich ständig weiter.

Zunächst leise setzen dann die Gespräche in der Bar wieder ein. Ich höre die Kugeln auf dem Billardtisch vor sich hin klackern.

Auf einmal kommt die Tochter wieder hereingestürmt. Beidhändig und mit aller Kraft, die sie aufbringen kann, zieht sie dem Mann – ihrem Vater? Stiefvater? – eine große Flasche Bier über die Rübe. Er taumelt, stürzt, lässt die Frau los. Blut schäumt von seinem Schädel seinen nackten Rücken hinunter. Oberhalb seines Ohrs klafft eine tiefe Wunde, aus der dickes, glänzendes Blut in sein Haar läuft. Das Mädchen fängt hysterisch an zu schreien und rennt wieder nach draußen.

»Lasst sie«, sagt jemand im Hintergrund, als wäre irgendjemand versucht gewesen, sie festhalten zu wollen.

»Leg dich nie wieder mit mir an!«, brüllte der blutüberströmte Mann seine Frau an.

»Womit habe ich das verdient?«, jammert sie mit blutigem Mund, wobei sie sich allen anwesenden Männern reihum zuwendet. »Habe ich das etwa verdient?«

Einer nach dem anderen wendet sich von ihr ab. Sie hat hier kein Publikum. Keiner will sich einmischen.

Sie hält die Hände vor ihr verletztes Gesicht und wankt aus der Bar in die Nacht hinaus. Der Mann geht zum Tresen und bestellt ein Bier. Der Typ neben mir beugt sich wieder zu mir herüber und sagt:

»Frauen sollten abends nicht ausgehen. Und sie weiß ja, wie er ist, wenn er getrunken hat.«

Vielleicht wäre ein gewisses Maß an zivilisatorischer Entwicklung für Atins gar nicht so schlecht ... Natürlich ist die Vorstellung, dass es hier in fünf Jahren womöglich eine Disco voller Nutten geben wird, dass die Häuser neuen Hotels gewichen sein werden und die Einheimischen vielleicht alle am Stadtrand leben, keine besonders angenehme. Aber so kann es auch kommen, ohne dass sich irgendein Reiseführer des Ortes annimmt.

Was habe ich für ein Recht zu verlangen, dass hier alles bleiben soll, wie es ist – wie im Zoo? Ganz sicher wünschen sich viele Leute in Atins nichts sehnlicher, als dass der Fortschritt hier Einzug hält – vor allem, wenn er in der relativ angenehmen Form der touristischen Infrastruktur daherkommt statt mit rauchenden Schloten.

Die Welt ist eben nie für längere Zeit im Gleichgewicht.

Später liege ich wach im Bett und grüble über meine Arbeit nach. Ich beschließe, den Mittelweg zu gehen: Atins bekommt ein eigenes kleines Kapitel, ich werde es aber nicht überbewerten. Ich schreibe, dass es der einzige Ort ist, wo man in unmittelbarer Nähe zum Park übernachten und die Lençóis zu Fuß erreichen kann. Von »Lokalkolorit« und dergleichen Schlagwörter, mit denen man einen Ort normalerweise schönredet, kein Wort. Vielleicht kann ich dadurch eher unerschrockene Touristen locken. Wenn ich auf Phrasen wie »... ist auf dem besten Weg, das neue Jericoacoara zu werden« verzichte, kann ich vielleicht ein wenig zum Fortschritt beitragen, ohne die Sache zu übertreiben.

Am nächsten Tag treffe ich mich mit Otto. Wir fahren mit dem Motorboot von Atins flussaufwärts nach Barreirinhas. Unser Bootsmann ist niemand anders als Bonitão – der blutige Zwischenfall von letzter Nacht findet mit keinem Wort Erwähnung.

Barreirinhas hat weder die Nähe zum Park noch den Charme der Abgeschiedenheit von Atins, vor allem gibt es hier keine einsamen Strände, die aussehen wie verlassene Inseln unterm Nachthimmel. Dafür gibt es eine erkleckliche Anzahl von Hotels und Restaurants, eine nette Strandpromenade, geschäftige Straßen, Banken mit langen Schlangen vor den Geldautomaten, Kioske, wo man geführte Touren in den Park buchen kann, und, was für uns am wichtigsten ist, eine direkte Busverbindung nach São Luís, der Hauptstadt des Bundesstaates Maranhão.

In einem Restaurant am Fluss lassen Otto und ich uns ein ausgiebiges, leckeres Mittagessen schmecken: gegrillten Seebarsch in einer sämigen, gelben Soße aus Passionsfrucht. Dazu trinken wir frischen Cashewsaft auf Eis. Cashewkerne sind die Samen der eigentlichen kleinen Frucht, die am Fruchtstiel einer größeren, apfelähnlichen Scheinfrucht sitzen. Aus diesem Cashewapfel, wie man ihn nennt, stellt man einen erfrischenden Saft her, der erdig und herb schmeckt. Da die Frucht leicht verderblich und ihr Geschmack etwas gewöhnungsbedürftig ist, ist sie außerhalb der Cashewanbaugebiete nicht zu bekommen. Das ist außerordentlich schade, denn mit einem Schuss Cachaça schmeckt das Zeug absolut köstlich.

Das Restaurant ist uns von der Frau empfohlen worden, der das Hotel in Atins gehört und die zufällig mit dem Besitzer meines Hotels in Jeri verwandt ist, welcher wiederum den Hotelier in Canoa Quebrada kennt und so weiter und so fort. Als wir die Rechnung ordern, zeigt sich auch dieses Lokal meinem Anliegen wohlgesonnen.

Um die Sache mit der Übernachtung in São Luís zu klären, kaufe ich eine Telefonkarte und rufe in einem im *Lonely Planet* erwähnten Hotel an, um mir die Buchung eines verbilligten Zimmers für die kommende Nacht bestätigen zu lassen. Von Jericoacoara aus hatte ich zuvor bereits eine Mail abgeschickt. Eine Mail lässt dem Hotelier ein wenig Zeit, die Sache zu verdauen, denn erfahrungsgemäß bringt es gar nichts, wenn man plötzlich dasteht und irgendeinen Angestellten zu überreden versucht, dass man eine Ermäßigung bekommen muss – vielleicht sind sie nicht befugt oder wissen erst gar nicht, worum es geht. Wenn man aber noch mal anruft, nachdem man vorher schon gemailt hat, klappt die Sache normalerweise.

Nachdem ich es mir in meinem Zimmer gemütlich gemacht habe, rufe ich zunächst den Geschäftsführer an und frage nach Restaurants und anderen Hotels, die es sich noch aufzusuchen lohnen würde. Dann wiederum halte ich bei jeder Gelegenheit nach anderen Reisenden Ausschau, die bei den betreffenden Etablissements vielleicht schon waren und mir die entsprechenden Informationen zur Verfügung stellen können. Die Zeiten, in denen ich Stunden damit verloren habe, umherzuhetzen und mir alles mit eigenen Augen anzusehen, sind längst vorbei. Ich beschränke mich darauf, zu entscheiden, wer weiß, wovon er redet und wer nicht, und zu überlegen, wie ich mein Geld am besten so weit strecke, dass es bis zum Schluss reicht. Das Spiel läuft, und meine Gewinnchancen stehen ganz gut.

Ich lese mir noch einmal gründlich die Notiz der Herausgeber durch, das Glaubensbekenntnis der Reiseschriftstellerei, das einem jeden *Lonely-Planet*-Band vorangestellt ist und in dem behauptet wird, dass die Autoren grundsätzlich nicht auf Gratisangebote eingehen, für die im Gegenzug eine positive Berichterstattung erwartet wird. Bei genauerem Hinsehen ist das ein umsichtig formuliertes Hintertürchen, insofern das Eingehen auf Gratisangebote durchaus möglich ist, sofern dafür keine Gegenleistung verlangt wird. »Wenn Sie mich hier umsonst übernachten lassen, werde ich etwas Positives über Ihr Hotel schreiben«, das ist also nicht erlaubt. Jedem Hotelier, jedem Gastronomen mit einem Hauch von Geschäftssinn ist es aber natürlich lieber, der Autor übernachtet, isst und trinkt bei ihm umsonst, als dass er gar nicht kommt. Wenn er übernachtet oder ein Essen spendiert bekommt, kann er das Lokal wenigstens richtig kennenlernen und detaillierter darüber berichten.

Also bietet es sich an zu formulieren: »Wenn ich hier umsonst übernachten kann, kann ich Ihr Hotel sehr viel besser kennenlernen.« Am Ende kommt es auf dasselbe raus, nur dass die Mittel, die den Zweck heiligen sollen, etwas nuancierter sind.

Zwischen dem, was der Autor leisten soll, und dem, was er realistischerweise in der vorhandenen Zeit und mit dem vorhandenen Budget leisten kann, klafft eine riesige Lücke. Liegt es an der fehlenden Schwerpunktsetzung vonseiten des Lektorats oder wird von den Reiseverlegern absichtlich und vorsätzlich ignoriert, wie unterbezahlt und überlastet die Autoren sind, damit die Herstellungskosten eines Buches möglichst niedrig gehalten werden? Ich weiß es nicht. Wahrscheinlich spielt beides eine Rolle. Ein erfolgreicher Reiseführer-Autor muss jedenfalls gute Miene zum bösen Spiel machen. Zeit und Geld, um die ganze Sache anders aufzuziehen, hat er nicht. Es wird von ihm erwartet, dass er das Buch einfach irgendwie zusammenschustert und den Leuten im Verlag unappetitliche Details möglichst erspart – die konkreten Arbeitsbedingungen werden mit einem Mantel des Schweigens umhüllt.

Die traurige Wahrheit ist, dass Reiseautoren austauschbar sind. Wenn sie nicht mitspielen oder zu viel Geld verlangen, können sie jederzeit durch neue, womöglich noch billigere Kollegen ersetzt werden. Es ist eben ein »Traumjob«, und irgendein Newcomer steht immer in den Startlöchern.

Wenn man jedoch die Autoren zwingt, sich von ebenjener touristischen Infrastruktur abhängig zu machen, die sie bereits vorfinden, führt das auf lange Sicht dazu, dass der *Lonely Planet Trail* noch schmaler wird, als er ohnehin schon ist. Und dabei kommen nicht nur die Leser zu kurz, sondern dabei erleiden kleine, ursprüngliche Orte, die das Pech oder das Glück haben, auf ebendieser Strecke zu liegen, irreversible Schäden – von den Folgen für die Einheimischen ganz zu schweigen.

Bezahlter Urlaub

Noch 15 Tage bis zum Abgabetermin

São Luís ist der Anfang vom Ende meiner Jungfernfahrt als Reiseautor. Otto und ich kommen aus Barreirinhas auf dem zugigen Busbahnhof an der Stadtgrenze an. Wir haben dreieinhalb Stunden gebraucht, genau wie ich vorhergesagt hatte – meine pseudoamtlichen Schätzungen werden immer besser. Wir nehmen ein Taxi bis zum Rand der historischen Altstadt, dann gehen wir zu Fuß weiter.

Die von den Franzosen gegründete Stadt verstrahlt in ihrem alten Zentrum den verblassten Glanz kolonialer Pracht. Nachdem die Altstadt nun als Touristengetto restauriert wird, sind einige Gebäude aus der Kolonialzeit zu Hotels umgebaut worden, deren Restaurants zur Essenszeit Tische vor die Türen stellen, während die Nachbarhäuser womöglich unter wildem Wein und Bäumen, deren Äste sich aus den Fenstern zur Sonne strecken, zusammengebrochen sind. Der unverkennbare One-Drop-Reggae-Beat dröhnt an den Kiosken, in Lebensmittelläden, Bierkneipen, Touristenlokalen und Pennerbuden in aufgelassenen Kolonialbauten aus den Lautsprechern. Überall lassen die Bässe das Kopfsteinpflaster wackeln und die Azulejos von den Fassaden fallen.

Die Touristen besuchen immer nur die Altstadt. Das andere, das lebendige São Luís, mit dem *HSBC Building*, den Sozialwohnungssiedlungen, den neuen Wohnanlagen, Hochhäusern, Favelas und Gebrauchtwagenhändlern, liegt direkt gegenüber am anderen Ufer.

Ich beziehe mein rabattiertes Zimmer und schlage auch für Otto noch ganz ansehnliche Prozente heraus. Dann schicke ich Bobby eine Mail und bekomme von ihm eine Postfachadresse in Chile. Die Hälfte des Geldes, das ich ihm schulde, stecke ich zwischen Zeitungspapier und Pappe in einen gefütterten Umschlag und schicke ihn ab. Ich versichere ihm, dass ich die andere Hälfte in Kürze nachreichen werde. In seiner Antwort fragt er, wohin und wann ich die nächste Sendung Fotos empfangen will. Ich danke für das Angebot, erkläre aber, dass ich im Grunde meines Herzens doch eher Autor sei, kein Geschäftsmann. Ich wünsche ihm alles Gute und verspreche, weiterhin mit ihm in Kontakt zu bleiben.

Dann mache ich mich in São Luís an die Recherche und fahre mit dem Boot in den Nachbarort Alcântara. São Luís ist um einiges kleiner als Fortaleza oder Recife, aber doch eine Großstadt und verdient einen mehrtägigen Aufenthalt. Um jene Hotels und Restaurants aufzustöbern, die gern mit mir zusammenarbeiten, verlasse ich mich ganz auf die Empfehlungen, die ich bekommen habe.

Endlich habe ich gelernt, die Dinge laufen zu lassen und meine Reise zu genießen, ohne ständig Angst haben zu müssen, wegen Überschuldung eingebuchtet zu werden. Ich gehe zu Straßenfesten, lasse mir in Restaurants Rabatt geben und feiere mir bei einem Reggae-Abend in der *Bar do Porto* die Seele aus dem Leib. Ich wache auf neben Stapeln von Flyern und Visitenkarten, vollgekritzelten Servietten und sonstigen Notizen, die ich am Abend zuvor aus meinen Taschen herausgefischt habe. Am Ende bleibt mir sogar noch ein wenig Zeit, neue Hotels, Restaurants und andere erwähnenswerte Locations ausfindig zu machen. Endlich habe ich den goldenen Mittelweg gefunden – leider erst jetzt, gegen Ende meiner Reise.

Ich fange diesen Abend an wie jeden anderen – mit ein paar Bekannten aus dem Hotel in einer Bar am Beco Catarina Mina. Aber es ist anders als sonst. Es ist mein letzter Abend in São Luís und einer meiner letzten Tage in Brasilien überhaupt. Mein Abgabetermin rückt näher, und ich muss dringend in einen sicheren Hafen einlaufen, wo ich genug Ruhe habe, um alles zusammenzuschreiben. Den Flug habe ich zwar auch noch nicht gebucht, aber genügend Geld für einen Inlandsflug nach Rio zur Seite gelegt, und das Rückflugticket in die Staaten habe ich bereits in der Tasche.

Der Beco Catarina Mina ist eine Treppengasse mit niedrigen Stufen, breit genug, um Tische und Stühle hinauszustellen. Es gibt ein paar Bars und Restaurants, und an den Fassaden und dem verfallenden Gemäuer rankt sich Wein hinauf. Ich schreibe mir die Namen der Restaurants auf, lasse mir die Visitenkarten geben und notiere auf der Rückseite die Getränkepreise.

Es wird immer voller, Straßenmusikanten machen ihre Aufwartung, die Leute fangen zwischen den Tischen auf der Treppe zu tanzen an. Ich lasse mich von der Unbeschwertheit mitreißen und genieße ausnahmsweise mal das Leben in vollen Zügen. Zusammen mit vier Brasilianern aus der Bar zwängen Otto und ich uns in ein Taxi und fahren erst über die Brücke, dann durch einen Großteil der Stadt hindurch und schließlich hinaus zu den Stränden von São Luís. Bei der *Bar do Nelson,* einer beliebten Reggae-Disco unter freiem Himmel, genau gegenüber vom Strand, lassen wir uns absetzen.

Es ist noch früh, die Tanzfläche noch leer. Die Musiker bauen ihre Anlage auf, stöpseln Verstärker ein und stimmen ihre Gitarren, während ein DJ im Hintergrund Roots-Reggae auflegt. Otto und ich holen uns was zu trinken und kommen mit ein paar Argentiniern ins Gespräch, die uns zu einem Joint am Strand einladen.

Am Abend hat es ziemliche Unruhen in der Stadt gegeben, und auf der Fahrt von der Altstadt hierher haben wir eine Menge Polizisten gesehen, die Autos angehalten und Leuten das Leben schwergemacht haben – eben das, was die Polizei in diesen Ländern tut. Aber was immer da los war, uns hatten sie wahrscheinlich nicht auf dem Radar, also nehmen wir die Einladung an. In Lateinamerika in eine Reggae-Kneipe gehen und dort eine Tüte rauchen; das ist einfach nicht drin. So viel habe mittlerweile sogar ich schon kapiert.

Wir überqueren die Straße und schlendern am Strand entlang zu einem etwas weiter vorn gelegenen geschlossenen Restaurant am anderen Ende. Einer der Argentinier zieht eine Megatüte und ein Feuerzeug heraus. Beides gibt er mir, und ich habe die Ehre, den Anfang zu machen.

Ich zünde das Ding an, nehme einen kräftigen Zug und reiche es dem Argentinier neben mir weiter.

»Stimmt damit was nicht?«, fragt er sichtlich besorgt.

»Nein, alles in Ordnung. Wieso?«, huste ich.

»Warum hast du nur einmal gezogen?«

»Na ja, aus Höflichkeit.« Mein Blick trübt sich ein, erst kaum merklich, dann stärker. Wir stehen im Halbdunkel dicht beisammen. Die Luft ist schwül und schal, und es ist immer noch so heiß, dass ich unangenehm schwitze.

»In Argentinien behält man einen Joint, so lange man möchte. Zieh ruhig noch mal dran. Du willst den *porro*, den wir miteinander teilen, doch genießen, oder.«

Ich überlege, wie ich ihm klarmachen kann, dass ich mit dem Kiffen immer etwas vorsichtig bin – ohne dass es unhöflich klingt, und dann auch noch auf Spanisch. Ich habe zehn Jahre gebraucht, bis ich begriffen hatte, dass sich bei mir schwerer Marihuana-Abusus und sozialer Umgang nicht gut vertragen, und zwar erst recht nicht, wenn ich in einer Zweit- oder Drittsprache kommunizieren muss. Ein bisschen Alkohol kann Hemmungen abbauen und ein Gespräch in einer Fremdsprache erleichtern, aber schon der kleinste Krümel Haschisch erhöht die Befangenheit und lässt die Herausforderung, sich durch eine fremde Syntax und fremde Konjugationen hindurchzumanövrieren, eher größer erscheinen. Zudem scheinen sich bei mir Spanisch und Portugiesisch gegenseitig auszuschließen, und nach der langen Zeit in Brasilien ist mein Gehirn eher auf Portugiesisch eingestellt. Mein linkischer Vorstoß in den sprachlosen Abgrund zwischen den Idiomen wird allerdings durch die Ankunft eines kleinen gepanzerten Mannschaftswagens unterbrochen, der oben an der Straße unter einer Laterne hält.

»He, passt auf! Was ist das?«, sage ich halb auf Englisch, halb auf Pseudoportugiesisch.

»Ein Blitz!«, ruft einer der Argentinier.

Bevor ich fragen kann, was ich unter einem Blitz zu verstehen habe, sind alle in der Dunkelheit auf den Saum des Wassers zugerannt. Während ich mit einem glimmenden Joint in der Hand dasitze.

»Scheiße, Mann, das ist eine Razzia!«, sagt Otto. »Als Profi kann ich dir nur raten, die Beine in die Hand zu nehmen.«

Ein paar blau uniformierte Militärpolizisten kommen aus dem Transporter hervorgestürmt wie Clowns aus einem Zirkuswagen, Pistolen und Schlagstöcke im Anschlag.

»Keine Panik«, sage ich. »Ich trete die Tüte aus. Sie haben nichts gesehen.«

»Hier läuft das aber nicht so. Ich will auf keinen Fall diesen verfluchten Faschisten in die Hände fallen. Komm, wir hauen ab.«

»Jetzt warte – die haben Knarren. Sei nicht blöd, wenn du wegrennst, kommen die dir hinterher.«

Ich sehe mich um. Die Argentinier sind längst verschwunden. Als ich wieder zu den Bullen hochsehe, sind die gerade dabei, mit ihren Schlagstöcken ein paar junge Brasilianer aufzumischen, die ein Stück weiter vorn am Strand herumsaßen.

»Mach, was du willst!«, brummt Otto noch und sprintet auf das Restaurant zu.

Kurz darauf stürzen sie sich auf mich. Sie sind so schnell, dass ich nicht mal Pieps sagen kann. Von einer vorschriftsmäßigen Verhaftung kann auch nicht die Rede sein, geschweige denn, dass mir jemand meine Rechte erklären würde. Sie nehmen mich in den Polizeigriff und stopfen mir eine 38er in den Mund.

Die Pistole schmeckt nach Öl, Stahl und Schweiß. Ich fühle mich in meine Kindheit zurückversetzt – der scharfe Rauch in der Gasse, wenn wir am 4. Juli mit Böllern aufeinander schossen; der Metallgeruch an meinen Händen, wenn ich in der Werkstatt meines Großvaters mit Schraubenschlüsseln und Blechscheren gespielt hatte.

»Na, bist du ordentlich high, du schwule Sau?« Ein Cop, der gerade mal aus den Windeln raus ist, blickt an seinem Arm entlang durch die Kimme. Schwarze, glasige Augen. Wenn er nicht diese Uniform anhätte und mir nicht eine Schusswaffe in den Mund halten würde, könnte ich den spärlichen Flaum, der ihm auf der Oberlippe und dem Kinn sprießt, geradezu lustig finden.

Von seiner blauen Mütze rinnt ein Schweißtropfen auf die Spitze seiner Knollennase. Mein T-Shirt ist ebenfalls von Schweiß durchtränkt, er rinnt mir am Rücken und an den Seiten hinunter, läuft mir in die Kniekehlen und Hosenbeine, sammelt sich in meinen Schuhen, fließt mir zwischen den Zehen hindurch.

»Na, bist du ordentlich high, oder was, du schwule Gringo-Sau?«, brüllt er wieder, in einem so breiten Dialekt, dass ich mich frage, ob er überhaupt lesen und schreiben kann.

Gleichzeitig fängt sein Kollege an, mich von hinten zu filzen, fasst mir in die Jeans in Richtung meiner Eier und zieht mir das Geld aus den Hosentaschen. Ich zucke zusammen und stelle mich auf die Zehenspitzen, woraufhin mein Peiniger die Pistole ein Stück anhebt, damit der Lauf weiterhin fest unter meinem Gaumen sitzt.

Es ist nicht gerade eine organisierte Polizeirazzia. Sie kommen mir eher vor wie eine Bande bewaffneter Jugendlicher, die ihre Macht ausspielen wollen. Der Typ, der mich gerade durchsucht hat, sieht den fast verloschenen Joint im Sand liegen und hebt ihn auf. Dann stellt er sich vor mich. Er ist ein wenig älter als der andere, hat Pockennarben und trägt stolz einen gestutzten schwarzen Schnauzbart zur Schau. Franco, Pinochet und Chuck Norris hat er wahrscheinlich schon als Kind bewundert.

Die anderen Polizisten sind über den Strand ausgeschwärmt, ich bin ganz allein mit meinen beiden neuen Freunden. Ein paar sind noch irgendwo in der Richtung unterwegs, wo Otto verschwunden ist, und suchen das stockfinstere Gebiet unterhalb der vorkragenden Terrasse des Strandlokals ab.

Feldwebel Schnauzbart hält den Rest des Joints zwischen seinem schwieligen Daumen und dem Mittelfinger. Der Papierrand glüht noch vor sich hin. Mit einem oft erprobten, bemüht sadistischen Blick, der fast an Gleichgültigkeit grenzt, bläst er die Glut an und entfacht sie zu einem kirschroten Punkt. Hier hält man sich nicht mit einem langwierigen juristischen Prozess auf, mit Briefverkehr, Gerichtsverhandlungen und Bürokratie. Hier kommt man gleich zur Sache.

Wenn man von einer Überzahl angegriffen wird, hat Otto immer gesagt, sollte man sich einen Einzelnen herausgreifen und ihn zu Boden bringen. Denn mit Angriffen rechnen sie in dieser Situation nicht. Ganz unabhängig von der Stärke der Widersacher sollte man sofort auf einen Einzelnen losgehen und ihn von den Beinen reißen. Und wenn man ihn untergekriegt hat, sollte man etwas so Grausames, so Brutales tun, dass die anderen vor lauter Schock erst einmal innehalten – ihm die Nase abbeißen, den Kehlkopf eindrücken, ihm ein Auge ausstechen. Die abgebissene Nase ist wahrscheinlich optisch am Wirkungsvollsten.

Aber so tapfer bin ich im Augenblick nicht. Ich bin überhaupt nicht tapfer, sondern super stoned. Ich versuche, die Situation zu erklären und mich aus der Sache rauszureden. Schließlich ist das hier eine Blitzrazzia – eine Horde Bullen, die überraschungscoupmäßig über einen herfallen und die Ängste der Opfer ausnutzen. Wenn ich es schaffe, normal mit ihnen ins Gespräch zu kommen, vor allem mit diesem Obermacker, dann könnte ich ihm erklären, dass ich hier entscheidend zur Entwicklung einer lokalen touristischen Infrastruktur beitrage ...

Der Jüngere der beiden hält mich an den Handgelenken fest, während der kleine Diktator die Finger meiner rechten Hand herunterbiegt, sodass er den Handteller flach vor sich hat. Er droht mir nicht, er versucht nicht, mir Angst einzujagen oder dergleichen, er senkt nur den Joint und drückt ihn auf der weichen Haut an der Innenseite meines Mittelfingers aus. Die Glut zischt auf meiner verschwitzten Haut und wird schwarz. Im nächsten Augenblick bildet sich an der Stelle eine nässende Blase. Es fühlt sich an, als wäre ein Schlagbohrer in mein Fleisch gedrungen. Ich bekomme weiche Knie.

»Ihr reichen Gringos meint, ihr könnt euch hier alles erlauben, was? Hier in Maranhão gibt es Gesetze.« Wieder bläst er die Glut an. Vergebens. Er zieht ein Feuerzeug aus der Tasche, schnippt es an und hält die Flamme unter die zusammengedrückte Spitze des Joints. »Du wirst für dein Vergehen bezahlen. Das Geld, das du in der Tasche hattest, reicht nicht aus als Strafe.«

Im Gehirn und in der rechten Hand pocht ein heftiger Schmerz. Ich halte die Luft an und will zu Boden sinken, will mich nur noch tot stellen, so tun, als wäre ich gar nicht da, als wäre das alles nicht wirklich.

Etwa dreißig Meter entfernt ertönt plötzlich ein dumpfer Schlag. Einer der Männer, die Otto hinterhergerannt waren, liegt flach auf dem Boden, fasst sich röchelnd an die Brust und ringt nach Atem. Alle drei starren wir kurz schweigend hinüber. Ich sehe die Polizisten an, sie mich, so als würden wir uns gegenseitig fragen: »Was war das, verdammt?« Und: »Was kommt als Nächstes?«

Sie nehmen mir die Entscheidung ab. Der erste Faustschlag trifft in den Magen, gefolgt von einem Wirbel aus satten Hieben und Tritten. Ich gehe zu Boden. Mit ihren Marschstiefeln trampeln sie auf meinem Kopf herum. Ich krümme mich und versuche Gesicht, Hals und Ohren zu schützen. Der Schmerz wird erst später kommen – im Moment habe ich so viel Adrenalin im Blut, dass ich die Tritte kaum spüre. Doch sie lassen nicht nach, und ein jeder Tritt wird von hellen Blitzen begleitet – oder von aufblitzender Dunkelheit; das ist schwer zu sagen.

Die Welt, der Strand, diese Schlägerei – alles driftet immer weiter ab, wird immer stiller. Mein Blickfeld verengt sich, mein Bewusstsein scheint zu zerspringen, und ich falle, falle immer weiter, bis es plötzlich vorbei ist – genauso plötzlich, wie es angefangen hat.

Keuchend und mit rasendem Herz liege ich da, reibe mir den Sand aus Augen, Mund und Nase. In einiger Entfernung sehe ich sie rennen, diesem mysteriösen Israeli hinterher, der ihren Kameraden angegriffen hat und den sie eh nicht kriegen werden. Ich bin allein am Rand des Strandes zurückgeblieben, in der Ferne rauscht sanft das Meer.

Da ich kein besonderes Interesse daran haben kann, auf ihre Rückkehr zu warten, rapple ich mich auf und humple schnell zurück zur Disco an der Straße. Ich tauche in der Menschenmenge unter und kann mich schließlich bis zu der stinkenden Toilette durchschlagen, wo ich mich wieder einigermaßen fange. Auf einmal setzt der Schmerz ein, er überkommt mich wie eine Stampede, trommelt mit zermalmender Kraft auf meinen Rücken, meinen Kopf ein. Meine Hände zittern unwillkürlich, mir ist so schlecht und schwindlig, dass mir schwarz vor Augen wird, und als mein Adrenalinpegel sinkt, werde ich von der Erschöpfung überwältigt.

War ich jetzt im wirklichen Brasilien gewesen, hatte ich das wirkliche Leben hier kennengelernt? Die Wirklichkeit eines Landes, wo die Mordrate so hoch ist wie in einem kleinen Bürgerkrieg, einem Land, wo Kriminalität, Korruption und Gewalt den Alltag beherrschen, wo die Menschen tagtäglich von Angst regiert werden? Ich glaube, ich hatte gerade eine neue Perspektive auf das Leben hier gewonnen und auch einen gewissen Ansporn bekommen, die Stadt wieder zu verlassen. Und zwar schleunigst.

Jemand nimmt mich mit in die Stadt und setzt mich bei meinem Hostel ab. Irgendwer hat eine Nachricht auf eine Papierserviette gekritzelt und unter meiner Zimmertür hindurchgeschoben. Es sind schnell hingeschmierte, nahezu unleserliche Worte. »Amateure«, »Solarplexus«, »Hand«, »hättest wegrennen sollen« kann ich entziffern. Und irgendwas, von wegen ich soll das alles in den »Scheißreiseführer« hineinschreiben, »Halt die Ohren steif! Otto.«

Keine E-Mail-Adresse, nichts. Wieder ein Abschied – aber ich bin sicher, dass Otto in der Lage wäre, mich, wenn es sein müsste, aufzuspüren. Wenn er wollte, könnte er wahrscheinlich sogar bei mir einbrechen, mich fesseln und entführen.

Ich will wieder nach Hause. Schön bequem vor dem Fernseher sitzen mit einem vollen Kühlschrank, einem sauberen Bad, einer netten Freundin, einem Hund. Sicherheit. Normalität. Regelmäßigkeit. Ruhe.

Im Bad betrachte ich mein Spiegelbild. Zum Glück sind außer der großen, roten Blase an meiner Hand kaum äußere Spuren der Schlägerei zurückgeblieben. Die Beulen werden größtenteils von den Haaren verdeckt, die übrigen Verletzungen sind innere. Mit der Hand streiche ich mir über den Schädel und versuche mir die unregelmäßige Landschaft kartografisch zu vergegenwärtigen. Zumindest pisse ich kein Blut – meine wichtigsten inneren Organe sind also wohl noch intakt.

Ich bezweifle zwar, dass die Polizei noch nach mir sucht, aber in Anbetracht der Tatsache, dass ein Kumpel von mir einen aus ihren Reihen außer Gefecht gesetzt hat, kann ich es auch nicht ganz ausschließen. Kurz spiele ich noch mit dem Gedanken, eine längere Busfahrt in die eine oder andere Richtung zu unternehmen, komme aber zum Schluss, dass ich nicht noch mehr Tage unterwegs vergeuden sollte. An diesem Punkt habe ich dazu einfach nicht mehr die Geduld.

Innerhalb weniger Minuten habe ich mich umgezogen und meinen Rucksack gepackt. Meine Sachen hatte ich wie immer schon im Vorhinein ordentlich zusammengefaltet und gestapelt – für einen ebensolchen Fall. Am Ende zahlt sich meine Disziplin also doch noch mal aus. Ich bezahle an der Rezeption ein paar offene Rechnungen, dann nehme ich ein Taxi zum Flughafen und miete mir in einem namenlosen Stundenhotel ein Zimmer. Ich frage an der Rezeption nach Eiswürfeln, kann aber nur drei Dosen kaltes Bier ergattern. Während ich, von der bezogenen Prügel noch immer am ganzen Leib zitternd wie Espenlaub, im Bett liege, kämpfe ich mit einer bleiernen Müdigkeit, komme aber doch nicht ausreichend zur Ruhe, um einzuschlafen. Um die Schwellungen zu lindern, lege ich die Bierdosen neben meinen Kopf aufs Kissen. Zumindest will hier in diesen weiß getünchten vier Wänden keiner etwas von mir. Stundenlang liege ich nur da und atme. Atme ein und wieder aus und träume von zu Hause, wo auch immer das wäre.

Sobald die Schalter der Fluggesellschaften öffnen, gehe ich zum Flughafen und kaufe ein Ticket nach Rio. Ich setze mich still in die Ecke des Flughafenrestaurants und warte. Mit der internationalen Fluggesellschaft, bei der ich meinen Rückflug gebucht habe, schachere ich am Telefon so lange herum, bis ich für mein Ticket eine Stand-by-Option ausgehandelt habe für einen Weiterflug noch am selben Tag. Ich will hier raus, bevor es zu spät ist. Ich bin angekommen, wo ich ankommen musste, nun ist es Zeit, zu gehen; so viel steht fest. Die Frage ist nur: wohin?

Ich mache mir nichts vor – mein Elternhaus ist für einen Mann in meinem Zustand nicht der geeignete Ort. Und jetzt ist auch nicht der richtige Zeitpunkt, die Grenzen bedingungsloser Elternliebe auszutesten. Nein, mir ist klar, dass es im Grunde nur einen einzigen Menschen gibt, an den ich mich jetzt wenden kann, einen einzigen Menschen, der meine Situation wirklich versteht.

Einstiegsdroge

Noch acht Tage bis zum Abgabetermin

Schon unter normalen Umständen ist New York ein ungastlicher, unbarmherziger Ort. Und New York ohne Wohnungsschlüssel oder ohne Geld für ein Hotel – da kommt man sich vor wie ein rebellischer Kleinbauer, der während der Belagerung nicht mit in den Bergfried durfte.

Ich stehe vor dem Haus und setze meinen Rucksack ab. Es ist das einzige frei stehende Gebäude auf diesem Abschnitt der Washington Heights. In direkter Nachbarschaft zu einem schmalen Streifen hohem Gras, das in den Asphaltspalten wächst, und ein paar überquellenden Müllcontainern, würde das dreistöckige Haus mit den blaugrünen PVC-Seitenwandungen eher ins tiefste Queens als an diesen geschäftigen Ausläufer Manhattans passen. Das Haus selbst sieht so aus, als wäre es ebenfalls aus den Spalten im Straßenpflaster herausgewachsen – hybrid, seltsam aus der Art geschlagen.

Gefährlich nahe an ein paar zersplitterten Bierflaschen sitzen drei junge Mädchen auf der kleinen Veranda und sind schon um neun Uhr morgens eifrig dabei, SMS zu schreiben und sich gegenseitig Zöpfe zu flechten. Sie sprechen in schnellem Tempo dominikanisches Spanglisch.

Vor dem Haus steht noch immer der Kleinbus – ein gutes Zeichen: Während meiner Abwesenheit hat sich wohl nicht viel verändert. Aus den Fenstern des Busses hängen elektrische Leitungen heraus, die an einen Laternenpfahl angeschlossen sind, dessen Metallmantel irgendwer einfach aufgestemmt hatte. Durch die getönten Scheiben sieht man normalerweise einen Bildschirm flackern, vor dem die jungen Besitzer *Mortal Kombat* spielen und nebenher säckchenweise Gras an Passanten und Autofahrer vertickern, die hier vom Cross Bronx Expressway abfahren. Der Bildschirm ist im Moment aus, wahrscheinlich ist es noch zu früh, um Geschäfte zu machen.

Ich klopfe an die Haustür. Keine Reaktion. Die Klingel ist genauso kaputt wie der Rest des Hauses. Ich frage die Mädchen, ob heute Morgen schon jemand das Haus verlassen hat.

»Hab heute noch keinen gesehen. Gestern Nacht hatten die aber 'ne Megaparty.«

Ich gehe zum Laden an der Ecke, in dessen Schaufenster ein großes Lotterieplakat hängt. Zwischen Kochbananen, Limetten und großen, eisgekühlten Bierdosen steht stapelweise die *Post*. Sogar an dieser deplatzierten Ecke aus Beton und Ziegelstein sind die Bananen riesig, leuchtend gelb und makellos, ganz im Gegensatz zu den Früchten, die ich in den Tropen gesehen habe.

Vor Ladeneingängen werden jetzt die Metallgitter hochgezogen, es kommt Leben ins Viertel. Einer der vielen Dutzend nach einer Stadt oder Region in der Dominikanischen Republik benannten Friseurläden empfängt seinen ersten Kunden, der vor Arbeitsbeginn noch ein schnelles Styling vertragen kann. Die hysterischen Passanten stehen spürbar kurz vor dem Explodieren.

Ich gehe zum Haus zurück und klopfe weitere Male an die Tür, bis ich endlich jemanden am Riegelschloss herumhantieren höre. Die Tür geht auf, ein Kerl stolpert heraus, rempelt mich an.

»Tut mir leid, Alter«, sagt er mit breitem englischen Akzent, wobei sein Atem vom Alkohol der letzten Nacht schäumt wie ein Kessel. Er zieht sich den Schirm seiner Mütze bis über die Augen und geht mit gesenktem Kopf und steifen Knien flott zur nächsten Ecke weiter. Die Haustür bleibt sperrangelweit offen stehen.

Im düsteren Flur komme ich an einem Bierfass in einer blauen Plastikwanne und einem auf dem fleckigen Holzboden verstreuten Haufen roter Plastikbecher vorbei. Bei jedem Schritt kleben meine Sohlen am Boden.

Ich gehe die Treppe hinunter zu einem Kellerzimmer. Klopfe an. Wieder keine Reaktion. Ich hole tief Luft und drücke die Klinke herunter. Ich möchte meinen Fall vortragen, um Asyl bitten. Schlimmstenfalls lande ich eben wieder auf der Straße.

Mein Blick fällt als Erstes auf die nackte Brust eines Mädchens, das Haar ist ihr ins Gesicht gefallen. Einen solchen Anblick habe ich nicht erwartet. Ich wende schnell den Blick ab, ziehe mich wieder zurück und schließe die Tür von außen – nicht ohne erst noch einen zweiten Blick aufs Bett geworfen zu haben.

»Ja«, dringt eine dünne Stimme durch die Tür.

»Ich bin's – Thomas. Kann ich reinkommen?«

»Wer? Äh, ja ... warte kurz, ja?«

Ich warte kurz, dann öffne ich die Tür wieder. Sie hat die Decke bis zum Hals hochgezogen, und mit einem verwirrten, verkaterten Zittern blickt sie mich an.

»Sorry«, hebe ich an, »ich wollte nur ...«

Ich unterbreche mich, weil mir klar wird, dass ich keine Ahnung habe, wer dieses Mädchen ist. Ich habe sie nie zuvor gesehen, und sie ist auch definitiv nicht die Person, die ich in diesem Bett vermutet hätte. Ich überlege kurz, ob ich vielleicht im falschen Haus oder im falschen Zimmer bin. Doch die Surfposter an den Wänden, das Snowboard, das an den Balken hängt, und das ramponierte Surfbrett, das in dem geöffneten Schrank an eine Reihe Hawaiihemden gelehnt ist, kommen mir nur allzu bekannt vor.

»Sorry, ich war eine Weile verrreist. Wohnt der Doc noch hier?«

»Wer?«

»Der Doc. Wohnt er noch hier?«

»Wer soll das sein?«

»Das ganze Zeug hier an den Wänden ist von ihm. Das hier ist doch sein Zimmer, oder?«

»Kann sein … Ich …, na ja, ehrlich gesagt, weiß ich selbst nicht so genau, was mich hierher verschlagen hat«, sagt sie.

Sieht aus, als hätte ich eine Seelenverwandte gefunden. Bevor ich sie noch etwas fragen kann, hören wir schwere Schritte auf der knarrenden Kellertreppe, laut knallen die Absätze durch den ganzen Keller.

»Was zum Teufel hast du hier zu suchen, du sadistische kleine Ratte?!«, brüllt jemand.

Als ich mich umdrehe, steht der Doc vor mir. Er trägt einen weißen Kittel, aus der Tasche ragt ein Stethoskop. Mit zerzaustem Haar und geröteten Augen schaut er erst mich an, dann die fremde, nackte Frau in seinem Bett und schließlich meinen Rucksack, der neben mir auf dem Boden steht. Er packt den Klappstuhl, der neben der Tür steht, und schwingt ihn über dem Kopf.

»He, Doc, schön, dich zu sehen!«, sage ich.

»Du lässt mich betrunken, blutüberströmt und halb bewusstlos auf der Straße liegen, du rufst anderthalb Monate nicht mal an, um dich zu entschuldigen, und dann kreuzt du plötzlich hier auf, um in meinem Bett mit irgendeiner Schlampe zu vögeln. Ich werde dir gleich die Scheiße aus dem Leib Prügeln!«

»Alter, das ist ein Missverständnis, ich hab gedacht, sie wär deine Freundin ...«

»So, du wolltest also mit meiner Freundin in die Kiste steigen? Du bist ja noch kränker, als ich immer dachte!« Er hebt den Stuhl noch etwas höher.

»Nein, ich dachte, es wäre Sandra und du wärest vielleicht gerade im Bad oder hättest vielleicht eine neue Freundin oder so. Ich bin schließlich gerade erst angekommen. Ich weiß nicht mal, wie sie heißt, Alter, ich schwör's.«

»Ich bin Sara.« Die Decke hat sie nun bis zur Nase hochgezogen.

»Okay, okay, alles klar.« Er sieht Sara verständnislos an, dann wandert sein Blick wieder zu mir. »Und was, zum Teufel, willst du hier, Thomas? Ich meine, ich kann mir schon denken, was du willst, aber warum kommst du damit hierher?«

Ich blicke ihn achselzuckend an. BH, Hemd und Höschen des Mädchens liegen zwischen den Kleidern des Doktors auf dem Boden verstreut, inmitten von allerlei Papieren, CD-Hüllen und Häuflein mit alten Fast-Food-Schachteln. »Ich weiß, es gab da eine kleine Verstimmung zwischen uns, aber ich habe gehofft ...«

»Verstimmung? Erst hast du mir ein blaues Auge verpasst, du Wichser, später bist du auf mich losgegangen und hast mich völlig fertig da liegen lassen.«

»Da sind einfach ein paar Dinge ungünstig zusammengekommen«, rechtfertige ich mich. Das Selber-schuld-Argument lasse ich lieber außen vor. »Es ist viel Wasser unter der Brücke hindurchgeflossen. Wir sind doch alte Freunde, oder?« Ich wende mich an das Mädchen: »Sehe ich etwa aus wie ein mieser Typ?«

Sie schüttelt nervös den Kopf. Nur noch ihre Augen und ihre Fingerspitzen lugen unter der Bettdecke hervor. »Könntest du mir bitte meine Kleider reichen?«, fragt sie mich.

Der Doc starrt mich mit wüstem Blick an. »Guck dir bitte mal das Chaos hier an! Ich arbeite die ganze Nacht in der Klinik, und wie sieht es hier aus, wenn ich zurückkomme?«

Ich ignoriere seine Frage. Es gibt wichtigere Dinge zu erledigen. Ich hebe das Hemd des Mädchens vom Boden auf und reiche es ihr, doch wie es der Zufall will, kann ich bedauerlicherweise weder ihren BH noch ihr Höschen irgendwo entdecken. Die Wut des Doktors verraucht allmählich, und offenbar wird ihm langsam bewusst, dass er mit einer Frau spricht, die nackt in seinem Bett liegt. Er verfällt in einen Bettgeflüstertonfall: »Und du, was machst du hier, junge Dame, wenn ich fragen darf?« Mit der Schuhspitze schiebt er BH und Slip ein Stück weit unters Bett. Ich suche in der anderen Zimmerecke weiter.

»Ich war hier gestern auf einer Examensfete. Von der New York University. Meine Freundin kennt deinen Mitbewohner, ich glaube, er heißt Ali, oder?«

»Kommt mir bekannt vor.«

»Habt ihr, äh, hier im Haus vielleicht jemanden aus Wales gesehen?« Nachdem sie ihr Hemd angezogen hat, lässt sie die Decke zumindest wieder auf Halshöhe sinken.

»Hatte der so eine komische Schirmmütze auf?«

»Ja, genau.«

»Ich glaube, den hab ich oben rausgehen sehen«, sage ich und bereue es noch im selben Augenblick.

»Du hattest gestern hier in meinem Bett einen One-Night-Stand mit einem Typen aus Wales? Jesus Christus und heilige Maria!«, wettert der Doc.

Sara bricht in Tränen aus und verbirgt nun auch das Gesicht unter der Decke. Wie ein Häufchen Elend hockt sie unter den Laken und schluchzt. Das Häufchen hebt und senkt sich im Rhythmus ihrer verheulten Atemzüge.

Ich schau dem Doc streng ins Gesicht und bilde mit den Lippen die Worte: »Ganz toll!«

»Fick dich!«, bildet er seinerseits die Antwort und tippt sich mit dem Zeigefinger auf die Brust, als wollte er sagen: »Das ist mein Haus.«

»Ich versteh das gar nicht, vor dir muss man doch wirklich nicht weglaufen«, sagt der Doc, der das Mädchen anscheinend beruhigen will. »Ich an seiner Stelle hätte das bestimmt nicht getan. Ich meine, es ist ja nun auch mein Bett, in dem du da liegst, aber du weißt, was ich meine, oder?«

»Schon viel besser. Ich zeige dem Doc ein Thumps-up.«

»Warum weinst du eigentlich? Ich dachte, du hast gerade Examen gemacht«, fügt er hinzu.

»Ja«, mische ich mich ein, »es ist ja nicht so, dass du gerade in Port Authority aus dem Bus geflogen wärst. Weißt du, manchmal gibt's einfach schäbige Typen, auch in Wales.«

»Ich weiß, aber das ist es gar nicht in erster Linie«, kommt es unter der Decke hervor. »Eher, dass ich immer noch keinen Job habe. Meine Mitbewohnerinnen fangen in ein paar Wochen alle als Rechtsreferendarinnen und I-Banking-Analysten an. Mein Ex ist Berater.« Sie hält inne, weil sie schon wieder heulen muss. »Und ich werde wohl arbeitslos zu Hause sitzen. Ich wollte ausgehen, um auf andere Gedanken zu kommen, und dann rennt dieser blöde Arsch einfach weg.«

Nachdem der Doc im letzten Jahr regelmäßig in einer Traumaklinik gearbeitet hat, bringt er für derlei alltägliche Dramen wenig Geduld auf. Schlapp und angeödet steht er da und starrt auf das Häufchen Elend in seinem Bett. Zumindest stehe nun nicht mehr ich im Mittelpunkt seines Interesses.

»Ich weiß einfach nicht, was ich tun soll«, jammert Sara unter der Decke hervor.

»So ein Mist?«, sage ich. »Hast du Schulden vom Studium?« Ich will das Gespräch in Gang halten, damit der Doc nicht gleich auf die Idee kommt, uns rauszuschmeißen.

»Nein.«

»Nein?! Willst du mich verarschen?«, braust der Doktor auf. »Ich werde mein Medizinstudium noch Jahrzehnte lang abbezahlen müssen. Wenn du schon in die Wechseljahre kommst, werde ich immer noch dafür blechen müssen, sage ich dir! Und trotzdem war ich so großzügig, diesem Arschloch hier eine Dreihundert-Dollar-Flasche Rum zu seinem Abschied zu spendieren ... alles von meinem Studienkredit! Was glaubst du, was ich für Schulden habe?«

»Ich habe diese Flasche bezahlt, Alter. Mit meiner Master-Karte – mein Konto ist immer noch überzogen.«

»Na und? Schließlich hast du sie auch kaputt gemacht, bevor du mich zusammengeschlagen hast. Du hast echt keinen Funken Anstand im Leib!«

Das lässt sich alles nicht gut an. Ich wende mich wieder an das Häuflein Elend im Bett: »Wenn du noch keinen Job hast, kannst du ja zumindest ein bisschen das Leben genießen, Erfahrungen sammeln. Ich selbst habe mehr oder weniger meine gesamte Existenz an den Nagel gehängt, um das tun zu können.«

»Genau«, sagt der Doc, »Thomas hat nämlich auch keinen Job. Und deshalb ist er hier, er hofft drauf, dass er bei mir auf dem Boden schlafen darf. Stimmt's?«

Ich nicke.

Er fährt fort: »Und anscheinend macht ihn das glücklich. Während ich einen Mord dafür begehen würde, endlich mal ein bisschen Freizeit zu haben, einen Tag, eine Woche, ach, eigentlich könnte ich auch gut ein ganzes Jahr gebrauchen oder zwei. In den letzten paar Nächten habe ich selten mehr als drei Stunden geschlafen. Geschweige denn, dass ich besoffen gewesen wäre oder mit fremden Frauen im Bett gelegen hätte.«

Ich versuche, dieses Bild ein wenig zurechtzurücken: »Es macht mich überhaupt nicht glücklich, dass ich dich darum bitten muss, mich hier auf dem Boden schlafen zu lassen, aber weißt du ..., ich lasse halt die Dinge auf mich zukommen und schaue dann mal, wie ich zurechtkomme. Während du darunter leidest, dass du ständig irgendwelche Psychosen in den Griff bekommen musst. Oder, Doc?«

»Willst du damit sagen, du hast endlich eine Rechtfertigung dafür gefunden, dass du so ein verantwortungsloser Sack bist?«, fragt er mich.

»So etwas in dieser Art. Und jetzt, nachdem ich Gefallen daran gefunden habe, freue ich mich schon auf das nächste Mal.«

»In der Klinik nennen wir so etwas Einstiegsdroge.«

»In welcher Klinik?«, will Sara wissen.

»Drogenmissbrauchs- und Suchtklinik. Da hab ich noch bis vor ein paar Wochen gearbeitet.«

»Hast du mein Höschen inzwischen gefunden?«, wendet sich Sara an mich.

»Nein, tut mir leid. Und deinen BH kann ich auch nirgends entdecken ...«

»Ihr beide müsst jetzt raus hier«, sagt der Doc. »In einer halben Stunde kommt meine Freundin und will sich zwischen ihren Schichten hier aufs Ohr legen. Und ich muss zurück in die Klinik ... Seht zu, dass ihr verschwunden seid, wenn sie kommt.«

»Moment mal – du gehst jetzt wieder?«, frage ich.

»Ich wollte nur kurz meinen *Palm Pilot* holen.«

»Du schmeißt mich echt raus?«

»Nein, du kleiner Schmarotzer. Du kannst dein Gepäck hierlassen und später wiederkommen, wenn Sandra sich ausgeschlafen hat. Im Schrank ist ein Schlafsack. Die Ecke da vorne kannst du ganz für dich haben.« Er deutet auf ein paar Zentimeter freie Fläche neben der Badezimmertür. Er hatte schon immer ein gutes Herz.

»Danke, sehr gütig von dir.«

»Und wenn ihr beide etwas miteinander anfangt, dann bitte im Schlafsack und nicht in meinem Bett.«

»Hey, Alter, ich weiß ja, dass du krass drauf bist, aber echt – wie kannst du so was sagen?«

»Find ich auch. Ich würde mich doch nicht dazu herablassen mit einem Fremden im Schlafsack zu vögeln«, lacht Sara.

Nachdem der Doc gegangen ist, tu ich mein Bestes, um Sara zu trösten. Als wir später ihre Unterwäsche finden und sie aus dem Haus geht um die U-Bahn zu nehmen, ist sie schon wieder besser drauf als vorher. Man kann eigentlich nicht sagen, dass wir was miteinander gehabt hätten. Höchstens für ein paar Minuten, und das zählt kaum. Ich streiche die dunkelblaue Decke glatt, damit der Doc nichts merkt.

Mir bleiben jetzt noch acht Tage, um den Reiseführer fertig zu schreiben. Wenn ich jede einzelne Stunde jedes einzelnen Tages intensiv nutze, schaffe ich es vielleicht bis zum Abgabetermin. Ich werde gerade so viel schlafen, dass mein Körper mich nicht im Stich lässt. Und zum

Essen werde ich keine Pause machen, sondern nebenbei weitertippen. Ich muss mich konzentrieren und so schnell wie möglich vorankommen. Ich nehme mir fest vor, nicht an Sydney zu denken und daran, dass ich mit der U-Bahn zu ihr fahren und sie um Vergebung bitten könnte. Wenn ich als Autor eine auch nur halbwegs realistische Chance auf Erfolg haben will, muss ich mich jetzt mit dem elenden Dasein eines bärbeißigen Einsiedlers abfinden inklusive Schlafmangel und allem Pipapo.

In der kommenden Woche lebe ich von *Gatorade*, Kaffee, *Pepperidge Farm Goldfisch* mit Cheddargeschmack, *Red Bull* und *Ritalin*. Manchmal gestatte ich mir eine kleine Pause, um zum Laden an der Ecke zu gehen. Ich kaufe die in dominikanischen Delis besonders beliebten Weißbrotsandwiches mit Schmelzkäse und Wurst. Die hebe ich immer für besonders feierliche Anlässe auf – wenn ich zum Beispiel ein Kapitel abgeschlossen oder einen besonders guten Kasten-Text geschrieben habe.

Abends schreibe ich auf dem Boden, während der Doc an seinem Schreibtisch sitzt und seine Freundin im Bett arbeitet. Manchmal, wenn ich zwischen Pizzakartons, Bierdosen und alten Ausgaben der *Times* genug Platz finde, setze ich mich auch eine Etage höher an den klebrigen Küchentisch. Aber der Raum ist düster, es zieht, und man hört ständig den Straßenlärm. Das Schlafzimmer im Keller ist mir lieber; das eine Bein untergeschlagen, das andere aufgestellt, um das Kinn darauf abzustützen, kauere ich vor dem Laptop. Der Doc lässt mir seine »ambulante Sonderbehandlung« angedeihen, wie er es nennt. Hin und wieder verschreibt er mir eine Flasche *Presidente* für den Stressabbau, manchmal auch zwei Liter *Mountain Dew*, *Ritalin* und gelegentlich eine Nase Koks, zur Steigerung der Konzentration und der Produktivität. Zur Festlegung der optimalen Dosis der jeweiligen Medikation testet der Doc sie zunächst erst eingehend an sich selbst. Egal. Hauptsache, ich kriege dieses Projekt überhaupt irgendwie fertig.

Ich schreibe über das, was ich erlebt habe. Was ich recherchiert habe. Was ich mir in meiner Phantasie ausgemalt habe. Ich schreibe über das brasilianische Raumfahrtprogramm und die Wurzeln des *forró*. Ich schreibe über Hotels und Restaurants und über Städte, in denen ich nie war. Ich schreibe über Hotels und Restaurants und über Städte, in denen nie gewesen zu sein, mir zutiefst leid tut. Ich schreibe über Hotels und Restaurants und über Städte, die nicht besucht zu haben, mir komplett schnuppe ist. Ich schreibe über FKK-Strände, traditionelle Rezepte für Pökelfleisch, das Paarungsverhalten der Anakonda und den fünf Zentimeter langen *candiru*, jenen welsartigen brasilianischen Vampirfisch, der in die menschliche Harnröhre eindringen kann – die unvermeidliche Horrorgeschichte aus Amazonien, die jeder neue Autor wieder hervorkramen muss. Ich schreibe über Dinge, die mir selber erst beim Eintippen richtig klar werden. Und ich schreibe über Dinge, die mir auch durch das Eintippen nicht klar geworden sind.

Teile der Texte sind gut, andere schrecklich. Ich komme dahinter, dass es mehr als sieben oder acht Möglichkeiten, einen attraktiven Strand zu beschreiben, wahrscheinlich schlichtweg nicht gibt. Stellenweise verkommt das Schreiben zu einer Art »Lückentext«: Der ... (schöne / tolle / herrliche) Strand mit ... (weißem / feinem / perfektem) Sand und ... (kristallklarem / türkisgrünem / azurblauem) Wasser liegt vor ... (Palmen / Bergen / Regenwald), gesäumt von Wasweißich.

Die Verbindungen eines brasilianischen Busbahnhofs auf dreißig Zeilen in einem Kasten herunterzudestillieren ist reinste Alchimie, manche ergeben auch schlichtweg keinen Sinn. Müsste ich für das Buch irgendwelche Fahrpläne aufstellen, müsste ich sie erfinden, ich müsste lügen, nur um den Vorgaben von *Lonely Planet* zu entsprechen. Und genau das tue ich am Ende auch. Ich nehme Schätzungen vor, berechne Durchschnittswerte und treffe in meiner bewährten pseudoamtlichen Manier Entscheidungen. Wie viele Busse gehen täglich von Fortaleza nach Aracati? Zwanzig, fünfundzwanzig, fünfundvierzig? Wer weiß das schon und wen interessiert das überhaupt? Sie fahren ständig.

Ich schlafe nicht mehr. Ich nehme ab. Meine Gesundheit geht den Bach runter.

Ich würge Millionen kleiner Infohäppchen aus meinem Gehirn und lasse sie von meinen Fingerspitzen in die Tastatur und in das elektronische Gedächtnis des Rechners fließen. Am Bildschirm ordne ich die Häppchen zu Sätzen, die möglichst stimmig klingen, Atmosphäre vermitteln und nach den Vorgaben des *Felix*-Template korrekt formatiert sind. Bis ein neuer Lektor gefunden, auserwählt oder von der Straße geholt wurde – wie auch immer *Lonely Planet* seine Mitarbeiter rekrutiert –, kümmert sich ein hilfsbereiter Assistent Regional Publishing Manager (ARPM) um das Buch. Der ARPM sieht Kapitel für Kapitel durch und teilt mir mit, meine praktischen Hinweise seien durchgängig falsch formatiert und ich müsse *Felix* noch einmal von Anfang an lernen. Es sei eine scharfe Lernkurve, muss ich mir sagen lassen.

Zu allem Überfluss fängt mein Laptop sich auch noch ein Computervirus ein. Wahrscheinlich auf irgendwelchen Hotel- und Restaurant-Infoseiten. Wenn man endlos auf billigen brasilianischen Tourismus- und Informationssites unterwegs ist, kann man sich irgendwann vor lauter Pop-ups, Werbebannern und Spyware nicht mehr retten. Vielleicht hat es auch mit den Pornoseiten zu tun, über die ich, während der Doktor und seine Freundin an der Uni oder in der Klinik waren, immer mal wieder gestolpert bin. Jedenfalls scheint mein unbesiegbares *Toughbook* plötzlich von einer ekligen kleinen Computer-Geschlechtskrankheit zu Fall gebracht worden zu sein.

Das *Felix*-Template lässt sich nicht mehr laden, und jedes Mal, wenn ich im Internet war, stürzt kurz danach der Rechner komplett ab. Am Ende muss ich alle Seiten neu formatieren, und zwar mit den Formatvorlagen und Schriftenfonts von *Word*. Alle, denen es bislang erspart blieb, ihre Zeit damit zu verschwenden, sei hiermit gesagt, was das bedeutet: dass ich das ganze Ding Zeile für Zeile neu formatieren muss, dass ich ein Wort oder mehrere markieren und dann im Menü die entsprechende Schrifteinstellungen für Fließtext, Introtext, Sehenswürdigkeiten, Liste B, Kastenüberschrift 2, Überschrift 5 und so weiter suchen muss. Ich widerstehe dem Drang, das *Toughbook* auf den Boden zu donnern, nur mit äußerster Willensanstrengung.

Je mehr ich mich dem Ende des Buches nähere, desto mehr fühle ich mich wie auf den letzten Meilen des New York City Marathon – als würde ich am Central Park um die Ecke stolpern und wäre versucht, mich einfach ins Gras zu legen oder in die nächste Bar zu gehen, wäre aber zu kurz vor dem Ziel, um aufzugeben. Man hat schließlich auch seine Prinzipien. Am Ende ist es wohl so eine Art von Egoschub, der mich vorantreibt. Irgendwie schaffe ich es tatsächlich, innerhalb von acht Tagen 112 Seiten zu schreiben und zu redigieren.

Der letzte Schliff am Manuskript zieht mich eher runter, als dass er mich in euphorische Stimmung versetzen würde, schließlich sitze ich hier mit meinem kränkelnden Computer fest und weiß nicht, wie ich die fertigen Seiten aus dem Ding herausholen und zum Verlag geschickt bekommen soll. Außerdem muss ich noch die Karten aktualisieren, Dutzende von Icons in die Legende aufnehmen und das Umweltkapitel für den Anfang des Buches schreiben. Aber das hat Zeit bis nach meinem Abgabetermin.

Mit dem *iMac,* den der Doc zu Hause herumstehen hat, versuche ich die Daten von meinem Computer auf einen Rechner in der Bibliothek der medizinischen Fakultät zu transferieren. Vergeblich. Ich stehe kurz vor einem Nervenzusammenbruch.

Der Doc und ich beschließen, dass wir dennoch ein wenig feiern. Wir stoßen darauf an, dass wir es schon noch schaffen werden, ohne die Sache indes überzubewerten. Ich müsse mir einen neuen Schlafplatz suchen, teilt er mir mit, und zwar so schnell wie möglich. Ich sei schon fast wieder genesen, zudem beeinträchtige meine Anwesenheit auf dem Boden sein Sexualleben. Es geht nichts über gute, alte Freunde.

Zum Glück kennt ein Freund von mir, David, sich mit Computern professionell aus. Ich solle nach Feierabend in sein Büro am Lower Broadway kommen, meint er. Bis hinunter an den Rand des Financial District brauche ich fast eine ganze Stunde. Wie immer arbeitet David bis spät in die Nacht, damit am nächsten Arbeitstag alles glatt läuft.

Mein Laptop strotzt vor Viren. Er muss komplett neu formatiert werden, meint David. Er macht ein Backup von meinem Manuskript, dann löscht er das komplette Betriebssystem und installiert es neu. Wenn das erledigt ist, kann man das Manuskript auf die Festplatte zurückkopieren.

Ich schaue durchs Fenster Richtung Süden, wo mein altes Bürogebäude zu sehen ist. Ich zähle die Stockwerke von oben nach unten ab und stelle fest, dass in meinem kleinen Konferenzraum an der Ecke des 57. Stocks noch Licht brennt. Vielleicht muss dort irgendjemand eine Spätschicht einlegen, um Unterlagen chronologisch abzuheften oder auch nur, um einem Klienten möglichst viele Überstunden in Rechnung stellen zu können. Im Osten ragt die Brooklyn Bridge auf, und mir fällt wieder ein, was ich mir damals felsenfest vorgenommen hatte: dass ich mein Leben ändern und Entscheidungen in Zukunft besonnen, verantwortungsbewusst und vor allem nicht allzu spontan treffen würde.

Ich betrachte meine rechte Hand, den schwarzen Schorf an der Brandwunde, und lache. Es ist mir noch nie leichtgefallen, mich an meine eigenen guten Vorsätze auch tatsächlich zu halten.

Nachwort
Lampenfieber

Ein Jahr später recherchiere ich wieder für Lonely Planet, diesmal mitten im Winter in Patagonien und Feuerland. Im Anorak und mit Mütze darf ich nahe am Kap Hoorn an einem kleinen Außenposten einer chilenischen Regierungsstelle eine Viertelstunde das Internet nutzen.

Ja, richtig, ich hab mich noch mal drauf eingelassen. Und wieder. Und immer wieder. Wahrscheinlich bin ich irgendwie masochistisch veranlagt. Aber ich habe dieses Leben zu lieben gelernt – jeden Triumph, jeden Rückschlag; zumindest im Nachhinein. Ich habe Erfahrungen gesammelt, meinen Wissensschatz vergrößert, meine Grenzen erweitert. Habe getrunken, gevögelt und ein paar Hundert Seiten Text geschrieben, die Binnenwirtschaften ebenso beeinflusst haben wie Tausende individueller Reiserouten.

Eine Zeit lang hatte ich gedacht, ich würde nur deshalb immer wieder Verträge mit dem Verlag bekommen, weil die Reaktionen auf mein erstes Buch irgendwo in der Bürokratie stecken geblieben waren. Ich stellte mir vor, dass mich das alles noch früh genug einholen würde. Wären die Rezensionen aber erst einmal auf dem Schreibtisch des Entscheidungsbefugten angekommen, würde ich als mittelmäßiger Auftragsschreiberling und drittklassiger Hochstapler entlarvt werden.

Mein Atem hängt als weiße Wolke zwischen mir und dem Bildschirm in der kalten Luft, während ich meine Mailbox öffne und feststelle, dass der Verlag mir endlich das offizielle Feedback-Formular für den *Lonely Planet Brazil* geschickt hat. Ich zögere kurz mit dem Anklicken, weil ich mit einem Massaker rechne. Aber ich bleibe verschont.

> Thomas ist ein hervorragender Autor, er kennt sich in Brasilien eingehend aus und leistet ausgezeichnete Recherchearbeit. Dies war sein erstes Projekt für *LP,* und er hat seine Sache phantastisch gemacht. Er arbeitet hart und ist immer bereit, ein paar Meilen mehr zurückzulegen, um sich zu vergewissern, dass seine Angaben auch richtig sind. Er hat den bestehenden Kapiteln eine Menge nützliches, neues Material hinzugefügt und alle sonstigen Passagen gründlich und gewissenhaft überarbeitet. Sein Text passt sich gut in den Ton und den Stil von *LP* ein, und die Zusammenarbeit mit ihm war eine ausgesprochen angenehme. Ich freue mich auf ein neues Projekt mit ihm,
>
> XXX
> Cheflektor

Was soll ich dazu sagen? Es liegt mir eben einfach im Blut.

Danksagung

Dank meinem cleveren Agenten Byrd Leavell III., der mich von Anfang an bestärkt und immer an dieses Projekt geglaubt hat, der sich von Anfang an sicher war, dass er dieses Buch auf jeden Fall verkaufen würde, obwohl es zu jenem Zeitpunkt erst aus ein paar Konzeptkapiteln bestand.

Vielen Dank auch meiner klugen Lektorin Brandi Bowles; auch sie hat an meinen Text und mein Buch geglaubt. Sie hat dafür gekämpft, dass es überhaupt möglich und dass es so gut wie nur möglich wurde. Auch meinem begabten Kolektor Adam Korn bin ich dankbar; er fand die Geschichte vielversprechend und hat sie versiert bis zum Ende begleitet. Jay Sones will ich für seine harte Arbeit an der Vermarktungsfront danken, Carrie Thornton für die Korrekturen, Min Lee für die rechtliche Betreuung und auch allen anderen beim Verlag *Crown / Three River Press*.

Dank gilt auch meinem Freund Mark Eisner (kauft seine Bücher!) für seine Unterstützung und seine Redaktionsarbeit; Shari Goldhagen und Anthony Doerr (kauft ihre Bücher!) für Begleitung und Ratschläge im Frühstadium des Projekts; Anthony Chatfield, einem tollen, aufstrebenden Autor und früheren Kollegen beim *QFC*-Deli, für seine technische Hilfe und meinen Freunden Becky und Billy Austin, die mich immer gastfreundlich aufnahmen, wenn ich beruflich nach NYC musste.

Und, last but not least, Dank den üblichen Verdächtigen: Ed und Linda Kohnstamm, James Kohnstamm, Joanna de Velasco, Dani Silva und Tábata Silva. Danke für die Hilfe und die Bodenhaftung, die mich, egal was ich gerade tue, immer mit einem Bein im grünen Bereich geistiger Gesundheit halten.